全国革命老区县发展史丛书——天全卷

天全县革命老区发展史

天全县老区建设促进会 编

电子科技大学出版社
University of Electronic Science and Technology of China Press
·成都·

《天全县革命老区发展史》编纂委员会

◎ 天全县城全景（2018年）（刘祯祥　摄）

◎ 中华人民共和国成立初期的天全县城

◎ 20世纪80年代初的天全县城

◎ 1950年2月8日，天全县欢迎解放军入城大会

◎ 1951年，天全县庆祝五一国际劳动节大会

◎ 天全群众欢庆土地改革文艺演出

◎ 解放军十八军进军西藏修筑的二郎山公路

◎ 1963年天全部分老红军留影

◎ 1968年4月11日，天全县成立“革命委员会”

◎ 1981年2月，天全县人大常委会、天全县人民政府恢复挂牌

◎ 思经润兆中华鲟养殖基地（韩　斌　摄）

◎ 灾后重建的凤翔新民新村（张术荣　摄）

◎ 安山钢铁83万吨短流程炼钢项目建成投产（刘祯祥　摄）

◎ 雅康高速天全乐英段（余　乐　摄）

◎ 灾后重建的广播影视中心（余　乐　摄）

◎ 天全体育馆（柯尊军　摄）

◎ 天全县红军纪念馆（刘祯祥　摄）

◎ 喇叭河鹿池风光（韩　毅　摄）

◎ 慈朗湖湿地公园（高建平　摄）

◎ 龙湾湖湿地公园（余　乐　摄）

总　　序

在举国欢庆中华人民共和国成立 70 周年前夕，中国老区建设促进会王健会长请我为“全国革命老区县发展史”丛书作序。作为一名在老区战斗过并得到老区人民生死相助的老兵，回首往事，我心潮澎湃，感慨万千，深感义不容辞，欣然应允。

中国革命老区，是以毛泽东为代表的中国共产党人在领导人民推翻帝国主义、封建主义和官僚资本主义三座大山，争取民族独立和人民解放的伟大斗争中建立的革命根据地，在这片红色的土地上，诞生了无数可歌可泣的革命英雄儿女，为后人树起了一座不朽的丰碑，她是新中国的摇篮，是党和军队的根。

在艰苦卓绝的战争年代，老区人民把自己的命运与中华民族的命运紧紧地联系在一起，与中国共产党和人民军队的命运紧紧地联系在一起，他们生死相依，患难与共。我曾亲历过战争年代，并得到过老区红哥红嫂的救助，切身感受过发生在身边的一个个撼天动地的革命故事。在那极其艰难的条件下，老区人民倾其所有、破家支前，不怕艰难困苦，不怕流血牺牲。“最后一碗米送去做军粮，最后一尺布送去做军装，最后一件老棉袄盖在担架上，最后一个亲骨肉送去上战场。”这是当时伟大的老区人民为建立新中国做出巨大牺牲的真实写照，它将永远镌刻在中国共产党、中国人民解放军、中华人民共和国的历史丰碑上。他们的光辉业绩永载史册，他们的革命精神必将影响一代又一代的革命新人，造就一代又一代的民族脊梁。

在社会主义革命和建设时期，革命老区和老区人民响应党的号召，面对落后的面貌、脆弱的经济、恶劣的生态环境，他们本色不变，精神不丢，自力更生，艰苦奋斗，干一行爱一行。他们始终坚持“革命理想高于天”，自觉做共产主义远大理想的坚定信仰者和忠实实践者，勇于向恶劣的自然环境和贫穷落后宣战。他们在各条战线上为国建功立业，用平凡的双手创造了一个又一个不平凡的奇迹，彰显了老区人的崇高精神和人格力量。

在改革开放的伟大进程中，老区人民解放思想，勇于创新，发奋图强，攻坚克难，使得老区的经济社会建设取得了辉煌成就。特别是在改变中国的面貌、中华民族的面貌、中国人民的面貌、中国共产党的面貌的伟大实践中老区人民发挥了至关重要的作用，他们既是改革开放的参与者，也是改革开放的推动者。

艰苦练意志，危难见精神。老区人民在近百年的革命战争、社会主义建设和改革开放的伟大实践中，孕育形成了伟大的老区精神：爱党信党、坚定不移的理想信念；舍生忘死、无私奉献的博大胸怀；不屈不挠、敢于胜利的英雄气概；自强不息、艰苦奋斗的顽强斗志；求真务实、开拓创新的科学态度；鱼水情深、生死相依的光荣传统。这是党和人民宝贵的精神财富、丰厚的政治资源，是凝心聚力、振奋民族精神的重要法宝，也是社会主义核心价值观的重要内容。

中国老区建设促进会怀着强烈的政治责任感和历史使命感，组织全国各地老促会人员克服困难，尽心竭力编纂“全国革命老区县发展史”丛书，记录老区的光辉历史和辉煌成就，传承红色基因，弘扬老区精神，是功在当代、利及千秋的一件大事。手捧这部丛书的部分书稿，读着书中的故事，倍感亲切，深感这部丛书具有资政、育人、存史的社会功能，有着重要的时代和历史价值。它是不忘初心、牢记使命的源头活水，是赞颂共产党、讴歌老区人民的一部精品力作，是弘扬老区精神、传承红色记忆的丰厚载体，是一项继承优秀传统文化、弘扬革命文化、发展社会主义先进文化，坚定“四个自信”的宏大文化工程。它必将成为一种文化品牌，为各界人士了解老区、宣传老区、支持老区提供一部有价值的研究史料。希望读者朋友们能从中了解并牢记这些为党和民族的利益不断奉献的老区人民，从中得到教益，汲取人生奋斗的精神动力。

新时代赋予新使命，新起点开启新征程。让我们更加紧密地团结在以习近平同志为核心的党中央周围，坚持以习近平新时代中国特色社会主义思想为指导，增强“四个意识”，坚定“四个自信”，做到“两个维护”，弘扬老区精神，铭记苦难辉煌。为实现“两个一百年”奋斗目标，实现中华民族伟大复兴的中国梦做出新的更大的贡献！

迟浩田

2019 年 4 月 11 日

前　言

历史的足迹，总是印着成功的喜悦或失败的惨痛。无论成功还是失败，都是历史留给后来者丰厚的遗产。

翻开天全这部厚重的历史画卷，一幕幕壮怀激烈的场景辉映眼前：荒芜的崇山峻岭间，祖先们茹毛饮血、刀耕火种；崎岖的茶马古道上，背夫们披星戴月、步履艰难；辽远的星空下，筑梦人前赴后继、赴汤蹈火；建设的征途中，探索者披荆斩棘、开拓前行；改革的大潮里，奋进者大刀阔斧、昂首奋进……天全发展的历史，记载的是不息的艰难探索，凝结的是顽强的奋斗精神，贯穿的是坚定执着的信念，彰显的是复兴的磅礴力量！

回望历史，总会看到无数闪光的片断。它们连成线、串成片、积成面，勾勒出一个光辉而耀眼的骨架。伴随历史前进的脚步，这骨架一点点充实，铸就成一个厚重而多彩的天全。

当红色革命的火把照亮深邃的天空，天全便开启了新的黎明。那抹鲜红，便在天全古老的土地上绽放出耀眼的光芒：灵关古镇、老场红岩坝、永兴程家窝、吉祥寺、老船头、峡口坝……这些天全人耳熟能详的名字，铭刻着红军将士在天全的战斗记忆。那抹鲜红，从此便在天全这片广袤的土地上生根、开花、结果，让天全拥有了“革命老区”的光荣称号。

时光荏苒，岁月如梭。在中国共产党的领导下，作为红色革命老区的天全人坚定听党的话、跟党走，在党的坚强领导下，战胜无数艰难险阻，取得了社会主义革命和建设的一次又一次的伟大胜利。改革开放以来，天全人传承红色基因、弘扬红军精神，坚定不移地贯彻落实党的路线、方针、政策，坚定不移地推进改革开放，创造了经济社会发展的新业绩，开辟了革命老区建设发展的新篇章。

建县逾千年，风雨一瞬间。天全发展的历史再一次证明，只有在中国共产党的领导下，天全才能始终与历史共进、与时代同步，才能创造一个又一个发展的辉煌，留下一个又一个前行的丰碑。

一个辉煌的时代，总有鲜明的时代烙印。

当党的十八大的春风遍拂神州大地，天全儿女认真学习和全面贯彻落实党的十八大精神，协调推进“四个全面”的战略布局，统筹推进“五位一体”的总体布局，天全迎来发展的崭新阶段。从落实全面从严治党要求到纯洁净化政治生态，从推进以农业供给侧结构性改革到重点领域改革攻坚破冰，从行政体制机制改革到推进全面依法治县，从打响脱贫攻坚战到决胜全面小康，县域政治、经济、生态、文化、社会建设开辟出全新局面：产业结构优化调整，三次产业转型发展；基础设施不断完善，城乡建设深入推进；新发展理念深入人心，生态建设成果巩固提升；党风廉政建设深入推进，安宁和谐平安环境日趋优化；党的建设全面加强，政治生态清朗纯净。15 万天全人民的幸福感、获得感、安全感不断增强，生态经济强县的梦想，正在党的坚强领导下，逐步变为鲜活的现实！

回望历史，我们不能被浩瀚的烟云遮住双眼；展望未来，我们不能被前方的困难消弭信心；总结历史，我们既要在梳理发展轨迹时厘清脉络，更要在总结成败得失时把握特点，找出规律。

编纂天全革命老区发展史，从天全纷繁复杂、纵横交错的发展进程中，将“发展”主题清晰而鲜明地呈现出来，给后人以启迪，给学者以鉴史，给决策以资政，既是落实全国老促会、省市老促会工作要求的具体举措，更是研究天全发展历程，总结天全历史发展经验的现实需要，功在当代、利在千秋。

编纂工作启动以来，天全县委、县政府高度重视，既切实履行把好政治方向的重大责任，又全面贯穿历史唯物主义的科学方法，既从人力财力物力上给予保障，又从编纂节奏和具体细节上予以把控。雅安市老促会、市党史方志办等上级部门领导多次莅临研究，从完善提纲到章节布局，从突出主题创意到彰显特色，始终给予了指导。天全县党研室、方志办等县级相关部门认真提供编纂所需资料，积极参与文稿讨论，确保了编纂工作顺利完成。在此，对所有为本书编纂提供支持帮助的领导、专家、学者和相关单位领导及参与者表示真诚感谢。

我们坚信，在推进天全“绿色发展、特色发展、转型发展”的进程中，《天全革命老区发展史》必将发挥独特的作用，为早日建成富强、民主、文明、和谐、美丽的新天全做出应有的贡献。

天全县老区建设促进会

2019年6月20日

编 写 说 明

2017 年 6 月，中国老区建设促进会组织全国各地老促会启动编纂“全国革命老区县发展史”丛书，按照“建立中国共产党、成立中华人民共和国、推进改革开放和中国特色社会主义事业”三大里程碑的历史脉络，系统书写革命老区百年历史，深入挖掘革命老区红色文化资源，这对于充实丰富中国革命史籍宝库、在新时代传承红色基因、弘扬革命精神、强固根本，对于激励人们在新的历史条件下夺取中国特色社会主义伟大胜利，实现中华民族伟大复兴的“中国梦”具有重要意义。

丛书编纂以习近平新时代中国特色社会主义思想为指导，以《中国共产党历史》《中国共产党的九十年》等重要文献为基本依据，以党的领导为核心，以老区人民为主体，以老区发展为主线，体现历史进程特征，突出时代发展特色，坚持辩证唯物主义和历史唯物主义相统一、历史真实性与内容可读性相统一的原则，书写革命老区从站起来、富起来到强起来的光辉革命史、不懈奋斗史、辉煌成就史，把老区人民的伟大贡献、伟大创造、伟大成就、伟大精神充分展示出来，形成一部具有厚重历史特征和鲜明时代特色的精品力作。这是一部培根铸魂、守正创新，既为历史立言，又为时代服务，字里行间流淌着红色血脉、催生着革命激情的传世之作。丛书的编纂出版将成为讴歌党讴歌人民讴歌时代、传播红色文化、为革命老区和老区人民树碑立传的重要载体。

丛书按照编年体与纪事本末体相结合、以编年体为主的编写体例确定框架结构，运用时经事纬、点面结合的方式记述史实，坚持用人事结合、以事带人的原则处理人与事的关系，采取夹叙夹议、叙论结合、以叙为主的方法展开内容，做到了史料与史论、历史与现实、政治与学术统一，文献性、学术性、知识性相兼容。

为编纂好“全国革命老区县发展史”丛书，打造红色文化品牌，中国老区建设促进会认真组织积极协调，提出政治立场鲜明、史料真实准确、思想论述深刻、历史维度厚重、时代特色突出、编写体例规范、篇目布局合理、审读把关严格、出版制作精良的编纂出版总要求，力求达到革命史籍精品的精神高度、思想深度、知识广度、语言力度，增加丛书的权威性和社会影响力。各省（区、市）、市（州、盟）、县（市、区、旗）老促会的同志，以强烈的使命感、责任感和紧迫感，勇于担当，积极作为，认真实施，组织了由老促会成员、专家学者等参加的十余万人编纂队伍。编纂工作主体责任在县，省、市组织协调、有力指导、审读把关。各方面人员以高度负责的精神和科学严谨的态度，满腔热情地投入工作，为丛书编纂出版做出了重要贡献。丛书编纂工作还得到了党和国家有关部委、地方各级党委政府及有关部门的大力支持和积极参与，社会各界也给予了热情帮助。中共中央政治局原委员、中央军委原副主席、原国务委员兼国防部长迟浩田上将，对老区人民怀有深厚感情，对革命老区建设发展十分关注，欣然为“全国革命老区县发展史”丛书作总序。

丛书由总册和 1599 部分册（每个革命老区县编纂 1 部分册）组成，共 1600 册。鉴于丛书所记述的史实内容多、时间跨度长和编纂时间紧，不妥之处，敬请批评指正。

中国老区建设促进会

目　　录

第一篇　县情概览

第二篇　革命历程

第三篇　建设探索

第四篇　改 革 开 放

第六篇　展望新时代

第一篇　县情概览

第一章　沿革　境域

天全历史悠久，早在新石器时代即为人类聚居之处，县境为古徙国都邑。在漫长的历史中历经多次变革，民国 2 年（1913 年）设天全县，沿袭至今。

1986 年，四川省雅安地区行政公署批准天全县为第二次国内革命战争时期老革命根据地县。2010 年，四川省人民政府认定天全县为革命老区县。

第一节　历史沿革

天全古时候称徙都（或称斯榆），经出土的石斧和古陶片考证，早在新石器时代就有人类在此聚居、劳作、繁衍生息。天全境内的先民属徙族，是氐羌民族的一个支系。徙人立国时间约在公元前 6 世纪，历夏、商、周、秦至汉代。《史记·西南夷列传》记载，徙已是西南夷中“以百数”的大国，其疆域除今天全县外，还包括今荥经、雨城、芦山、宝兴及泸定的部分地区。西汉元鼎六年（公元前 111 年）以故徙都（今始阳镇）置徙县，为天全建县之始。西晋仍沿袭汉制，改徙县为徙阳县，治地仍在今始阳镇。南齐时期徙阳县改称枞阳县。西魏废帝二年（公元 553 年）改枞阳县为始阳县，治地东移至今雨城区多营镇。

唐武德元年（公元 618 年），唐高祖李渊平定巴蜀后，调整蜀地行政区划，设置杨启县（今天全县），至贞观元年（公元 627 年）撤销，为时 9 年。唐天宝元年（公元 734 年），在故始阳县设置始阳（今始阳镇）、灵关（今宝兴县灵关镇）、安国（今多功乡）、和川（今城厢镇）四大兵镇。唐代中叶以后，逐渐形成藩镇割据。广明元年（公元 880 年）黄巢起义进军长安，次年唐僖宗在成都建立逃亡政府，唐军江南临江府人高卜锡和太原人杨端先后率部进入今天全地区。高部以现始阳、新场一带为据点，杨部以现城厢、老场、灵关为据点。后高、杨二人受封留镇天全，形成土司统治，由唐末沿袭至清代，共历 795 年。天佑四年唐朝亡。在前后蜀期间，建置仍沿袭唐制未变。高、杨土司率部归附后蜀政权，受封后蜀设立的碉门、黎、雅、长河西、鱼通、宁远等六个军民安抚司正、副司使，高氏建土司署于始阳，杨氏建土司署于碉门（今城厢镇）。宋代仍沿袭后蜀建置。进入元代，于元二年（公元 1265 年）设碉门、黎、雅等处安抚司，后改置六番招讨司，司治设碉门，又分置天全招讨司，司治设始阳。明代洪武六年（公元 1373 年），改天全招讨司为天全六番招讨司，司治设始阳，同时分置天全六番招讨副司，治所在今城厢镇，直隶四川布政司。洪武二十一年（公元 1388 年），改隶四川都司。清雍正六年（公元 1728 年），川陕总督岳钟琪奏请废止天全土司制，天全土司以违法为由上奏抗拒。清雍正七年（公元 1729 年）四月，清廷吏部议复四川巡抚，批准天全土司改流官，随即以武力胁迫，收缴天全土司印信，将在任土司遣送江西安置。统治天全 795 年的土司制度至此结束。

改土归流后置天全州，州府设在今城厢镇，隶属雅州府，天全州署设在杨土司废署，乾隆时知州徐镇建城后移署城内，即今县城。同时在今始阳镇设分州，到清道光时裁撤。清宣统三年（公元 1911 年），辛亥革命爆发。同年大汉四川都督府成立，委任刘云峡为天全知事，清朝统治结束。

民国二年（公元 1913 年），袁世凯废府、州、厅，恢复道制，改天全州为天全县，县衙设在今城厢镇，隶属建昌道。民国二十四年（公元 1935 年）废道，四川改设行政督察专员公署，天全属四川第十七行政督察区。1935 年 6 月，中国工农红军第一方面军经天全北上，11 月红四方面军南下进入天全，停留 100 余天，建立县、区、乡、村四级苏维埃政权。民国二十八年（公元 1939 年）西康建省，以巡回视察制度代替专署职能。以地理区域划分，天全等雅安地区 6 县属西康省，统称“雅属”。

1950 年 2 月 8 日，天全解放，县人民政府成立。天全县属西康省雅安专区。1955 年，西康省并入四川省，天全县属四川省雅安专区。1968 年，雅安专区改称雅安地区，天全县仍属雅安地区。2000 年 12 月 10 日，雅安地区撤地设市，天全县属四川省雅安市至今。

第二节　境　　域

天全县位于四川盆地西缘，二郎山东麓，邛崃山脉南段，康巴文化线东端。地理坐标东经 102°16′至 102°55′，北纬 29°49′至 30°21′。东西长约 60 公里，南北宽约 50 公里，辖区面积 2390.71 平方公里（2012 年核定数据）。县境东与芦山县、雨城区接壤，南连荥经县，西接泸定县、康定市，北邻宝兴县。雅康高速、川藏公路（318 国道）自东而西纵贯县境，县城东距雨城区 38 公里，距成都市 172 公里。

1986 年，天全县辖城关镇、城厢乡、梅岭乡、青石乡、小河乡、大河乡、思经乡、鱼泉乡、紫石乡、两路乡、始阳乡、河源乡、大坪乡、多功乡、乐英乡、仁义乡、大寨乡、永盛乡、老场乡、新华乡、新场乡、前阳乡、兴业乡、铜厂乡24个乡（镇）。2006年区划调整后，天全县辖城厢镇、始阳镇2个镇，小河乡、思经乡、鱼泉乡、紫石乡、两路乡、大坪乡、多功乡、乐英乡、仁义乡、老场乡、新华乡、新场乡、兴业乡13个乡，138个村，6个社区，956个村民小组。2017年年末，全县总人口153 006人。

第二章 自然地理

天全县位于四川盆地西隅登上青藏高原的斜坡地带，属盆周山区上半部，地势西高东低。境内多为中高山地，气候温和，降雨充沛，林木繁茂，河流纵横密布，生态环境极佳。

第一节 地形地貌

天全地势西北高、东南低，地貌分四个类型。高山（海拔3500米以上）和极高山区（海拔5000米以上）分布在县境西北部，占全县总面积约5%，其中极高山为点状分布。海拔5150米的月亮弯弯岗是境内最高峰，与宝兴县交界的山王岗至泸定县渣石口一线是高山区与中山区的分界线。中山区（海拔1500～3500米）分布在县境东北、中部和西南，占全县总面积的77%。老场乡鹅婆山到紫石乡拐向东南抓老山一线是中山区和低山区的分界线。低山、丘陵区（海拔1000米以下，其中相对高度不到200米为低山、丘陵），除两路乡外，其他各乡均有分布，占全县总面积的12.5%。阶地和河谷平坝（在海拔

1000 米以下的河谷两侧）占全县总面积的 3.5%。最低点在东南部多功乡飞仙关桥下，海拔 600 米。

天全县境内重要山岭有夹金山山岭、二郎山山岭、南部香炉山山岭和天凤背斜的山岭等四个部分。

天全县境内河流均属青衣江上源，主要有自西而东纵贯县境的天全河、由南而北入境的荥经河、从北向南绕境而过的宝兴—芦山河。境内有流域面积在 50 平方公里以上的青衣江二、三级支流 14 条，水系呈树枝状分布。

光头山（李林　摄）

第二节　气　　候

天全县跨北纬 30°，属于亚热带湿润气候区；地形处于四川盆地向青藏高原过渡地带，山谷纵横，东西海拔悬殊，气候差异明显。主要气候特点冬无严寒，夏无酷热，温差小，气候温和，降雨充沛，四季分明，大陆性季风气候较为显著，具有典型的亚热带—中温带山地气候特征。

天全县东西地势差异大，从东到西横跨多个气温带，以鹅婆山—禁门关—大岗山一线为界的东部区域为中亚热带气候，年平均气温在15～16℃，可以满足多种农作物生长所需的光热条件，一年两熟。上述分界线以西海拔在1500米以下的河谷地区属于北亚热带气候，年平均气温在10～15℃，作物种植受到限制，适宜茶叶、林木和中药材的生长。海拔在1500～5150米的广大西部山区依次属于南温带、中温带气候区，年平均气温都在15℃以下，冬季有0℃以下月平均温度，极高山月亮湾湾岗常年在零下10℃以下。垂直分布阔叶林、针叶林和高山草甸多种植被。

天全县处于青藏高原东南，有利于夏季季风携带大量水汽进入境内，随地势的抬升，产生大量降水，成为降水最为丰沛的内陆县之一。天全县年均降水量在1300～2400毫米，降雨量由东到西随海拔增高而递增。海拔在700米以下的新华乡、多功乡、新场乡、始阳镇一带年降雨量在1400毫米左右，海拔在800米左右的思经乡、城厢镇一带年降雨量在1600毫米左右，海拔在2900米处的二郎山年降雨量达2300毫米以上。

由于降水日数多、湿度大、云量多，天全阴雨寡照属中华之最：年平均阴天日数达到281天，最多可达302天；年降雨日数达233天，最多达到268天，年平均日照数仅896小时。阴雨寡照天气尤以秋季最为突出。

第三章　资源优势

天全地理位置独特，历史文化底蕴深厚，生态环境良好，植物种类繁多，植被资源富集，森木覆盖率达 73.48%，具有得天独厚的自然资源、生态资源和旅游资源优势，为天全经济社会发展提供了良好的条件。随着 318 国道改造完成，351 国道、雅康高速建成通车，川藏铁路开工建设，天全交通区位优势更加明显。

第一节　自然资源

天全土地资源丰富。县境面积 2390.71 平方公里，地形以中高山地为主，成土条件比较复杂，土壤类型多样，可利用土地面积广。至 2018 年年末，天全县土地总面积 239 029.05 公顷，耕地面积 12 332.25 公顷，林地面积 197 142.43 公顷，园地面积 963.56 公顷，草地 3492.36 公顷，水域及水利设施用地 3267.72 公顷，城镇及工矿用地 2634.72 公顷，交通运输用地 726.75 公顷，其他土地 18 469.26 公顷。全县土壤复杂多样，自然土壤划分为水稻土、潮土、紫色土、黄壤、高山寒漠土等 10 种类型。

天全县降雨量充沛，水力资源丰富。县境内河流纵横密布，主干流天全河，过境荥经河、宝兴河均为青衣江上源，流域面积 2363.08 平方公里。水资源总量 37.7 亿立方米，人均超过 3 万立方米，远远超过全国人均水平。水能理论蕴藏量 114.02 万千瓦（不含过境河流），可开发量 71.26 万千瓦。其中，天全河水能理论蕴藏量 58.21 万千瓦，可开发量49.4万千瓦；14条二、三级支流水能理论蕴藏量55.81万千瓦，可开发量21.86万千瓦。县内地表水多年平均年地表径流量37.71亿立方米，平均径流深1576毫米。过境水量29.43亿立方米。全县自然水量总计67.14亿立方米。

铜头峡（张文思　摄）

天全县矿产资源种类丰富。至2018年末，已发现金属矿有玄武岩、铜矿、铅锌矿、铝土矿、赤铁矿、磁铁矿、锰矿、银矿、金矿等，非金属矿有煤矿、硫铁矿、石膏、钙芒硝矿、水泥用灰岩、冶金用石英石、重晶石、建筑用砂岩、建筑用河砂卵石、砖瓦用黏土页岩、饰面用花岗石等。矿产地112处，其中有探矿权21处、采矿权43处。优势矿产有煤、铝土矿、硫铁矿、冶金用石英砂岩、水泥用灰岩、水泥配料及砖瓦用页岩，分布相对集中，地域特色明显，有很高的开采利用价值。

第二节　生 态 资 源

天全县是四川省林业基地县之一，是全国首批实施天然林保护工程重点县、全国退耕还林试点县、国家主体功能区建设试点示范县。境内山势起伏，沟壑纵横，森林广布，植被种类丰富、带谱完整、类型多样。全县森林覆盖率73.48%，林地面积14.35万公顷，活立木总蓄积量1800万立方米。天全境内植被垂直带谱完整典型，有树种259种，优势树种按蓄积量多少排列依次是冷杉、栎类、云杉、硬阔、软阔、华木、杉木、马尾松。有国家一级保护树种珙桐，二级保护树种连香树、水青树、杜仲，三级保护树种青木杉、西康玉兰、领春叶、银叶桂、厚朴等。古稀树木主要在西部原始森林地区，列入国家保护的珍稀植物有珙桐、连香、光叶珙桐、光叶蕨、独叶草、银杏、水杉、红豆杉等。

天全县竹类资源丰富，共有7属20种，主要竹种有楠竹、斑竹、慈竹、刺竹、白夹竹、箭竹、毛竹及撑绿杂交竹，全县各乡均有分布。天全野生药材品种繁多，产量丰富，是列入《中国药典》的川牛夕的道地产地。

天全被纳入国家主体功能区建设试点示范名单，是世界自然遗产大熊猫栖息地和大熊猫国家公园的核心区。丰富的山地森林资源、良好的生态环境使天全成为动物的乐园。县境内有脊椎动物300种，鸟类327种，两栖类40种，鱼类14种。国家一级重点保护动物有大熊猫、牛羚、川金丝猴、云豹、林麝等。国家二级保护动物有藏酋猴、鬣羚、猕猴、黑熊、小熊猫、水鹿、斑羚。省重点保护动物有赤狐、毛冠鹿。国家一级重点保护鸟类有金雕、胡秃鹫、斑尾榛鸡、绿尾红雉等。

二郎山原始林区（李林　摄）

第三节　旅游资源

一、景区景点

二郎山风景名胜区景区占县域面积 2/3，包括二郎山景区、喇叭河景区、光头山景区、红灵山景区、白沙河景区，总面积 1600 平方公里，最低海拔 770 米，最高海拔 5150 米，森林覆盖率 95%以上，具有景层较高、景观资源丰富、类型多样的特点和雄伟、险峻、神奇、清幽的风貌。二郎山风景名胜区被国家旅游局规划为全国 200 个重点建设的生态旅游目的地之一。二郎山森林公园是国家级森林公园，被列入国家生态文化旅游整合发展试验区。喇叭河景区是国家 AAAA 级景区，是动植物的基因库，是人与动物和谐相处的乐园，是川西森林康养旅游目的地。

喇叭河鹿池　（冯黎　摄）

南天新镇景区位于天全县多功乡，是国家 AAAA 级景区，也是 318 国道进入天全的第一站，素有“天全东大门”之称。景区内有 1.75 平方公里水域面积，可以开展水上娱乐项目，180 余幢居民楼错落有致，凸显川西民居风格，充满休闲旅游的浓郁情调，是驴友们的“加油站”，有川藏线首驿之称。

紫石关景区为国家 AAA 级景区，背靠红灵山，毗邻喇叭河景区，是进入康藏地区的重要通道，自然环境得天独厚，依山傍水，生态优美，山清水秀，空气清新，森林覆盖率达 95%以上。2001 年 6 月 9 日，朱镕基视察紫石关村时，曾赞誉这里是“天然氧吧”。2017 年有农家旅游接待户 36 户，床位 400 张。紫石关茶马古驿站为历代通藏重要关隘，古为神禹过化之地，后为武侯驻足之邦，是二郎山茶马古道上的重要驿站，曾是商贾云集之地，有古城门楼、古道、古民宅及古茶炕等遗址遗迹。

二、红军文化

天全县是第二次国内革命战争时期老革命根据地。1935 年 5 月，中央红军在毛泽东、周恩来、朱德的领导和指挥下强渡大渡河，飞夺泸定桥后，迅速夺取天全，播下革命火种。同年 11 月，红四方面军南下攻占天全，在天全驻留 100 余天，留下了红军总部、总政治部、红军大学等许多革命遗址。为弘扬长征精神，发扬革命传统，天全县又新建了红军广场、红军烈士陵园、红军爱雪图书馆、仁义乡红军村等红色旅游景点。

毛泽东长征旧居位于城厢镇解放街 148 号。1935 年 6 月 8 日，中央红军主力先头部队与中央红军第 9 军团攻占天全县城。9 日至 10 日晚，毛泽东住在天全县城邱家大院。6 月 11 日上午，毛泽东离开天全县城。旧居原址为木结构瓦房，面积 1000 余平方米。

中国工农红军总司令部驻地旧址位于仁义乡红军村 4 组。原址为程秉全家两个木结构四合院，面积 5000 平方米。2004 年 1 月，被天全县人民政府公布为文物保护单位，同月，被雅安市人民政府公布为第一批文物保护单位。2007 年 7 月，被四川省人民政府公布为文物保护单位。2011 年 3 月，被中共雅安市委、雅安市人民政府命名为第三批爱国主义教育基地。

红军总政治部驻地旧址位于仁义乡红军村 4 组，原址为彭银珍家两个木结构四合院瓦房，现有部分房屋被拆除，其余保存基本完好。墙上还留着“天下为公”的红军标语。旁边有一口井，当年红军在这里住的时候，经常喝井里的水，在这里洗衣服。现在，这口井一直保持原样，井水依然清澈、甘甜，可以饮用。2004 年 1 月，被天全县人民政府公布为文物保护单位，同月，被雅安市人民政府公布为第一批文物保护单位。2007 年 7 月，被四川省人民政府公布为文物保护单位。

2011 年 3 月，被中共雅安市委、雅安市人民政府命名为第三批爱国主义教育基地。

白土坎红军烈士纪念碑（冯黎　摄）

白土坎红军烈士纪念地位于老场乡六城村 2 组。在红军停留天全的 3 个多月中，共安葬烈士 200 多名。为了纪念革命先烈，著名军旅作家魏巍1983年来天全时，曾亲往白土坎悼念，建议修建纪念碑亭。白土坎红军烈士遗迹烈士纪念碑亭于2012年建立，在2013年芦山强烈地震受损后扩大规模重新修建。

红四方面军大学旧址位于老场乡红岩村3组。原址为木结构瓦房，现为村民居住。1988年，被天全县人民政府公布为县级文物保护单位。2004年3月，被中共天全县委、天全县人民政府命名为爱国主义教育基地。

"红军爱雪图书馆"位于城厢镇西城村7组，原名永慎图书馆，创建于1926年，在离县城新民街仅100米的山坡上的吉祥寺内。该馆于1927年开馆，1929年更名为天全图书馆。1935年6月9日，红一方面军攻克天全。红一方面军先遣团十三团团长彭雪枫、团政委张爱萍曾在这里翻阅报纸查找资料。张爱萍、彭雪枫在天全图书馆的报纸上看到了范长江写的红军北上的文章。此后，红四方面军在天全驻扎期间，有不少红军战士在这里看书阅报。张爱萍在日记里这样写道："因为天全图书馆记住了范长江，又因为范长江记住了天全。"张爱萍的女儿张小艾整理父亲的日记时摘出父亲对天全图书馆的生动描述，写信恳请天全县政府帮助找寻原天全图书馆的旧址。县红军文化工作室依据张爱萍日记里的描述，多方查证，确定当时的天全图书馆在吉祥寺。吉祥寺是天全县规模较大、保存较完好的清代建筑，是天全第一个公益图书馆，是红军在天全的历史见证，具有重要的历史意义和较高的社会价值。张爱萍女儿张小艾三次造访天全"红军爱雪图书馆"并捐赠了书籍。张爱萍的妻子李又兰为"红军爱雪图书馆"题写了馆名。1988年8月，被天全县人民政府公布为文物保护单位。2001年，天全县人民政府对吉祥寺进行恢复性修缮，并将其命名为"红军爱雪图书馆"。2013年芦山地震后再次进行修缮。

天全县烈士陵园位于城厢镇北城村3组苦蒿山上。1988年，四川省民政厅批准修建天全县烈士陵园，1992 年建成。1999 年、2000 年、2005 年、2008 年和芦山强烈地震后多次进行维护和改建。陵园占地面积 6667 平方米，修建有 300 名红军群墓 1 座、单墓 16 座，修筑二郎山公路烈士 14 人群墓 1 座、单墓 2 座。园内主体纪念建筑面积 200 平方米，建有花岗石红军人物雕塑、雕刻和展览馆。聂荣臻元帅为烈士陵园亲笔题写“红军烈士永垂不朽”碑文。2008 年，被中共天全县委、天全县人民政府命名为爱国主义教育基地。2011 年 3 月，被中共雅安市委、雅安市人民政府命名为第三批爱国主义教育基地。

天全县红军烈士陵园

天全县红军广场位于城厢镇向阳大道东段，原名苏维埃广场，于 2004 年 11 月 20 日动工修建，2005 年 8 月 25 日竣工。整个工程包括雕塑工程、景观工程、红军纪念馆主体工程和绿化工程四部分，实际占地面积约 32 000 平方米，总投资 1200 余万元。原中央军委副主席张震将军、原南京军区司令员向宋志将军为广场题词。2008 年，被中共天全县委、天全县人民政府命名为爱国主义教育基地。2011 年 3

月，被中共雅安市委、雅安市人民政府命名为第三批爱国主义教育基地。

天全县红军纪念馆位于城厢镇向阳大道东段。2004 年 11 月开建，2006 年 5 月完成主体工程建设，2008 年 12 月完成布展并开馆。纪念馆建筑面积 3200 平方米，2013 年芦山地震后进行加固维修并重新布展，2015 年 4 月 25 日重新开放。馆藏收集历史文物 320 余件。2008 年，被中共天全县委、天全县人民政府命名为爱国主义教育基地。2011 年 3 月，被中共雅安市委、雅安市人民政府命名为第三批爱国主义教育基地。2018 年，被四川省人民政府命名为第四批国防教育基地。

三、茶马古道和土司文化

茶马古道紫石关（刘祯祥　摄）

天全境内二郎山茶马古道全长约 108 公里，从碉门西行，经沙坪、甘溪坡、紫石关、南坝子，翻竹杠山，过长河坝，越马鞍山（或二郎山），至打箭炉。有古碉门茶马互市、甘溪坡古村、紫石关茶马古驿站、竹岗山古道等遗址。2004 年，恢复建设甘溪坡古村和紫石关茶马古驿站两处景点，推出碉门—甘溪坡—紫石关—南坝子—两路口—长河坝茶马古道文化之旅线路，以背夫文化为特色的二郎山茶马古道文化旅游走廊初步建成。2013 年，甘溪坡茶马古道驿站遗址、始阳边茶官库等，与雅安境内的茶马古道遗迹一起被国家文物局确定为全国第七批国家级文物保护单位。

天全唐末始为高、杨土司统治，经历宋、元、明三朝及清朝顺治、康熙、雍正时期，从后蜀（公元 934 年）算起，到清朝雍正七年（公元 1729 年）改土归流，历时 795 年。天全高（正司）、杨（副司）二土司既不是少数民族首领、头人，也非本地汉人，这与其他土司相比是个例外，这个例外形成了天全与众不同的土司文化。

老场乡杨家土司祠堂（摄于 1941 年）

第二篇　革命历程

第一章　天全早期革命活动

天全人民有光荣的革命斗争传统。1911年（农历辛亥年）3月，四川立宪派领导的“以保路废约为宗旨”的群众组织——四川保路同志会成立，全省各地纷纷成立分会，雅州所属的天全县先后成立了保路同志会，组建了保路同志军，积极踊跃地投入推翻清朝政府的武装起义中。

1921年中国共产党成立后，在外求学、工作的天全人开始了解、认识马克思主义，参加党的活动。1935年，川北地下党组织派来党员席懋昭，以灵关小学副校长的公开身份做掩护，进行地下工作，开始了中国共产党在天全的活动。

第一节　保路运动和天全同志军

1911年（农历辛亥年）3月，清朝政府不顾人民群众的坚决反对，于5月9日宣布川汉、粤汉两条铁路收归国有，5月20日又宣布将两条铁路的修建权和管辖权出卖给美、英、法、德等帝国主义。清政府丧权辱国的举动激起了四川人民的强烈反抗。从此，作为辛亥革命前奏的各省人民保路运动开始了。四川立宪派领导的“以保路废约为宗旨”的群众组织——四川保路同志会成立。雅州所属的天全县也成立了保路分会，积极踊跃地投入推翻清朝政府的武装起义中。

1911 年 8 月 4 日，被推举为雅州府保路同志军首领的罗子舟会同革命党人李廷俊、魏士奇等建立雅州同志军五营，响应起义，联合邛崃、天全、荥经、芦山、洪雅等县及穆坪的同志军约 2 万人，在保路运动中激战 40 余天，牺牲 2000 余人。1911 年 11 月，雅州同志军攻克雅州城，清朝政府在雅州的统治宣告结束。

1911 年夏秋之际，雅州府所属的天全州同盟会会员杨复荣（天全始阳人）、郑孔斋（天全城西人）、邱虚乎（天全双水井人），联络张南轩等天全哥老会首领，将 1911 年 6 月下旬组织成立的天全保路同志分会以及州属城厢、始阳、新场、穆坪（今属宝兴）、灵关（今属宝兴）、太平（今属芦山）、思经、大河、和源、十八道水等地的保路同志会组织改组为天全保路同志军。天全保路同志军主要以城乡各地哥老会堂口为基础组成，各乡青壮年农民纷纷参加，最多时达数千人。

7 月底，清帝令赵尔丰为川督，赴川镇压同志会。赵尔丰召集驻甘孜边军入援，傅华封奉召率部朝成都开拔。天全同志军分别在西线二郎山至泸定一线布防，阻击驰援赵尔丰的傅华封部清军。在东线围攻雅安的战场上，天全、芦山同志军担任攻城任务，佯攻西门，主攻南门，通过与清军殊死的战斗，攻破南门后横出苍坪山，居高临下攻击雅安城，逼使守城清军投降。战斗中，天、芦、宝同志军伤亡 200 余人。

12 月 22 日，赵尔丰被尹昌衡公开诛杀于成都，清朝在四川的封建统治全面终结。此时，清朝末任天全知州王淦审时度势，由原来暗中同情、附和、支持天全同志军举事到公开宣布脱离清朝政府，归附四川军政府，被委暂代新政权天全州知事。1913 年天全改州为县，天全县知事刘云侠到任，标志着清朝政府在天全的统治结束。

天全保路先烈们断头泸定，喋血雅州，为民主共和奠基，为历史进步、社会转型献身，将一场维权斗争提升为一场推翻封建统治的武装革命，融入辛亥革命这一伟大革命洪流，在政治、经济、思想等方面为后来的斗争开拓了道路。

第二节　党在天全的早期活动

一、川康边红军游击队

1933 年上半年，共产党组织在邛（崃）、大（邑）、蒲（江）等县秘密组建了邛崃抗捐军，拥有 500 余人枪，孟光远任总司令。1934 年 9 月，根据中共四川省委的指示，上川南抗捐军改编为川康边中国工农红军游击大队，下辖 7 个中队。天台钟宝大队改编为第六中队，在邛崃县石头、平乐、徐沟及当时属天全的太平一带，多次将李家钰部的清乡军赶出游击区。他们还捕杀持枪逼租的地主。六中队在游击区内不断掀起反军阀、打土豪、抗捐税的革命风暴。国民党政府惊恐万状，称“天全、芦山系以匪区著名，年来为最”，遂派四川边防军总司令李家钰围剿。11 月，李家钰派敖杰生旅、24 军肖绍成团、肖守哲营，以及天全、芦山、邛崃团队，进行“三县会剿”。六中队与敌周旋于天、芦、名、雅、邛、蒲等县的山林之间。反围剿斗争，一直坚持到红四方面军南下川康边。1935 年 11 月，李云祥、刘正帮等 20 余人到时属天全县境的双河场迎接红四方面军。

二、地下党活动

1935 年红军北上前，成都北区地下党委派席懋昭由仪陇来天全，成为天全的第一个地下党员。席懋昭 1933 年加入中国共产党，曾任中共成都北区区委组织干事。1935 年春，席以其兄长席伦（二十四军五旅二十八团一营营长）与天全县长陈蜀才的关系，同妻子贺伯琼来天全县灵关（现属宝兴县）小学担任副校长，贺伯琼任教务主任。席利用教师身份，深入劳苦民众宣传党的政策，教育学生要热爱中华民族，拥护共产党，拥护红军北上抗日，同时发动青年组织游击队，开展迎接红军的工作。1935 年 6 月上旬，中央红军北上过灵关时，席与中央红军接上关系，组织民众保护灵关铁索桥迎接红军。席懋昭配合红军镇压了当地团总徐成武、地方恶霸汪如昌，曾受到彭德怀接见。

席懋昭离开天全后，天全境内地下党工作由雅安、康定两属地下党兼顾，时有中共党员来天全短暂停留。1944 年春，席懋昭复来天全，利用其兄和德昌县伪县长蒋立驿的私交，在天全当上民政科、社会科科长，并兼任天全中学历史教师。席在天全中学组织进步教师，成立“粉笔工会”，开展提高教师工资的斗争。他改组县工会，撤掉作恶多端的工会会长张锡武。当地土豪劣绅纠集一起状告席懋昭“1935 年伙同红军在灵关乡杀过乡团总袍哥大爷，是共党分子”，新工会即被伪政府强行停止活动，停止席懋昭的科长职务，并被驱出县境。

三、席懋昭护送陈云出川

1935 年 6 月 12 日，就在中央纵队即将从灵关启程赶往夹金山时，席懋昭接到和中共地下党员陈梁一起护送陈云出川的重要任务。按照党中央泸定会议决定，派遣陈云秘密返回上海，恢复党的地下组织。当时，大批国民党军队正在追击红军，为应付沿途的盘查，他们避开大路，走山路绕道荥经。为确保陈云顺利“过关”，红军指挥员根据席懋昭的建议，故意让红军攻占天全时抓获的国民党官员、天全县教育科长熊某“逃脱”，并在山路上与席懋昭等“不期而遇”，结伙“逃往”荥经县。一路上，民团设置的哨卡，见是熊科长便顺利放行。翌日，陈云一行顺利到达荥经县城，再出雅安经成都到重庆后去上海。

陈云到上海后，恢复党在白区的组织，并与共产国际取得联系，汇报了遵义会议精神和红军长征等重大情况。陈云出川对共产国际及时了解中共、红军以及中国革命的实际情况，对中共中央在同张国焘的斗争中以及后来几年内获得共产国际的支持，产生了极其重大的影响和作用。

这一时期，以席懋昭为代表的天全地下党机智灵活坚持斗争，为革命事业做出的贡献，成为天全发展史上辉煌的一页。

第二章　中央红军过天全

1935 年 5 月 25 日，红一方面军在安顺场强渡大渡河，29 日夺取泸定桥，30 日中央召开泸定会议，决定红军向北走雪地一线，避开人烟稠密地区。6 月 2 日晚 10 时，中革军委主席朱德签发关于中央红军夺取天全、芦山的行动部署电令，兵分三路纵队以 4 条行军路线迅速进军天全。

红一方面军从 6 月 3 日至 12 日过天全县境，成为天全历史中影响深远的一页。10 天时间中，毛泽东、周恩来、朱德、刘少奇、邓小平、陈云等老一辈无产阶级革命家率部在这里浴血奋战，为天全留下了革命的火种和红色的记忆。天全人民第一次接触和了解了中国工农红军，并以筹粮 10 万公斤的行动，有力地支援了红军翻越夹金山，北上会师。

第一节　三路纵队进军天全

1935年6月3日，遵照泸定会议精神，中革军委命令红一方面军主力兵分左、中、右三路纵队，迅速通过天全，向芦山、宝兴前进，以利及时翻越夹金山，实现与红四方面军会师的战略计划。

右路纵队作为先锋部队，由红一军团主力及红五军团组成，由林彪指挥。翻越化林坪、飞越岭，取道泗坪、小河子（今荥河），一军团主力向天全前进，五军团随后，经三交、宜东向汉源佯攻，警戒阻击追击之敌。

中路纵队由毛泽东等率彭德怀、杨尚昆的红三军团、军委纵队组成的中央纵队和红一军团的红五团构成。由刘伯承、聂荣臻率领中央纵队的先头部队率先经冷碛、化林坪后，分成两路前进：一路翻三王岗，经水子地，越泡桐岗，从荥经、天全鱼泉乡交界处的青山垭进入天全，中央纵队主力跟进；另一路从荥经的荥河乡到天全铜厂乡的陈家坝，以战备姿态向天全进发。

左路纵队是罗炳辉、何长工率领的红九军团。负责红一方面军后卫，由泸定翻越二郎山之马鞍腰，由军团长罗炳辉负责率两个主力营和一个特务连先行直接向天全前进，策应中路纵队攻占县城；政委何长工率红九军团所属七团及工兵连仍留泸定继续扼守泸定桥，阻击从康定而来的国民党川康二旅余松林部以及从大渡河溯河而上的敌追兵的进攻，待完成任务后翻二郎山向天全进发。

红一方面军三路纵队进军天全后，分四条路线过境天全。第一条路线为林彪率领右路纵队，第二条路线是毛泽东率领的红军中央纵队一部，第三条路线是红军中央纵队的另一部，第四条路线是由红军担任后卫的红九军团长罗炳辉率领的两个加强营和一个特务连。

林彪率领右路纵队红一军团前卫部队一师，参与了强攻二郎山险隘——飞越岭，打开了红军北进天全、挺进夹金山的必经之路。然后该师急行军经汉源的三交、宜东再转向北进，会合右路纵队大部，遂经荥经，过天全，奔袭芦山。

6月3日，毛泽东率领的红军中央纵队一部由中央红军先遣军司令刘伯承、政治部主任聂荣臻率红一方面军主力作为先头部队，会同三军团经三王岗、水子地、泡桐岗、化林坪，翻过飞越岭，从荥经、天全交界处的青山垭进入天全，沿鱼泉乡的青元、干河顺沟而下，经马渡、思经，于6日到达天全县城天全河南岸的沙坝村。毛泽东和朱德、周恩来、张闻天、刘伯承、王稼祥、秦邦宪（博古）等领导在红军攻占天全后，于6月8日下午到达天全县城。

中央纵队的另一路翻越泡桐岗后从荥经的荥河乡沿天全铜厂乡的陈家坝，再经兴业乡的大深溪到新场乡的后阳村后，又兵分两路：一路经和源乡的刘家湾、柳家沟，至始阳三谷桩；另一路由后阳村林口上至始阳凤凰嘴和多功乡切山村的切山铁索桥，于6月7日清晨从切山铁索桥过河后，经多功乡的半沟、罗代和永盛的柏树、新华乡的落改，经思延进入芦山县城，其中有一小路沿始阳、大坪、大寨、仁义、老场、铜头的山路进入芦山县城。

红九军团军团长罗炳辉率领的两个加强营和一个特务连从泸定桥翻二郎山马鞍腰经天全两路乡的长河坝、紫石乡的紫石关，击溃敌一个团后，于7日傍晚到达现今小河乡的沙坪，进入天全县城西郊，突袭大岗山、禁门关守敌，策应刘伯承、聂荣臻所率先遣队攻占天全县城。夺取县城后在圈子岗阻击三天，以防敌军从雅安反攻天全而影响主力红军过境，确保主力红军在天全境内安全后原路撤回天全，再经仁义乡十八道水、老场、苦蒿坪至灵关，然后进入宝兴翻夹金山北上。军团政委何长工率所属七团及工兵连在红一方面军部队陆续离开泸定时，按照中革军委命令负责断后，仍留泸定继续扼守泸定桥，阻击从康定而来的国民党川康二旅余松林部以及从大渡河溯河而上的敌追兵的进攻。6 月 4 日后撤离泸定桥，翻越二郎山马鞍腰，6 月 8 日到达天全县城。

红军进入天全、芦山时，处于两军会师前夜，需要做会师前的各项准备；一是从泸定桥到天全、芦山，一路行军打仗，特别疲劳，需要休整；二是红军装粮食的布袋子已经空了，没有粮食，不能翻越夹金山。为此，红军决定在翻越夹金山之前，在天全、芦山做短期休整，并在休整的同时筹集一批粮食和必备物资，以便顺利翻山。

6 月 9 日，总司令朱德致电各军团领导人，要求“为实现与四方面军会合的任务，除下述部队（注：指断后的部队）外，各兵团今 10 号各在现地不动，并每人须补足 7 天粮食，加以途中添补，期于到懋功时能余粮 4 天”，“第一军团主力如双河场缺乏粮食，则开到宝兴、灵关补足 7 天粮”，“除上述九军团及二师外，其余全部今日必须补足 7 天粮食，绝对不得违误”。

天全县红军纪念馆（刘祯祥　摄）

红军总政治部于 6 月 10 日向各军团发出《关于为解决粮食困难进行政治动员的工作指示》，要求“各连队须于 10 号上午开会解释，备足 7 天粮食的意义”，“动员每个指战员、杂务人员，均须亲自参加收集粮食并负责携带，以完成和超过 7 天规定，政治人员更须以身作则”。“尽今日一天之力，收集谷米杂粮，碾谷工具须有计划分配使用，杂粮可做成饼，猪肉可烤干，盐应尽量补足一月。”中央红军 3 个军团过境，天全人民群众支援粮食 10 万公斤左右。

第二节　红军在天全的主要战斗

红军进入天全前，川军刘文辉部李全山团、杨森部杨杰生旅、夏炯旅及地方民团等构筑了自两路口、紫石关、天全县城、始阳镇，至飞仙关一线的天全河防线，阻挡北上的中央红军。红军进入天全县境时，前面有杨森部第四混成旅和刘湘部王泽浚旅，在天全河北岸的天全、始阳、芦山一带阻击，挡住红军前进道路；后面有薛岳率领周浑元、吴奇伟、李韫珩及二十四军的刘元璋、杨学端部追抵冕宁、安顺场一线。敌军拥有比较好的架桥技术和收集渡河船只的便利条件，离红军只有几天路程。红九军团担任后卫坚守的泸定桥也即将受到东西两岸敌人溯江而上的袭击，存在失守危险，形势十分紧迫。

老船头之战。1935 年 6 月 3 日，刘伯承、聂荣臻率领红一方面军中央纵队先头部队（含王开湘、杨成武所部红四团等）从荥经、天全交界处的青山垭进入天全，经青元、干河、马渡，于 6 日到达天全河南岸的沙坝村。当时，天全河北岸的天全县城、始阳、飞仙关一线有敌人两个旅沿天全河布防堵击。时值端午时节，河水猛涨，天全城沙坝到老船头渡口河深水急、河面较宽，加上对岸敌人火力猛烈，红军当日难以渡河，与杨森部隔河射击。刘伯承、聂荣臻组织党员突击队强渡天全河，不少战士牺牲在敌人的枪口下。强攻不成，刘伯承、聂荣臻组织侦察的交通队绕道从老船头下游的龙尾峡偷渡过河，奇袭敌军。6 月 7 日傍晚，交通队在群众向导带领下，从龙尾铁索桥顺利偷渡过河，向县城东面的敌军发起攻击。老船头渡口对岸的红军趁势向敌人发起猛烈射击。与此同时，从泸定赶来的罗炳辉军团翻越二郎山，沿天全河北岸直插禁门关进入天全城，出其不意地出现在敌人西背侧，与红一方面军形成三面夹击之势。敌军受到三面夹击，顿时乱了阵脚，放弃老船头阵地狼狈溃逃。8 日凌晨，沙坝的红军先头部队泅水过河，在老船头渡口登岸。红军在沙坝头高西州家和城内打了两家土豪，从绸缎铺拿出几十件土布拧成绳子，群众借出或献出门板、木板、大方桌、案板等，在老船头搭建浮桥。中午，红军大部队从浮桥过天全河进入县城。

红军渡口老船头新貌（李林　摄）

两路口战斗。1935 年 6 月 6 日，中央红军第九军团两个主力营从泸定县出发星夜赶赴天全县，配合中央纵队攻占天全县城。红军行至天全县两路乡两路口村，遭到守敌阻击。罗炳辉组织突击队向守敌发起进攻。在掩护部队支援下，突击队向铁索桥（长 30 米）西岸阵地发起猛烈攻击，很快攻占铁索桥。残敌退往两路口街头另一座铁索桥（长 50 米）桥头阵地固守。红军越打越猛，很快攻占了这座铁索桥。红军在攻占两座铁索桥后，继续与防守在桥头南岸的守敌激战，击溃守敌一个团，占领两路口街头。在做短暂休整后，继续向紫石关挺进。

突袭大岗山。红军总部电令第九军团军团长罗炳辉火速率领两个主力营，不惜一切代价，星夜夺取天全，确保一、三、五军团及中央纵队能迅速渡过天全河北进。军团召开干部会传达总部电令，罗炳辉讲明敌情和任务后指出：“红军主力在天全河南岸，已逼近天全城，我们走天全河北岸，狂攻敌人背侧，敌军不知我们的力量，必然惊惶撤退。”当时，罗炳辉重病在身，仍坚持指挥战斗，并写诗一首以表决心：“辉病沉重日夕间，中央陷危在天全，一息尚存赶营教，赤诚气勇破强敌。”罗炳辉被人抬着，与参谋长郭天民率领部队于 6 月 7 日晚赶到天全，从小河乡白沙河中段渡河，突袭大岗山守军，出其不意向守敌背侧袭击，直插禁门关，进入天全城，与河南岸沙坝村的红军主力夹击天全守敌。敌人 8 日拂晓弃城逃遁。当时有敌机 6 架轰炸红军，罗炳辉令一路乘胜追敌至飞仙关，其余掩护主力部队过河。打下老船头，攻占天全县城后，罗炳辉大病，体弱晕倒，3 小时后才苏醒。打下天全县城后，6 月 9 日朱德总司令、周恩来副主席派骑兵接罗炳辉、何长工去吃饭，以祝贺红九军团奇袭天全的胜利。周恩来在天全县城听了罗炳辉、何长工的汇报后，赞扬红九军团不但完成了任务，而且扩大了队伍，有不少缴获，表示了慰问，杀了鸡、煮了鸡蛋招待他们。刘伯承总参谋长说：“机智灵活地破天全这一着很厉害。天全拿不下来，全军都很危险，你们九军团与主力分离后的行动真不错。”

三谷桩、凤凰嘴、乐坝战斗。1935 年 6 月 6 日，红一军团主力先头部队经荥河乡翻垭子口进入天全，过铜厂乡陈家坝、前阳乡后阳等地到和源柳家沟，抵始阳河南面的三谷桩渡口。川军杨森部夏炯旅的一个营，在营长甘某率领下纠集团总吴光前、段崇实等部分民团，在三谷桩北岸布防封锁渡口。8 日拂晓，双方隔河对射约两个小时后，敌军得知天全县城失守，斗志消失，仓皇逃跑。红军兵分两路追击敌军：一路至乐坝（切山脚高桥南岸），向守桥敌军发起猛烈攻击，夺取高桥（铁索桥），过河追击向飞仙方向溃逃的敌军；一路至秧田坝，乘木船过河登岸，袭击渡口守敌。多数红军在三谷桩搭建浮桥渡过天全河，占领始阳后，迅速向飞仙关、芦山、灵关、宝兴进发。

切山村阻击战。1935 年 6 月 8 日，红军第九军团一部在配合中央红军先头部队攻占天全县城后，为确保中央红军主力顺利通过天全县境，罗炳辉率部乘胜追击从天全县城溃逃的敌军。在将逃敌追过芦山县飞仙关后，罗炳辉部在天全县始阳镇切山村地势险要的大坡上构筑工事，进行阻击防御。经过 3 天的阻击，打退来自雅安、飞仙关方向敌军的多次反扑，直至毛泽东、周恩来、朱德等中央领导顺利离开天全县城才撤离。

朱砂溪阻击战。1935 年 6 月 12 日，军委电令红九军团严密监视天全、芦山方向敌情，掩护主力部队翻越夹金山。红九军团受命后，罗炳辉、何长工立即率部在灵关朱砂溪占领阵地，堵截川军的追击。敌追击纵队向红军阵地发起猛攻。红军居高临下，据险扼守阵地。川军仰攻，又受到地形限制，兵力施展不开，一再被击退，伤亡惨重，未能前进一步。杨森急令太平场周世英速派李树华部走捷径翻越龙岗山，迂回红军侧背，抄袭红军，配合灵关川军的正面攻击。红三军团断后部队亦由双河场、灵鹫山捡茶坪撤至灵关，向芦山方向警戒，配合九军团阻击。13 日深夜，红军在朱砂溪、灵关完成阻击任务，撤出阵地向硗碛方向撤退。

第三节 红军在天全的活动和影响

1935年6月8日，中央红军先头部队先后击溃刘文辉部和杨森部的防守敌军，几乎同时突破敌军匆忙部署的天全河防线，占领始阳和县城两大重镇，为中央红军顺利通过天全、打通北上通道、胜利翻越夹金山创造了条件，解除了党中央和中央红军“陷危天全”的危机。

6月8日午后，毛泽东、朱德、周恩来、张闻天、秦邦宪（博古）、王稼祥、李德等率中央纵队经老船头渡口过浮桥，从原景葛楼十字街口进入天全城。县政府、文庙、考棚、原国民党军警驻地、城区寺庙（吉祥寺、慈朗寺）、外逃地主豪绅大院等均成了红军临时驻所。毛泽东、朱德等住邱家大院，刘伯承、聂荣臻住县政府大院。中央纵队在天全县城短暂休整，突击治疗伤病号，补充给养，准备翻越夹金山。

红军过天全时情绪高昂，部队向群众传唱一首歌谣：“目前的中心任务，要打日本兵，收复华北、东三省，保卫民族；四川地方顶呱呱，什么也不缺乏，敌人要想封锁我，那才笑话；工农红军铁一般，渡过金沙江，两大主力来会合，敌人发慌；红军越打越有劲，团结像一人，我们伟大的任务，一定完成。”

中央红军通过天全时间不长，但给群众留下了深刻印象。红军所到之处，秋毫无犯，对老百姓说话和气，买东西公平；住无主的人家，衣物用具无一缺少，锅台碗盏擦拭干净、摆放整齐，吃了粮食写上纸条，将钱留在粮罐内。红军良好的群众纪律被广为传播。

1935年6月8日夜深，红军先头部队进入灵关场，为不打扰群众，红军就在街道两旁的房檐下席地而坐，露天歇息。第二天，经过红军的宣传，贫苦老百姓纷纷走出家门，为红军烧茶送水、介绍情况。红军战士打开地主的粮仓，把粮食分给老百姓。红一方面军北上途经苦蒿坪（今属宝兴县）时，当地老乡杨明智和其姑妈主动给红军烧开水，直至红军过完。红军在天全筹款、借粮，都出有借据，注明革命胜利后归还。其中借高华铣的20石黄谷，1949年后退押时即以借据抵了押金。始阳一农户20世纪80年代从家中找出一张红军借据，县人民政府核实后也给予了支付。

6月11日，中央纵队全部离开天全，一路经老场、灵关到宝兴，另一路由老场经铜头、思延、芦山县城到宝兴，然后翻越夹金山，在达维与红四方面军胜利会师。

中央红军过天全，用实际行动粉碎了反动派的各种谣言，让天全人民初步了解了共产党和红军，赢得了人心，为红四方面军以后在天全驻扎、迎战国民党军队打下了坚实的群众基础。

第三章　红四方面军在天全

1935年10月20日，张国焘以“军委主席”名义发布《天（全）芦（山）名（山）雅（安）邛（崃）大（邑）战役计划》，红四方面军翻越夹金山、二郎山（马鞍山），大败刘湘、杨森、刘文辉等部敌军，相继攻克宝兴、天全、芦山，东叩川西坝子，剑指名山。

南下红军的胜利，极大地震惊了国民党当局，蒋介石亲自组织重兵围剿。11月16日至22日，南下红军集中15个团的兵力，在名山百丈与80个团的川军展开规模空前的生死决战。百丈决战，是南下红军从战略进攻转入战略防御的转折点。战后，南下红军遂以巩固天全、芦山、宝兴、丹巴地区为中心任务，在这一带与敌相峙，发动群众，建立根据地。

1936年2月上旬至中旬，薛岳的中央军以数倍于红军的兵力，在飞机、大炮火力掩护下，向峡口坝红军阵地发起空前猛烈的攻击。2月15日，南下红军放弃天全，进入全线撤退，23日再越夹金山，重返北上抗日的征途。此时红军主力已从南下开始时的8万人锐减到4万人。

红四方面军南下失利，证明了党中央和毛泽东“南下是绝路”的正确判断。张国焘分裂红军的行为，给革命造成了重大损失。但红四方面军在天全的浴血奋战，沉重打击了国民党反动势力，彰显了红军不怕艰难险阻、不惜付出一切牺牲的革命精神。

第一节　南下川康边

1935年10月24日，王树声、李先念率中纵队从懋功地区出发，翻越夹金山，沿陡峭的山路疾进。28日，徐向前、陈昌浩在达维致电王树声，要其集结兵力，以便在宝兴彻底歼灭杨森，并乘胜进军芦山。

宝兴守敌杨森部4个团，纵深配备于沿河左岸，对宝兴后面的高山疏于防守。王树声以2个团为攻击宝兴的先头兵团，以1个团由宝兴左翼高山迂回攻击。31日，王树声指挥中纵队一部沿河而下，占领离宝兴县城7公里的新磨坊。11月1日，中纵队进占宝兴，击溃杨森所部3个旅。红军仅以2个团兵力就击溃4个团以上的敌人，毫不费力地占领了灵关（今属宝兴县）、双河（今属芦山县），接着又打垮刘湘教导师的1个旅和1个团的阻击，以1个师直逼芦山城下。

11月2日晨，中纵队三十军经灵关、双河，向时属天全的太平、宝盛守敌刘乃铸旅发起进攻。敌人在这一带山区筑碉防守，部队人数较少。傍晚，红八十八师攻破刘旅驻守太平场南肖公庙、毛家岗碉堡，进入太平场。刘旅退守于场西椒子岗、场北九龙山、太平河对门荒田岗，与红军对峙一夜。11 月 3 日晨，红军兵分三路，聚歼敌人，刘乃铸率残部经宝盛公议场、玉灵山退走邛崃王店子。11 月 4 日，红八十九师由双河场翻山经过宝盛场，翻越镇西山下沙坝场、高兴场追击逃敌，前锋直逼邛崃西门外，成为百丈决战的主力。11 月 7 日，红八十八师由宝盛玉溪河开进青龙场钟宝山，参加青龙场围歼石旅、周旅的战斗。

大川场有通往大邑、邛崃、宝兴的近道，是红军与川军争夺的要塞，又是红军在天芦临时根据地立足生存直到重新北上的重要场镇。战斗打响后，川军邓锡侯部杨秀春所率 6 个旅，加强了对大邑锄把河、天全双河场、横山岗、大川场、太平场各据点的防堵。大川场由林翼如旅守备。攻克大川一线为红四方面军左纵队，人员仅 1 个师。11 月 2 日，红九军二十七师翻越夹金山，在盐井坪渡河，翻大瓮顶，于次日深夜抵达大川场西面杨坎门。河对面的寨子坎、龙建坪驻有川军林翼如旅 1 个加强营，在该地筑碉防守，并配备重机枪、迫击炮。11 月 4 日凌晨，红二十七师一部登上龙建坪后山及大川场背后草坪山，居高临下攻击大川场敌人，配合杨坎门出来的大部队，钳击林旅。林旅第一线杨坎门阵地一触即溃，红军追击进入大川场。林旅退入场后山碉堡内据守。红二十七师一部监视碉堡，主力深入林旅纵深。危急中，杨秀春调驻邛崃油榨沱的黄鳌旅驰援大川。黄旅行至大川场南 5 公里处飞仙阁，突遭红七十六团、八十一团伏击，伤亡 700 余人后向邛崃方向溃退。11 月 5 日深夜，林旅弃碉突围，红七十九团追击至横山岗，直到双河场的尖山子。驻横山岗的川军卢济川弃岗东逃，退往大邑双河场。11 月 9 日，左纵队攻占大川场，继续向大邑、邛崃县境推进。

第二节 鏖战在天全

奔袭紫石关。1935 年 10 月下旬，刘湘调二十一军“模范师”（师长郭勋祺）驻守天全。为攻占天全、芦山，打开通向成都平原的道路，红四军和三十二军为右纵队沿大渡河南下。28 日，红四军占领金汤，留下一个营控制该地，大军继续南进。金汤距天全 100 多公里，4000 多米高的马鞍山横亘其间，坡陡路险，荆棘丛生。11 月 7 日，红四军前锋三十四团由采药农民做向导，用大刀斩荆棘开路，一天一夜翻过马鞍山，沿昂州河向天全进军。8 日晨，前锋抵紫石关与守敌二十四军袁国瑞旅主力李全山团接触。紫石关地处狭窄的河谷地带，地势险要，前有竹岗山作为屏障，沿路明碉暗堡，易守难攻。红军攻克大鱼溪、小鱼溪后，先头部队从悬崖绝壁上攀缘而下，深入李团在紫石关的驻军地带。拂晓时，战斗打响，双方激战约 1 小时，李团弃关溃逃。红军夺取紫石关后乘胜追击。驻守沙坪的敌旅长袁国瑞亦慌忙率部溃逃。

今日紫石关（张术荣　摄）

大败“模范师”。紫石关守敌逃往天全，天全守敌郭勋祺为稳定阵脚，在县城西郊用机枪扫射，督袁国瑞旅返回夺取阵地。1935 年 11 月 8 日午后 3 时左右，红四军十二师进逼天全城，在西郊与敌“模范师”二旅徐元勋团激战。黄昏时分，军长许世友赶到，派该师三十六团的交通队（即侦察连）找当地农民做向导，于是日夜从侧翼偷袭大岗山敌军营地。交通队摸到徐团二营营部，突然冲锋，敌兵缴械，营长周曼生被俘。交通队发出偷袭成功信号，许世友立令十一师、十二师强攻。交通队则配合天全河西岸主力向河东岸守敌背侧攻击。前沿阵地的敌人不知背面红军虚实，急忙撤离，退守山顶。西岸十一师、十二师战士趁机涉水过河，在大岗山与徐团激战。徐团大部被歼，丢下阵地溃逃。红军占领大岗山阵地。战斗中交通队长刘良湘、三十六团三营政委邹树正壮烈牺牲。当晚，师长王近山率十师由当地群众带路，寻天全河浅滩处涉水过河，9 日拂晓夺取城南浮桥，向城内守敌进攻，歼敌手枪营一部，击毙敌营长龚某和连长王永显等。十师攻入东城（即旧城），直捣敌军师部。郭勋祺闻报从后院越墙逃跑，逃至城外的梅子坡，命第三旅凌谏涵收复天全城，命刘绍斋团从大岗山北侧向大岗山反攻，以援救徐元勋团。一场激烈的白刃战在大岗山东面山腰及城内展开。红十师、十一师、十二师分别从东、南、西 3 个方向向川敌郭部发起进攻，形成围歼态势。红十师由东向西攻徐团背侧，向东北进攻凌团；红十二师从大岗山居高临下，由西向东俯冲刘团，侧击徐团、凌团，与红十师形成夹击态势；师长周世元、政治委员陈锡联率红十一师从南面向北猛攻县城，夹击刘团。红军战士英勇无比，打得敌军死伤累累，溃不成军。郭勋祺见大势已去，于 10 日凌晨率败兵向芦山飞仙关、三江口撤去。红军占领天全城。此次战斗，共击溃敌两个团，缴枪 500 余支，缴获大批棉衣，红军仅伤亡百余人，取得南下以来又一次胜利。

峡口坝阻击战。1935年年底，薛岳的国民党中央军由洪雅向荥经、汉源进逼。由于敌众我寡，红四军退回天全，在荥经河南岸的兴业峡口仙峰山、与荥经交界的小垭口、荥经河北岸的新场丁村悬空山、乐英落汉山至飞仙关岩口一带，构筑工事，组成长达六七十里的防线，严防薛岳部由荥经进攻天全。峡口坝成为国民党中央军攻击红军防线的突破口。而峡口坝仙峰山至伏龙桥桥头阵地却只有红军三十五团一个团防守。1936年1月底，薛岳指挥部队向红军防线进犯。2月7日以后，敌机轮番轰炸，攻击越来越猛。由于敌我力量悬殊，红军望头岩阵地于2月10日失陷，红三十一团边打边退向前阳。为策应荥经河南岸仙峰山、营盘口诸防线的红军，许世友调集部队在丁村沿河一带修筑坚固工事。2月10日晚，防守悬空山的红三十六团分兵增防丁村坝，所有重武器全部充实在伏龙桥头阵地。2月11日，薛军以数倍于红军的兵力，兵分三路向峡口坝进攻。清晨，敌机首先向仙峰山、营盘口阵地轮番轰炸，紧接着从铜厂方向突破望头岩阵地，尾追而来的敌军从垭子口向观音岗的红军猛攻。在飞机、大炮的火力掩护下，敌军猛烈向峡口突击，红军顽强阻击约3小时，被迫撤离前沿阵地。红三十五团、二十八团先后撤到荥经河北岸伏龙桥头阵地和丁村沿河阵地，与红三十六团一起共同御敌。敌大军源源不断地进抵峡口坝，轮番向桥头阵地发起猛烈冲击，均遭到红军顽强阻击，阵地前敌军尸横遍野，始终无法登上桥头。薛岳令部下找到铜厂乡伪乡长李金柱做向导，调派五三七团迂回四家庄，涉水强渡，其团长郑仁武及200多士兵被淹死。敌军从丁村乱岩头后背包围红军桥头阵地，敌我展开殊死搏斗。红军腹背受敌，伤亡很大，下午4时放弃桥头阵地，向新场董家山后撤退。敌机侦察发现红军进入新场，立即进行狂轰滥炸，进而使用燃烧弹，整个新场变成一片火海，很多无辜百姓伤亡。红军借滚滚浓烟隐蔽，经董家、山后村撤往观音庵，当夜再经落汉山到郭家嘴过天全河，安全撤到川子岗（又叫圈子岗）山脚何家坝。峡口坝战斗，是红军与占绝对优势的国民党中央军的一场恶战。红军参战的几个团伤亡惨重，峡口主阵地的三十五团伤亡 2/3，团长、政委光荣牺牲。此战惨烈程度空前，敌我双方伤亡不少于 3000 人。红军虽英勇顽强，多次挫败敌人的冲锋，但因弹药补给不足，寡不敌众，战斗失利。红军南下作战由战略僵持被迫转为战略退却。

峡口阻击战纪念雕塑（刘祯祥　摄）

禾林遭遇战。1936 年 2 月下旬，红军兵分三路，撤离天全、芦山、宝兴地区。2 月 15 日，防守天全、川子岗线的红四军和防守天全始阳的红八十八师开始向苦蒿坪、大坪山方向撤退，防守天全县城、思经等地的红三十二军向禾林坝撤退。由峡口尾追而来的国民党中央军薛岳部先后占领始阳、飞仙关和天全县城。16 日，薛岳、潘文华部攻占芦山城，进至灵关；邓锡侯部占大川场；王泽浚部占公议场；周重生部占宝盛场、太平场。敌军经双河场、灵关、太平，向红军发起追击。

下旬，掩护大军撤退的红军殿后部队一部在撤离禾林村时，在母猪桥到灵关必经的一段隘路，突然遭遇国民党军队伏击。3 架敌机轮番轰炸，在隘路的东面，敌军用小钢炮和机枪等武器封锁住隘路，红军阵亡数百人，伤亡惨重。

第三节　南下红军总部机关

红军总部。1935 年 11 月 10 日，南下红军右纵队在倪志亮、许世友的率领下攻下天全县城。红军总部随右纵队进入天全，住十八道水程家窝（现仁义乡红军村 4 组）的两个四合院内，朱德住前院，张国焘住后院。总部左侧有一条战壕直通 10 多米远的防空洞。防空洞左侧的民房是机要连，是全军通信中心。总部背后，靠近路边民房是警卫连。红军总部是南下红军政治、军事的最高权力机关。下设指挥部，总指挥徐向前、政治委员陈昌浩、副参谋长李特；司令部总司令朱德、总政委张国焘、总参谋长刘伯承，下辖作战局、技术局、通信局和军务、行政、后勤局；总政治部主任周纯全、副主任李卓然，下辖组织部、宣传部、群众工作部、保卫局；供给部，负责筹集、供给全军的军需、粮草，部长郑义斋。

红军总医院。1935 年 11 月 10 日，红军总医院进入老场乡白土坎，院部设立在胡二莲家，院长周光坦、政治委员张琴秋、政治部主任傅连暲。医院主要收治在大岗山等地战斗负伤的红军伤员。医院成立初期有伤病员二三十人，冬季伤员增多达 100 余人。医院有医生、护士、宣传队员数十人，并雇用当地七八个农民当勤杂工。由于医疗条件差，药物器械缺乏，红军伤员牺牲较多，医院附近安葬红军烈士 200 余名。红军撤离天全后，当地恶霸地主将红军遗体挖出焚烧。现掩埋骨灰遗址尚存。

红军总医院旧址（李林　摄）

红军大学。1935 年 12 月 5 日，红军大学进驻天全老场乡红岩坝，教职员工与学员学习和食宿的地方全部借用较大的民房。红军大学由刘伯承任校长，何畏任政委，张宗逊任参谋长，王新亭任校政治部主任，郭天民任教育科长，张际春任宣传主任。在刘伯承的主持下，红军大学先后设立高级指挥科，由军、师级干部三十几人组成，上级指挥科、政治科，由团、营两级军政干部 300 多人组成。根据军事形势需要，有时也抽调班、排、连干部，组成红军大学附属步兵学校，分步、骑、炮、工、辎等兵种，编为 3 个营，加上行政干部和教职员工达 1500 多人。陈伯钧、彭绍辉、皮定均、李井泉、曹里怀、黄志勇等都先后在红军大学相关部门做组织领导工作和教学工作。1936 年 2 月，红军大学撤出红岩坝随军北上。

红四方面军总部。1935 年 11 月初，徐向前、陈昌浩率红四方面军总部（前敌指挥部）随中纵队进驻天全灵关，后又移住天全老场乡禾林坝。红四方面军总部是红四方面军军事政治的最高权力机关，设指挥部、司令部、供给部及组织部、宣传部、群众工作部、保卫局等机关。总指挥徐向前，政治委员陈昌浩，副参谋长李特，政治部副主任傅钟，供给部长郑义斋。11 月 28 日，百丈关战斗失利后，红四方面军总部转至芦山的仁家坝。

第四节 天全人民支援红军

1935 年 9 月，红四方面军在荥经与周浑元部激战期间，游击队长高学全（天全县人）率游击队到荥经打土豪，供红军给养。红军进驻仙峰山时，与敌军相持百余日，红军给养全靠罗家坝、流路沟、苍子坝、铁口项等村穷人，在村苏维埃主席罗锦仁带领下打土豪，将所得粮食加工后，翻山越岭送到红军阵地，累计供军粮十余万斤。

由于敌人对苏区实行封锁禁运，红军战士和群众生活食盐紧张，苏维埃政府自力更生，土法上马，聘请三位熬盐师傅在老场乡建天全盐井溪盐厂熬盐，日产盐七八百斤，解决了红军和部分群众食盐需求。

1935 年 11 月 7 日，红四方面军许世友部从泸定岚安乡沿昂州河进军至竹岗山，由当地群众王昌华、李玉坤做向导，走小路，出其不意击破敌新地头防线。11 月 8 日，红军对大岗山守敌“模范师”徐元勋团数次强攻不克。许世友调查敌情，由当地群众姜希福、周绍轩等做向导，乘夜伪装成敌军，暗渡小河，寻小道从侧翼偷袭大岗山制高点营地，守敌被歼，大部队逃离阵地。9 日晚，王近山率领红十师由当地群众带路，寻天全河浅滩处涉水过河，夺取城南浮桥，配合红十一师、十二师攻克天全县城。罗家坝游击队罗仕中等 10 名游击队员正式参加红军，任先遣队向导。

1935 年 11 月 10 日，红四方面军占领天全后，自百丈关战斗起，支前运输粮食、枪弹和抬送伤员等任务增大。天全县各乡组织运输队伍，建立运输网，统一指挥，由游击队护送，直交前线。在交通线上设招待站，保证运输队员、伤病员食宿。程家窝儿童团团员程绍富等在交通要道站岗放哨。兴业乡板桥溪少年唐锦章等，在仙峰山战斗期间给红军侦察敌情，传递信件。兴业乡罗家、罗李村隔河两岸都驻有红军，两岸群众在村苏维埃领导下，自愿献竹、献木，短短数日内就搭起一道浮桥，解决了交通问题。罗家坝游击队员罗文清在荥河下游穴口上参加搭浮桥抢渡，遭敌人飞机投弹牺牲。

12 月，天全县为前线准备大米 1000 石。1936 年元旦，给红军医院送去棉被 100 床、猪肉 3000 斤。老场乡杨名翠、朱国良等 8 人，为白土坎红军医院拾柴火 3 个多月，供伤、病员做饭烤火，直至医院撤离。在抗日救国会、妇女会领导下，凡驻有红军的村庄，群众都替红军供给食品，转运辎重、编草鞋、补衣服，还组织铁匠、木匠、篾匠、草鞋匠、裁缝赶制脚码子、担架、斗笠、草鞋、衣被等支援前线。

红四方面军 2 万余人驻扎天全，天全人民为红军筹集军粮 150 余万公斤，人均提供军粮约 60 公斤。1936 年年初，中共天全县委一次就为红军筹集 500 石大米运往宝兴、懋功等地。红军撤离时，各部队人均备足干粮 7.5 公斤。

1936 年春节，天全县响应中共四川省委有关组织慰问红军、召开红军家属联欢会、尽量解决红军家属困难等号召，各级领导干部带着棉被、猪肉、大米、衣物、鞋袜等到前线和后方医院慰问红军，开展军民联欢。乡苏维埃组织妇女浆洗队（组）就近到红军总医院护理伤病员、洗涤衣被、烧水做饭、送水送饭等。在分田地时，红军及家属优先分得好田好地；分浮财时，优先解决红属困难。春节，各区、乡都召开红属联欢会。三区苏维埃组织 200 多名群众参加军民联欢会。

区苏维埃杀猪会餐后，还分给红军家属每户一块猪肉。

红四方面军总部旧址（李林　摄）

第四章　建立革命根据地

红四方面军南下后在天全发动群众，建立中共天全县委、天全县苏维埃政府和群众组织，开展分配土地、镇压反革命、征集粮食、动员运输队支前、扩大红军等工作，在天全播下了红色的、珍贵的革命火种，留下了伟大的红军精神。红军指战员与天全人民结下了生死与共的阶级感情，天全人民参军参战，无私奉献人力、物力、财力支援红军，用鲜血和生命为中国革命和人民解放事业做出了不朽的贡献。

第一节 建立地方党、政和群团组织

1935 年 11 月，红四方面军攻占天全后，随即建立中共天全县委：县委书记李中权，游击队司令员张光彩，组织部长李建良，宣传部长李士勇，妇女部长王富莲。为适应战争的需要，县委班子人选均由部队选派人员担任。县委设在城内小南街吴伯骧院内（原国营一旅社后楼正房），保卫局设在正面街罗伟家院内（原百货商场后面）。县委学习和开会在江西馆（原县文化馆）。

红军在天全建立少共组织：少共书记杨波凌，副书记杨尚辉、孙光增，组织部长陈道源，妇女部长汪毅华。少共发动青年组织少年先锋模范营，曾由少共书记杨波凌带领参加支援百丈关之战。

今芦山北部山区的双石、太平、宝盛、大川当时属天全县。红四方面军红九军 2 个师、红三十军 1 个师驻守在大川、公议前线。为适应战时的需要，特别是保障供给，红军设立太平县建置，组建太平县委。县委机关设在太平场中街“文江号”郭家大院。县委书记为沈新毅，秘书为周键，妇女部长为张怀碧。太平县委设有少共县委，少共妇女部长吕明珍。太平县委辖太平、龙门、石塔、太和 4 个区委，其中石塔与太和两区委在邛崃县红军驻地境内。

11 月 17 日，红军在芦山县城成立中共四川省委员会，辖天全、芦山、宝兴、雅安、太平、荥经、名山 7 个县委员会和 20 个区委，在 78 个乡的部分乡建立了支部，发展了党员。

建党期间，天全县委以秘密方式发展党员。对象是贫苦群众、基层干部；条件是打土豪、分田地的积极分子，热情加入各种群众组织的骨干。时任中共天全县委书记的李中权回忆说：“当时发展党员是绝对秘密发展的。对象是贫雇农。条件主要是拥护党、拥护苏维埃、热爱红军，并愿为共产主义奋斗终生。主要做法是区委领导，在打土豪、筹粮、扩红中，物色积极对象，找其谈话，说明革命道理，再由两人介绍入党，并宣布入党要求及党的纪律，不举行公开入党宣誓。新党员又介绍新的入党对象。当时，只要表现积极，就可以吸收为正式党员，一般无候补期。由于时间短促，不是每乡都有党员、党支部，但大多数乡都有党员，有3个党员的方可建立党支部。红军撤走时大多数党员都跟红军走或直接当了红军，少数留在原地。”红军主力转移时，各赤区的党、政、军及群团机关随军行动，完成了宣传群众、组织群众、发展党员、建立政权、建立武装、支援红军、播下革命种子的历史使命。

1935年11月成立天全县苏维埃政府、革命法庭，设在原县人民政府内。县苏维埃主席是余炳元，委员是马明超、敖洪才、韩成宣，保卫局长是张玉清。革命法庭有杀人权。

1935年12月下旬，中共天全县委、县苏维埃政府在现县人民政府内召开工农兵代表大会。各乡产生300多名代表参加会议，会期3天。会议传达中共中央政治局瓦窑堡会议精神，并针对分配土地运动中存在的问题，联合发出《重新分配土地》的通知，规定重新分配土地的政策、步骤和方法。

全县建立区苏维埃4个、乡苏维埃21个、村苏维埃85个，选出各级干部552人。城厢区苏维埃主席是杨用琪，始阳区苏维埃主席是金保全，永兴区苏维埃主席是杨名章（后杨克勋继任），新场区苏维埃主席是张维彩。

太平县苏维埃与芦山县苏维埃同时筹建。12月10日，太平县第一次工农兵代表大会在太平县召开，到会代表100余名，选举双河乡河边村铁匠任县苏维埃主席，并确定由红军干部佟男亭（后为刘耀熙）任武装指挥长。

太平县苏维埃驻地先在县委驻地“文江号”，后迁入太平下场口陈家大院，下辖4区、17乡、62村苏维埃。

1935年11月中旬至1936年2月，在部分乡成立了抗日反蒋救国会、工会、农会、妇女队、少先队、儿童队、鲜花队等群团组织。加入妇女会的有26人，加入少先队的有65人，加入儿童团的有162人。有42位开明士绅、进步人士参加抗日反蒋救国会，负责人是王维舟（此前任红四方面军直辖的抗日义勇军总指挥）。

第二节　扩大红军队伍和组建地方武装

红军在天全开展广泛、深入、细致的宣传工作，点燃了穷苦人民仇恨封建地主、军阀、帝国主义的怒火，使长期被奴役的人民认识到只有共产党才能救中国、救穷人，只有拿起枪杆子，跟随红军“抗日反蒋”才能翻身做主人。一大批青壮年纷纷响应“扩大红军”的号召，踊跃报名参加游击队和红军。全县出现妻子送丈夫，父母送子女，兄弟、父子、夫妻一同参加红军的动人情景。

天全县参加红军人员有2000余人，后来查清姓名的近150人。他们中的绝大多数在长征途中或抗日战争、解放战争、抗美援朝等战斗中光荣牺牲。1949年后，经多方查证天全县老红军仅存40余人。到2018年还健在的老红军仅李方一人（省政协离休，居住在成都市）。

为组织武装，扩大红军队伍，天全县在县建立独立团，在区建立独立营，在乡建立独立连。参加地方武装的共有1900余人。还从全县少先队中选出精干队员500余名，组成一个少年先锋模范营。

在建立地方武装中，天全县有的区、乡成立了游击队。据不完全统计，红军南下天全期间，加入游击队的有1519人，其中城厢区495人、始阳区401人、永兴区164人、新场区459人。

1935年11月，红军解放大河乡时，山坪村反动头目杨国贤、杨进仕、李克明、高国桢等人纠集匪众百余人枪，依靠峡子口险要地势，在偏桥头修筑三道棚子，负隅顽抗。游击队长李克金组织游击队员兵分两路，一路从洪春岗山顶由上攻下直打偏桥，另一路从岩底对门直射偏桥，形成两面夹攻之势。杨国贤、杨进仕退向附近深山，杨其贵、高国桢侧逃往荥经与另股土匪勾结。游击队员李洪贵得知杨国贤躲在千家坪岩窝头后，带领游击队将岩洞堵住，冲进洞内，将杨国贤及其妻子活捉，缴获步枪15支、子弹1000余发。游击队侦察到反动头子杨其贵兄弟4人躲藏在老林头，黑夜突袭，匪首兄弟4人全部落网。发现李克明躲在大独石的煤洞里，游击队围困洞子两天两夜，用辣椒和皂角熏烧，李匪被擒。大河乡一带的匪患被肃清。

第三节　开展群众运动

红军将到天全时，国民党反动派大肆散布谣言，污蔑红军。不明真相的群众害怕红军，纷纷逃往芦山或躲进深山老林、岩洞，留在家的多是老弱病残。红军到天全后，走村串户，街头演讲，散发传单，张贴《红军到地方约法十章》，书写和錾刻标语、口号，宣传“红军是帮助穷人找吃找穿的军队”，演唱、教唱《三大纪律八项注意》《拿把小胡琴唱给自己听》《送郎当红军》《抗日歌》等红军歌谣，说服动员被反动派欺骗的群众回家。群众见红军不仅说话和气，购物付钱，不调戏妇女，不拿群众东西，还热情帮助群众背水、劈柴、扫地、做事，便互相传告“红军是好军队”，在外躲避的群众纷纷回家。

红军初到时，大地主、豪绅逃往邛崃、成都、洪雅、夹江等城镇，小地主潜入深山老林。地主、豪绅逃走前，把粮食、衣物、大烟等埋入土坑、藏进岩洞或寄放在佃户家中，金银、首饰、绸缎等随身带走。

苏维埃政府建立后，发动群众打土豪、分浮财。其办法是：由上级派来的干部会同红军政治部，调查研究确定打击对象，列出名单，以苏维埃政府名义批准公布。带领游击队、少先队到打击对象的村庄召开群众大会或诉苦大会，宣布土豪罪恶，讲明没收理由。游击队、儿童团站岗放哨，没收小组抄家清点或令其户主交出金银、粮食、衣物、武器弹药、账簿、田地契约等。没收的财物一一登记，金银、大烟上交县财经委员会或红军供给部，枪支弹药交游击队，粮食、肥猪大部分给贫苦农民，小部分送苏维埃政府安排军用，衣被、耕牛、农具分给贫雇农民，账簿、契约、典契除退还本人的，一律当众烧毁。没收的财物不得私藏、挪用，违者严处。同时，给被没收户留下全家口粮和生活必需品。在打土豪过程中，向群众讲明：凡存放土豪财物的，主动交出有功受奖，不交出或知情不报者以包庇惩处。许多窝藏户主动把隐藏的财物交出，帮助土豪转移财物的，大都自愿领游击队去土坑、山洞找回。也有部分土豪经教育后主动交出财物，得到宽大处理，有的还被吸收参加抗日救国会。

仁义乡打土豪 20 户，没收粮食 1 万余公斤；县城打土豪 37 户，没收粮食 1 万余公斤、肥猪 100 余头；老场乡打土豪 23 户，没收粮食 1 万余公斤、肥猪 80 余头；始阳镇打土豪 30 余户，没收粮食数万公斤。据不完全统计，红军时期全县有 16 个乡共打土豪 183 户，没收粮食 348 万多斤、衣物 5753 件，收缴枪支 177 支，没收铜圆 2.17 万吊、银圆 250 多个，肥猪 250 头、羊 1 只、猪肉 6000 多斤，大烟 5 碗，小布 1200 多匹，叶子烟 10 斤，化油 2 缸，盐巴 3000 斤，白糖 300 多斤，细碗 2000 多个。这些浮财多数做红军补给，部分分给劳苦农民。粮食一部分给运粮的群众，其余均做军粮。

红军在革命根据地开展土地革命。各级苏维埃召开干部、群众会宣传学习《中华苏维埃土地法》、川陕省苏维埃制发的《怎样分配土地》，动员群众起来分田地。1935 年 11 月中旬，各乡都开展了分田地运动。这次分配土地，未发土地证，也未召开群众会或张榜公布说明。有的乡村土地委员会先插好竹签，再通知各户接管。这样“指田”的结果，使得土地实际上还是掌握在地主豪绅手里。12 月下旬，中共天全县委、县苏维埃召开工农兵代表大会。会议传达中共中央政治局瓦窑堡会议精神，并针对 11 月分配土地存在的问题，联合发出《重新分配土地》的通知，规定重新分配土地的政策、步骤和方法，决定开展“重新分配土地的十日运动”。组织干部下到乡村开展“查田运动”，召开各种群众会，讲明重新分配土地的意义、政策、方法、注意事项，揭露地主豪绅隐瞒财物、契约，破坏分配土地的罪行。重新分配土地，纠正了 11 月分配土地中存在的问题：打土豪过宽，追缴财物不及时、不严厉；靠小土地出租收入维持生活的，不能以地主论；已征收的富农现金不退，粮食退还部分，自耕地酌情退还，作坊退还；坚决纠正侵犯中农利益，错收的粮食、土地全部退还，并由乡苏维埃干部登门道歉；国民党官兵回来参加红军、游击队或安居的，均分给田地房屋。“土地证”由省苏维埃制定，县苏维埃盖印，乡苏维埃填写户主姓名、成分、人数、面积、四界及房屋间数等，并通过召开群众大会公布发放。

打土豪、分田地运动，调动了群众拥护共产党、支援红军的积极性。1936 年 2 月中旬，由于红军前线战斗的失利，国民党军队侵入苏区，重新分配土地运动被迫中断。

第四节　财政经济和文化宣传工作

1935 年 11 月 27 日，中共四川省委对苏区财经工作做出 8 项指示：一是统一财政，划分开红军与地方财政系统；二是立即集中地方机关没收征发的现金和一切物资到省财委会，作为工农银行发行苏票基金；三是各县地方机关应立即实行统一的预算，由县财委会统一开支，并报告省财委；四是维持苏票信用；五是地方机关应立即收集一切苏区出产的物资（如茶、药材、硫黄、菜籽、铜、铁器、木材等），教育工作人员爱惜物资，反对破坏物资行为；六是提倡群众办合作社，宣传群众集资入股，发展合作社运动，开设合作商店、药铺、饭馆，建立对外贸易，用赤区出产的茶、药、硫黄等去调换白区的盐巴、布匹；七是奖励群众冬耕，种洋芋、小麦，多喂母猪、母羊，禁止宰杀耕牛、母猪，不准杀20公斤以下小猪；八是提倡开设工厂（纸、锅、铧、碗等厂），开盐井，提倡发展手工业。在落实中共四川省委财经工作指示中，红军在天全县老场乡兴办了1个盐厂，设3口井、2盘灶、10口锅，每天可出花盐400公斤，解决了食盐缺乏、紧张的问题。在太平区开办茶厂，生产“红军茶”。还开办了一个工农饭馆（原县百货公司门市部），使用红军发行的货币。

红军所到之处，都要组织干部、战士向人民群众开展深入细致的宣传、鼓动工作。宣传红军的主张和纪律，编演话剧、活报剧、歌曲、莲花落、金钱板等文艺节目，教人民群众唱革命歌曲。红军利用旧石碑、石牌坊、石路桥、石柱子和石墙壁等精心刻写标语、口号，唤醒人民群众的阶级觉悟，扩大中国共产党和工农红军的影响。

红军在天全期间留下的标语口号保存到现在。标语上都写有“拔起”“德诚”“漳树”“崇安”“认真”“楠木”“汤木”“紫光”“烈焰”等政治部和总政治部代号。如“只有中国共产党才能救中国！救穷人！——紫光政治部”“铁证：只有共产党才是民族独立的唯一领导者，只有工农红军才是抗日反帝的急先锋！——拔起政治部”等。

1935年10月，红军在天全思延乡铜头场（今属芦山县）开办卫校一所，校长为傅连暲，有男女学员70余人。

1935 年 12 月初，红军大学迁驻天全县老场乡红岩坝。红军大学在红岩坝创办《红炉》校刊，刘伯承亲笔题写刊头并题词："我们学校就是一个红炉，我们学习军事、政治、文化，以及向一切恶劣的自然环境做斗争，克服一切困难，就要在这个'红炉'中来锻炼。坚强的革命意志就是在通红的炉火中锻炼出来的。"《红炉》校刊为四开张油印刊物，在天全共办了 17 期。

红军在县城火神庙（老县车站处）和今城厢二小原宿舍内创办了两所工农小学（简称一小、二小），由一位姓马的红军任教育委员，张星跃任"学董"，负责办学事宜。一小由高治国、董映南任教，胡映忠担任炊事工作，有学生 80 多人。二小由马元甫、彭玉新任教，有学生 70 多人。两校均有石刻校印，教材是手刻油印本，内容以红军标语、口号为主。后来又在始阳福音堂（原始阳乡政府内）创办了一所工农小学（也叫列宁小学），设 4 个初级班，有学生 200 多人，由李克容（李慷，天全鱼泉人）任校长，高昌庭、曾大用、沈连先任教师。另创办儿童夜校一所，有学生 60 余人。

第五节　红军撤离后的斗争

1936 年 2 月 15 日，红四方面军开始撤离天全，国民党中央军薛岳部队和以刘湘为首的四川军阀部队随即进驻。地主豪绅、土匪头子等也卷土重来，到处捕杀红军伤病员及掉队人员、苏维埃干部、游击队员和革命群众。梅岭乡龙尾村有 10 多个红军伤病员和游击队员因来不及转移被包围，除 3 人幸存外其余全被杀害。兴业乡峡口坝李家祠苏维埃主席李德华、妇女干事李汤氏（李德华之妻）被伪乡长派人用石头活活砸死在茶园里。老场乡禾林村苏维埃主席杨才刚和母亲及两个孩子，都惨死在敌人的屠刀下。河源乡柳家村苏维埃代表傅老石全家4人，被当地土豪丢进安子山一漩孔里活埋。梅岭乡敖绍奎全家4口被杀。几天之内，天全县被杀害的苏维埃干部和家属就达63人，游击队干部、队员41人。其中大河乡村苏维埃主席段永学一家三代被土豪杀光。白色恐怖笼罩天全。

土豪劣绅从经济上大肆反攻倒算，强迫老百姓“自动退还”分得的土地财物，派出狗腿子四乡查抄群众的家。凡是红军分给农民的土地，地主逐一夺回，无论是否耕种，地租颗粒不少，由原佃户照交。被红军废除的债务，一律恢复偿还。被焚烧、撕毁的契约又强迫重写画押。

反动派的血腥镇压，迫使人民团结起来，同反动派进行殊死斗争。为打击地方反动势力的嚣张气焰，1936年3月的一天，两路乡长河坝村苏维埃主席柯玉洪，找到土地委员陈绍怀等人密商，组织10多人，包围了保商大队长陈恩普的住房，用计诱陈出屋。陈提着烟灯刚跨出大门，队员们连发两枪将陈恩普击毙。反动派闻讯后，把柯玉洪抓进监狱，柯在狱中仍坚持斗争。

广大群众千方百计保护红军伤病员及掉队人员，保护苏维埃干部、游击队员。灵关罗家坝游击队排长王海云，看到土豪裴学仁、裴学义一伙杀人不眨眼，便秘密联系群众，组织近百人的人民武装自卫队。晚上，自卫队员手持木棒大刀分成若干分队，在路口伏击土豪和反革命匪徒，在项家岩打死土豪裴学仁。自卫队员公开警告土豪劣绅：必须安分守己，否则狗命难逃。

第五章　从抗日战争到天全解放

1937年七七事变后，中华民族爆发了全面抗战。虽远离前线，天全县也和全国各地一样，抗日救亡运动风起云涌，青壮年踊跃参军，保家卫国。6年中，天全参军2971人，多数在抗日前线为国捐躯。天全人民为抗日战争的胜利做出了贡献和牺牲。

解放战争时期，天全地下党组织联合中国民主同盟天全组织（以下简称民盟）开展上层统战工作，争取地方武装势力倒向人民阵营，响应西康起义；在学校教师和青年学生中建立“小学教师联谊会”和“晨曦读书会”等进步组织，宣讲党的政策和形势，发展组织，开展促进天全起义、迎接和平解放的工作。

第一节　天全人民支援抗战

一、天全的抗日救亡活动

九一八事变后，中国开始局部抗战。1935年华北事变后，中共提出停止内战、一致抗日的主张，领导了“一二·九”运动，使抗日救亡斗争发展成为全国规模的群众运动。“一二·九”运动促进了民众的觉醒，掀起了全国抗日救亡运动的高潮。在抗日救亡运动的推动下，天全抗日活动风起云涌，成立了抗日后援会，他们高举“拥护抗战”“打倒日本帝国主义”的大幅标语在街头游行，组织宣传队走街串巷演讲，还深入四乡发动群众支援抗战。天全抗日动员委员会举办“七七”抗战纪念会，公演抗日文艺节目和出壁报、漫画，广泛宣传抗日；

开展献金抗日运动，慰劳抗战将士，发动小学高年级学生向前方将士写慰劳信、赠纪念品；开展慰劳出征军人家属活动；征募营养捐，解寄重庆“伤病员之友社”慰劳伤员。仅 1937 年 9 月 20 至 27 日就解汇重庆献金法币 1107 元，伤病被服费 36 元。在这次献金运动中，天全乡绅高平阶一次捐献法币 1000 元，国民政府赠其“输财为国”匾额，以示褒扬。1945 年，天全又拨出积谷 3985 石支援抗战。

二、天全人民参军参战

1937 年 7 月 7 日，抗日战争全面爆发，举国上下同仇敌忾。天全人民积极投入救亡运动，热血青年踊跃报名从军，奔赴抗日前线。1937 年 9 月底，徐楠、荀永洁、高孟全、周宗涛、周孟福、牟正兵、高仕泽、杨再文、张国斌等 136 名首批天全籍爱国青年请缨投军。离开天全时，县长张肇弟主持欢送大会，县城人民夹道欢送，队长高孟全披红戴花，带领全体从军子弟，雄赳赳气昂昂经过街头，“打倒日本帝国主义”的口号声和鞭炮声响彻整个县城。父送子，妻送夫，兄弟亲朋来相送，一直送到县城东郊“接官亭”。作为天全第一支自愿从军的子弟兵，他们被编入抗日野战补充团第二团，直抵武汉，在湖口与日寇鏖战中多数为国捐躯。

1938 年 7 月 9 日，四川省政府颁布《统一兵员征集暂行规程》及《征集国民兵及抽签实施办法》。当年夏、秋，天全县应征入伍抗日士兵 642 名，同年又征集民兵 555 名补充前线。1940 年征兵 593 人、1941 年征兵 620 名、1942 年 9 月至 1943 年 8 月征兵 425 名，6 年累计征兵 2971 人，其包括高在天、张天寿、高孟全等在内的热血青年，绝大多数在抗战中牺牲。在一次前线指挥部发给天全县政府的通报中，天全籍为国牺牲者就有 200 多人。

三、抗战英烈

高在天，天全县城厢镇人，青年时从军。抗日战争期间，在川军第二十军杨森部任连长。“八一三”淞沪抗战爆发，蒋介石电令川军第二十军军长杨森于1939年9月1日率部队从贵州出发奔赴上海参战，24天后到达上海南翔车站。10月9日编入战斗序列，当日夺回陈家行阵地。又与日军苦战13昼夜，保住了陈家行。战斗最激烈时，连长高在天率全连战士与敌肉搏，在争夺阵地战斗中多处受伤还高呼：“把鬼子赶出国去！”士兵要送他到后方治疗，高在天说：“为了民族生存，国家独立，牺牲也应当！”随即率领剩下的十几名士兵与日军展开殊死搏斗。高在天身中数枪，壮烈殉国。

邱春如，天全县城厢镇人，幼时聪颖过人，好读书喜文墨。1912年考入四川陆军小学校，与邓锡侯、田颂尧、李其相、孙震、王铭章等为伍。他虽任职团长，但从不投机取巧、聚敛钱财，而是爱兵如子、诚心护民。抗战初期，随王铭章集团军出川，因病留襄阳兵站，任上校参谋。他事必躬亲，日夜辛劳，致使病情加重。当得知王铭章将军在滕县与敌鏖战牺牲后，他悲感交集，弥留之际，撰联表志：“功果未成，长使英雄泪襟衣；可惜一腔热血，未偕王将军洒于前线。”邱春如为抗战带病工作，辛劳而死。

四、抗战时期的地下党员

1944年，成都地区的地下党员高仕荣（天全县始阳人）、彭先述先后来到天全，分别在天全中学、西康省立始阳师范学校任教，在学生中宣传抗日统一战线的方针政策，组织进步师生和爱国人士为抗日出力。经党组织的安排批准，高仕荣在天全公开加入国民党，秘密加入民盟，任天全中学校长，兼任县参议会副议长。高仕荣以其特殊身份保护地下党员和进步师生，开展团结争取上层民主爱国人士工作。

吕永弟，汉源县清溪乡人，是革命烈士吕永孝（殉难于重庆“渣滓洞”）的胞弟。1944年，吕永弟在四川大学读书时，经同学介绍，加入地下党。1946年经高衡介绍，任天全中学教师。吕永弟利用课余时间，为党进行社会调查和宣传工作。时遇在始阳师范任教的同乡青年涂志明（1949年以后曾任德昌县人大常委会主任），多次接触后，彼此信任。暑期中，吕按照党组织指示调到汉源县清溪老家开展恢复党组织的工作。中华人民共和国成立后，吕永弟又被调回天全县参加土改工作，直到土改结束才调离天全。

许光华，又名文轩，天全县思经乡人，老红军、共产党员。1945年抗战胜利后，许光华从部队抽调到延安受训1年，班长是王维舟。1947年1月，组织分配许光华回天全开展地下工作，代号71号，接头时间是每月农历初七，接头地点是天全县城内的一个茶馆。许光华在天全连续3年均未接上头，只好回乡从事农业生产。中华人民共和国成立后，许光华才得知负责接头的冉志强遭国民党特务逮捕杀害。

罗尚武，又名邦宪，老红军、共产党员，天全县和源乡人。1935年11月，在新场参加抗日救国同盟会，1936年编入红四方面军三十二军一营一连当战士，同年8月加入中国共产党。在1945年冬，由部队抽调到庆阳地干班受训一年后，分配来川搞地下工作。罗尚武代号是72号，接头地点在雅安街头的一个茶馆。罗尚武连续3年均未接上头，只好回家从事农业生产，潜伏待命。直到天全解放，罗尚武才与天全县委书记卫璜接上头。罗尚武的党籍于1979年经天全县委组织部调查核实后恢复，并按规定享受红军补助。罗尚武于1984年因病逝世，享年68岁。

第二节　坚持斗争迎解放

一、天全地下党支部的建立和活动

解放战争时期，是天全地下党最活跃的时期。1949 年，高仕荣在始阳师范任校长时，不少地下党员和进步人士来校任教。重庆、成都及川东、川南地区来天全始阳师范隐蔽的地下党员较多，其中大部分是川大的学生。通过罗英的联系，经胡立明介绍，高仕荣与川东特委天全支部书记罗文清接上头。

在始阳师范任教的川东地下党员罗文清（化名叫罗洛庚）、唐绍虞（化名叫贾裕斋），党员兼中国民主同盟（以下简称民盟）盟员的刘光庶，和民盟成员苏继质、王雪瑶、尹克醇等 6 人混合编为 1 个党小组，罗文清任小组长，并和在天全中学任教的地下党员陈为珍（化名董婉如）、黄仲实（化名士钊、南涛）和民盟成员蒋国基（化名蒋文全）接上头，由蒋国基负责和始阳师范联系。为确保地下党的安全，一般公开活动均以民盟组织出现。

1949 年 11 月，唐绍虞被组织调到始阳师范，与罗文清、高仕荣接上关系。罗文清被组织调到天全中学，与陈为珍、黄仲实疏通了组织关系。经川东特委驻雅安负责人杨正南（又名杨可诗）同意，于 1949 年 12 月，在始阳师范成立天全地下党支部委员会，由罗文清任支部书记，陈为珍为组织委员、黄仲实为宣传委员。在天全中学教师中发展叶敬熙，在始阳师范教师中发展王雪瑶，在法院职员中发展胡惠文入党。天全支部的工作由罗文清在雅安直接与杨正南联系。

1949 年中华人民共和国成立前夕，地下党工作非常艰苦，既要教学取得合法身份，又要掌握社会情况安定民心，迎接解放。

李维实是邛崃大邑出江河畔人，1949 年参加川康特委地下党组织，是出江特工队的负责人之一。因与地方势力发生矛盾，为不暴露组织，1949 年 2 月他转移来天全县始阳师范附小教书做掩护。他与始阳二十四军直纵连连长牟嘉才是亲戚，就住在牟的连队里，一方面隐蔽身份，一方面在连队里开展党的地下工作。

唐开德是天全县灵关人。1948 年在成都协高读书时，加入川西地下党，并受成都区委詹大丰领导。1949 年 5 月，组织调唐开德到西康开展工作，其任务是做好刘文辉所属部队的起义工作，争取地方武装不倒刘（刘文辉），不亲胡、贺（胡宗南、贺国光），安定民心，稳定社会秩序。工作方法上主要是“通过上层，掌握中层，深入下层”，发动和组织地方武装，配合解放军截击胡宗南残匪。

天全地下党支部以学校为阵地，与校内师生广泛接触，了解情况，考察政治态度，加强宣传；在进步师生中教唱革命歌曲，宣传党的政策；搜集了解天全旧党、政、军、警、宪、特和地方势力的分布情况。1949 年 9 月，地下党员胡惠文利用职务之便，向天全伪警察局长罗光楷推荐地下党员黄仲实协助文案。黄仲实在伪警察局里工作一个多月，翻阅了大量的档案，搜集了解了很多有价值的资料。天全解放后，这些资料由罗文清移交天全县委书记卫璜。

9 月初，川西地下党驻雅安负责人高国兴派唐开德速回天全，做争取李元亨的工作。12 月初，中国人民解放军二野情报处处长柴成文指派原国民党南京起义少校章佳音（又名童韵樵）来天全做策反工作。通过天全地下党及章家音等人的策反工作，天全的李元亨和芦山的程志武组建了“川康人民解放纵队”（后更名为西康人民解放纵队第二纵队），司令员杨明星，副司令员李元亨、陈步胜，政治委员刘逸华、汪玉华，政治部主任陈强立，参谋长张文瀚。纵队编 11 个支队，人枪总数 3000 左右。

第二纵队成立后，唐开德派李良瑜、邓联秋连夜赶到天全，通过胡开芝（杨明星之妻）找李家楷（伪参谋长）出面，召集天全县城舵把子高鉴明和保安营长黄鍟商议，达成拥护解放、接受改编的协议，为天全和平解放铺平了道路。

二、民盟组织和晨曦读书会

1949 年 8 月初，刘明（即刘光书）受民盟组织派遣，来到天全始阳，任西康省立始阳师范训育主任，以教师身份为掩护，开展革命工作。刘明结识了师范六班学生杨克纯，后又联系思经小学的教师银世泉、王纪元及天全女子小学教师邱水。

1949 年 9 月，天全建立民盟基层组织，由天全中学教师蒋文全（又名蒋国基，中共党员、民盟盟员）负责。同年，民盟在始阳师范由刘光庶发展了高仕荣、杨克纯、邱水，由苏继质发展了王纪元、银世元，由罗文清发展了高秉权、王肇林，由蒋国基、黄仲实在天全中学发展了高明星为盟员。蒋国基为民盟天全分部负责人。

成立民盟的外围组织“教师联谊会”，推选高曰洁为负责人，高明星担任联络工作。民盟天全组织在天全中学校门和景葛楼地段，设立黑板报宣传栏，报道转载解放军在各个战场上的胜利消息，并剪贴党的领导人和解放军主要将领的画像，扩大宣传效果。在青年中开展宣传工作，向青年学生宣传国际国内形势、中国共产党的主张，稳定青年思想，抵制国民党的反共宣传和谣言，使更多的青年靠近共产党，靠近人民革命，为迎接即将来临的解放打下思想基础。

在地下党和民盟西康支部（省委员会）筹委会的领导下，民盟天全组织为迎接解放，与地下党员黄仲实、陈为珍、唐绍虞、高仕荣等紧密联系，积极学习宣传民盟西康省支委会（筹委会）主办的《光明旬刊》。民盟天全组织邀请荥经流动剧团来天全和始阳演出歌舞剧《白毛女》和《蒋匪逃台》。民盟天全组织为维护社会秩序，安定地方，发动群众，支持配合刘文辉起义做出了积极贡献。

晨曦读书会是在天全解放前夕，在天全地下党组织和中国民主同盟天全盟组织的具体指导下建立的。读书会成员中杨克纯、王纪元、嬴世元、邱水（均系盟员）等为骨干，邀请了刘登奎、刘登松、李家润等 30 余名进步青年参加。读书会由杨克纯负责，罗文清（地下党支部书记）、舒济质（民协成员）负责指导。读书会的任务是与青年交朋友，宣传党的政策和主张，解除社会上一些受反动派宣传影响的群众的疑虑，安定人心，迎接解放。

1950 年 2 月，中国人民解放军进入天全县城，晨曦读书会成员敲锣打鼓到东门“接官亭”迎接解放军。2 月 21 日，围攻天全县城的土匪虽被解放军击退，但社会秩序还十分混乱。经地下党同志推荐，晨曦读书会成员由解放军保卫，深入农村，深入土匪豪绅的据点，宣传党的政策。宣传队成员通过这次考验，有的被人民政府吸收分配到党政机关、企事业单位成为本县干部。晨曦读书会为党培养干部起了积极作用。天全县人民政府成立后，晨曦读书会的历史使命胜利完成。

第三篇　建设探索

第一章　建立和巩固人民政权

1949年12月，西康省宣布和平解放。1950年2月，人民解放军进驻天全，接管国民党地方旧政权，组建各级地方党组织，建立人民民主政权机构和群众组织，广泛发动人民群众，迅速收拾解决国民党遗留下的千疮百孔的烂摊子，开展清剿国民党残余势力和地方土匪武装、镇压反革命、支援解放军修筑川藏公路和抗美援朝等一系列工作，恢复发展生产，稳定社会秩序，巩固新生的人民政权，揭开了天全历史的新篇章。

第一节　人民政权的建立

一、天全和平解放

1949年11月，第二野战军和第一野战军一部，担负进军大西南的任务，在刘伯承、邓小平、贺龙等的指挥下，于12月联合发起成都战役。在我军强大攻势和我党正确政策影响下，国民党许多高级将领相继起义。12月9日，西康省政府主席刘文辉同邓锡侯、潘文华在四川彭县通电川康起义（11日晚正式发出通电），宣告西康省所属各县和二十四军各部队起义迎接解放。

西康省天全县政府县长张孟韬奉命到雅安参加西康起义仪式并受命兼任天（全）芦（山）宝（兴）三县联防警备司令。12 月 13 日，张孟韬由雅安返回天全，赓即召开各科、室、局、处负责人及部分科员紧急会议，传达刘文辉宣布起义的通电、中国人民解放军《约法八章》、新政协《中国人民政治协商会议共同纲领》等文件，按照西康省临时军政委员会的安排要求，对天全起义、迎接解放事宜做出部署。会上，张孟韬宣布从即时起接受共产党的领导，升起五星红旗。所有二十四军部队以及保安队、特务营集中雅安待命整编，县政府各科、室、局、处、院要保存好案卷准备移交。安排天全县城治安事宜由驻防军队保安二团三营（营长黄鍟）分区负责，同时成立“临时军政稽查处”，由黄鍟担任处长。会后，由民政科长李家甫带人到城内城外张贴刘文辉发布的起义通告及中国人民解放军发布的《约法八章》新政协制定的《中国人民政治协商会议共同纲领》等。

二、阻击残匪维护社会稳定

西康起义后，胡宗南、王陵基残部企图打通天全，翻越二郎山，窜往康区与王伯华会合，伺机东山再起。此时，二十四军部队大部分调赴洪雅、名山一带布防，天全、芦山、宝兴防务空虚。为整合防卫力量，有效维护地方稳定，阻止王、胡残部袭扰，防止地方反共顽固势力捣乱，刘文辉委派天全县长张孟韬负责守备天、芦、宝三县边界，并命其赴雅筹商守备方略。同时，西康省临时军政委员会急令驻扎康定的西康省保安一团副团长兼第三营营长罗祥俊于 1949 年 12 月 11 日带队从康定出发，赴天全与黄鍟部队会合，以增强天全的守备力量，维持康定经天全到雅安的交通秩序。

罗祥俊营开抵天全县城时，县长张孟韬尚在雅安。当时，国民党内政部调查局西康调查处副处长高鉴明（天全县城人），纠集天全匪首杜子和、徐国斌等人与芦山土匪相勾结，占据东城，攻打黄鍟部队和协助守护天全城的程石量部民众自卫大队，妄图夺取天全县城，策应胡宗南残部窜踞康区。黄鍟所部则固守景阁楼、承宣桥（今西进桥）、军城头至禁门关一线阻击高鉴明匪部，罗祥俊营及时与黄鍟营合兵一处，投入战斗。

张孟韬回县后，调集民众自卫大队杨光照、黄元钊等部开赴天全县城。12 月 14 日，杨光照、黄元钊相继率队进城，两部约 500 人。程石量、黄元钊、杨光照等自卫大队配合黄鍟、罗祥俊两保安营向东城高鉴明发起全面进攻。12 月 22 日午后，高鉴明部被击溃。自卫大队留城协助黄、罗两营防守天全县城。高鉴明在军统特务和程志武的支持下，多次图谋再夺天全县城，均未得逞。

程志武在芦山宣布起义后不久，在国民党特务及胡宗南残部胡长清的利诱和唆使下，于 12 月 19 日公开“反水”，就任国民党新编十四军军长、代理西康省主席等职务。李元亨的心腹向文芳从芦山程志武处带回 3 部电台及程志武的行动情报。李元亨立即同陈步胜等宣布脱离“二纵队”，就任所谓国民党新编十五军军长，公开反共。12 月 23 日，芦山匪首程志武勾结李元亨，率土匪数百人偷袭飞仙关，意在威胁雅安。张孟韬指挥当地团队和新增派的部队彻夜防守，次日晨率步兵一连向程匪出击至芦山白家店，程部溃退。李元亨率其匪部向天全铜厂方向溃逃，飞仙关之危解除。

12 月 27 日，成都解放。被人民解放军击溃在邛崃县境的胡宗南所属吴起飞残部 1 个团的兵力，越镇西山窜入天全所属大川地区，向地方人士表示，只要求借道至宝兴，决不在天全地区停留。张孟韬识破吴部残匪企图窜扰起义地区后方的阴谋，令当地团队予以阻击。1950 年 1 月 3 日至 7 日，历时 5 天，吴部被击溃。胡宗南、王陵基残部经天全窜康的企图未能实现。

三、天全县委、县人民政府成立

西康和平解放后，1950 年 2 月 1 日，南下入康干部随解放军六十二军进入雅安城。2 月 6 日，西康区党委在雅安召开党委扩大会，正式宣布雅安地区各县县委书记、县长、组织部长、公安局长任命名单及到职时间。

2 月 7 日，中共天全县委书记卫璜、县长王纯仁率领天全党政干部李治廷、王文、陈勋章、龚连东、石敏生、朱开义、李瑞芳、关四喜、王瑞、刘学东、任建中、杨博厚、周玉亮、杨赓、王志兴、李仕廉、张燕、高子华（天全人、民盟盟员）等 29 人（其中包括驻天全邮电局的军代表朱国锦），由曾获得“进康先锋团”光荣称号的六十二军一八五师五五五团一营副营长郭俊祥率领 1 个加强连（连长董子明，政治指导员苗全生）护送，共 100 多人由雅安徒步前往天全。当晚露宿飞仙关东面桥头，中共天全地下党支部书记罗文清率人前往接应。

2 月 8 日晨 5 时，军政人员兵分两路过河。部队走铁索桥，党政干部和马匹、重武器乘汽车船。刚渡过河，以高云光为首的土匪从多功坝北面的圈子岗山上，向郭俊祥率领的解放军开枪射击，解放军立即还击。经过两个小时的激烈战斗，土匪被打退到切山村一带。下午 4 时，进入天全的全体人员安全抵达县城东郊洗脚溪，天全旧政府县长张孟韬、国民党县党部书记李家楷（兼县参议长）率领六七百人列队迎接解放军入城。军政干部迈着整齐的步伐，高唱革命歌曲，在欢迎队伍的簇拥下浩浩荡荡进入县城。

入城后，在天全中学稍事休息，即由县人民政府秘书长李治廷主持大会，宣布天全县人民政府正式成立。县人民政府县长王纯仁在大会上发表讲话。当晚，进驻天全的党政干部住在天全中学教室里，解放军住在旧银行（现东城街口）楼上，同时担负起县城四门的巡逻任务。

中共天全县委正式成立。县委委员由卫璜、王纯仁、王瑞、刘学东等 12 人组成，设置组织部（部长王瑞）、宣传部，办公地址设在县政府后院，后迁到县城江西馆（后为文化馆）内。1950 年 4 月 16 日，启用中国共产党天全县委员会印章，5 月设置秘书室，随即开展接管旧政府工作。

解放军进入天全县城

1950 年 5 月 11 日，天全县第一届第一次各界人民代表会议召开，出席代表 140 名。会议通过协商，选举卫璜、王纯仁、吴林权、高梦鹤等 15 人组成天全县各界人民代表会议常务委员会。各界人民代表会议按要求每年召开 3～4 次会议，代行人民代表大会职权，为人民代表大会制度的建立和实施积累了宝贵的经验。

1951 年 4 月，天全取缔旧保甲制度，开始民主建政和建立农村基层政权工作。到 1952 年 7 月，全县各区、乡相继召开各界代表会议，选举产生区、乡人民政府，建立村公所。1952 年，天全县成立中共城厢区、一区、二区、三区、四区共 5 个区委会，各乡建立农会组织。

第二节　巩固人民民主政权

一、1949 年前的天全社情

天全县在民国时期辖 5 个区、26 个乡、224 个村，共 9 万人。

由于 1949 年前西康执政当局军、保、团、队的军纪败坏，军民矛盾日益加深；各派袍哥武装据地为王，私仇械斗频繁；鸦片禁政废弛，当局饮鸩止渴推行“鸦片经济”，各种势力利用种烟收入购买枪支弹药，利益博弈、武力对抗激烈。还有各种反动会道门组织，如“天道”“忠诚大道”“天教会”等 48 种，被骗加入的道徒有 1000 多人。这些道首以敲诈勒索、造谣惑众、封建迷信、装神弄鬼来骗取钱财，扰乱社会秩序。

封建袍哥组织有三大派：一是亲政派（拥护刘文辉派），以黄元钊等为代表，拥有枪支 2660 多支；二是反政派（又称反刘派），以李元亨等为代表，拥有枪支 4250 支；三是中立派，以焦海珊等为代表，拥有枪支 1000 支，以太平区（现属芦山县）、灵关区（现属宝兴县）为盘踞地。

天全起义时，原国民党党政军人员和各派地方武装势力大多宣布起义，少数顽固分子如高鉴明、李仁等仍坚持反动立场。起义不久，李元亨、陈步胜等匪首伙同芦山匪首程志武背信弃义，投靠胡宗南残部胡长青。顽固坚持反动立场的国民党军警宪特与占山为王的土匪沆瀣一气、狼狈为奸，反动气焰十分嚣张。

“烟多、枪多、匪多”既是天全当时社会的真实现状，也是天全社会不安宁的祸根。刚刚成立的县委、县人民政府面临复杂、严峻的剿匪形势。天全县委、县人民政府正式成立的当天，天全县委《关于目前工作计划草案要点》中就对剿匪工作做出安排，剿匪战斗就已经开始了。

二、天全保卫战

1950 年 2 月 14 日（农历腊月二十八），芦山程家坝匪首程志武（“川康反共救国军”总司令兼新十四军军长）、天全匪首李元亨（新十五军军长）指挥 3000 多人马，趁解放军进驻县城立足未稳，将驻天全的一连解放军和南下接管天全的地方干部团团包围，限其 3 天内缴枪投降，扬言“打开天全，进城过年”。

当时，担任保卫天全县的驻军是六十二军一八五师五五五团一营二连，由一营副营长郭俊祥和一连连长董子明负责指挥。为加强对保卫战的领导，天全县委成立“护城指挥部”，由郭俊祥、卫璜、王瑞组成，郭俊祥任指挥长，指挥部设在东城与北城街交叉的十字路口旧银行。作战方案采用分兵固守：第一道防线是军城（又称军城头），第二道防线是新城（也就是现在的西城街头），第三道防线是天全中学。以两个排部署在要口上，一个排为机动，县级机关 30 多名党政干部负责运送弹药并参与战斗。

2 月 17 日（农历大年初一）黎明，各路土匪枪炮齐发，分别从县城的东、南、北三个方向同时向解放军阵地发起攻击。护城指挥部命令“在百米之外不准开枪，30 米处不准投弹。待土匪逼近时，施以猛力冲杀聚歼之”，连续打退土匪多次进犯。

2 月 19 日凌晨，匪头杨华贵率 33 名匪徒，从南面涉水过天全河入城，占领正西街南面的碉堡，妄图控制我军指挥部，封锁县城中心街道。郭俊祥在火力掩护下率领营部通信班和征粮队将碉堡包围，土匪开枪打死解放军战士郭增玉（班长）、陈惠轩（副班长）、王任顾、翼虎等四人。解放军奋起还击，打死两个土匪，炸开碉堡的大门，活捉匪首杨华贵，其他土匪缴械投降。2 月 20 日，聚集在北门的 400 多个土匪再次进犯军城，解放军两个排和一个通信班从三面袭击敌人，打死土匪 30 多人，俘虏土匪 200 多人。

保卫战进入第四天。因发报机故障，解放军一度与雅安军管会失去联系。指挥部安排陈天、杨乐设法将增援信件送往雅安，两人出城即遭土匪杀害。护城指挥部从东门突围退出县城。电台修复后，立即给西康省委书记廖志高、军长刘忠发急电，报告天全危急，希望增援。军管会命令驻芦山五五五团二营并芦山、宝兴两县党政干部增援天全。2 月 21 日晚上 11 时，援军逼近县城，发起冲锋。围城土匪腹背受敌，四处溃逃，持续七天七夜的天全保卫战胜利结束。

此后，因天、芦、宝境内的土匪头子选定该地区作为“大陆游击根据地”，上级决定暂时将芦山、宝兴两县干部撤退到天全。芦山县委书记郝仲山、县长马如龙，宝兴县委书记王泽民、县长刘挺及所率干部，分别在始阳区、老场区协助开展工作，形势好转后才转回各自县恢复正常工作。

三、集中剿匪斗争

1950 年 5 月 29 日，雅安军分区发布《关于加强对天、芦、宝肃清匪特的通知》。天全成立剿匪指挥部，由解放军五五五团政委杨植森负责。县委深入基层发动群众，迅速发展人民武装组织，各乡先后建立防匪武装小组，后扩大为人民武装自卫队。通过向群众广泛宣传剿匪基本政策，政治军事双管齐下，区别对待，争取多数，打击少数，利用矛盾，实行分片清剿、各个击破，将大股土匪消灭。

第一阶段：由 1950 年 8 月 23 日开始，剿匪部队向天全北区（指现在芦山县所辖的太平、宝盛、大川、中林、双石和今宝兴所辖灵关、新兴、大溪、中坝等地）发动清剿行动，承担剿匪任务的部队是五五五团的二营和三营，指挥部设在太平场，对以黄茂安（曾经担任川康挺进军第一军第一师师长）为首的土匪发起进攻。此次清剿行动历时24天，直到9月16日结束，击毙匪首2人，活捉匪头和匪徒113人，42名土匪投降，缴获各种枪支53支、子弹1792发。

第二阶段：9月21日至10月8日，历时18天，以始阳乡的荡村，大坪乡的徐家村、瓦坪村，多功乡的罗代坝、半沟村为清剿区。根据匪徒盘踞的情况，解放军剿匪部队按区域部署，兵分四路进行清剿。盘踞在这一带的大小匪首主要有杜子和等18人。剿匪部队一营副营长郭俊祥带领三连进剿三区，警卫营营长李保太带领3个排和3个班外加二区分队进剿二区。总指挥由杨植森负责，指挥部设在始阳。清剿中俘虏匪首杜子和等7人，投降15人，缴获各种枪支153支、子弹5529发。

第三阶段：10月16日至11月29日，历时45天，以始阳的南区（包括河源乡、乐英乡、新场乡、兴业乡）为清剿区。剿匪部队经过侦察，了解到匪首李元亨躲藏在前阳乡的老君山一带。剿匪部队严密部署，雅安军分区还派出炮兵大队和其他支援部队。经过围剿，捕获匪首向文芳及小匪头30人，一般匪头42人，惯匪14人，匪徒43人。击毙大匪首陈步胜（系“反共救国军”十五师师长）、李树宣。迫使李仁（曾任过天、芦、宝、雅调查处长，国民党天全县党部书记长，“反共救国军”第十五军政训处长）等132人自首，缴获枪支181支、子弹1153发。

随着剿匪工作的展开，人民自卫队也得到发展。1951年3月，始阳乡率先建立人民武装自卫队，召开群众大会，举行宣誓授枪仪式。自卫队有男女队员96人，配备枪支76支，中队长由杨登祥担任。以后，人民武装队员发展到320人。剿匪初期，天全的防匪自卫小组击毙匪首孙安华等4人，捕获土匪数人，捕获逃亡恶霸地主16名，荣获雅安军分区两次嘉奖，获“人民翻身堡垒”锦旗1面，并被西康省军区授予“模范单位”称号。

1950年3月，解放军第六十二军五五五团一营一连担负清剿李元亨的任务，指挥部设在铜厂乡陈家坝。连长章子明将部队分成若干小分队设哨卡，搜山侦察匪情，一直持续到冬天。清剿部队和乡自卫队共同组成捕捉队，埋伏在千山沟地坎下守株待兔。李元亨不断变换行踪，逃出伏击圈，窜到前阳乡的老君山等地。1951年2月5日（农历大年三十），捕捉队员侦查得知李元亨藏在铜厂乡龙宝湾其亲戚熊某某家里。解放军由王乐全带领一班战士和自卫队员李加月、高德正等人，天刚黑就潜往龙宝湾，将熊某某家包围。李元亨发觉后向捕捉队员开枪，高德正端起冲锋枪还击，当场将李元亨和他儿子李金中击毙。始阳乡人民政府召开群众大会，授予剿匪部队奖旗并颁发奖章。自卫队员李加月出席雅安军分区剿匪英模大会，被授予“战斗英雄”称号。《西康日报》报道了天全击毙大匪首李元亨的消息。

11月12日，得知老场乡的恶霸杨茂才躲藏在新兴乡（今宝兴县所辖）杉木山的一座古庙，老场乡武装队员高国栋等3人，佯装给土匪送粮，在进入古庙后将杨茂才生擒。经西康省人民政府批准，于当月在老场乡将杨茂才执行枪决。

1951年2月9日，始阳乡农会和乡武装队活捉逃跑达1年之久的匪首孙安华，战斗中农会会员熬黄氏，武装队员杨克武、分队长高崇杰光荣牺牲，11名围捕群众负伤。3月16日，始阳乡人民政府召开6000多人的群众大会，公祭剿匪死难烈士，并召开庆功大会。3月19日，雅安军分区通令嘉奖始阳武装队勇捕土匪孙安华的事迹。同年始阳乡武装队击毙原始阳乡伪乡长、舵把子、匪首高仁先，受到军分区的表扬。

经过半年多的战斗，天全剿灭了大股土匪，安定了社会秩序，保卫了人民生命财产，巩固了新生的人民民主政权。剿匪斗争的胜利为进行土地改革运动，恢复和发展国民经济扫清了障碍。

四、镇压反革命运动

1950 年 3 月 18 日，中共中央发出《关于严厉镇压反革命分子活动的指示》。镇压反革命运动（简称“镇反运动”），是中华人民共和国成立初期，中国共产党领导人民为巩固人民民主政权所进行的生死攸关、尖锐激烈的阶级斗争。经过清理档案、调查登记，天全县共有各种历史问题人员 10 691 人，按照“5 种敌人”（即土匪、恶霸、特务、反动党团骨干和反动会道门头子）的政策界限，可列为反革命骨干分子的有 1413 人（其中，土匪 885 人、恶霸 274 人、特务 37 人、反动党团骨干 121 人、反动会道门头子 37 人、反动军官 28 人、反动官吏 4 人、反动宪警 5 人、现行犯 22 人），占全县总人口的 17‰。

1950 年上半年，县委派工作队下乡，宣传镇反政策，发动群众，组织农会，建立人民自卫武装，在全县范围内开展清匪反霸和减租退押工作。全县在 1950 年 11 月镇压了一批罪恶重、民愤大的反革命分子（主要是土匪、惯匪和恶霸）。1950 年 11 月至 1951 年 3 月是镇反运动的高潮时期。期间召开全县性公审大会 4 次，参加群众达 1.45 万人。每次召开公审大会，都让受苦受害群众上台控诉人犯的罪恶，揭露其反动本质和搞反革命活动的事实，最后由人民法庭依罪宣判执行枪决。

镇反运动从 1950 年 3 月开始到 1953 年 10 月结束，历时 3 年 7 个月，累计镇压镇反对象 540 人，关、管 491 人，自首 82 人，肃清了天全的反革命残余势力，巩固了人民的新生政权。但在镇反运动中也存在“宁左勿右”的做法，天全县委于 1953 年组织工作组调查核实，认定为错案的有 2 人，可杀可不杀的有 12 人（其中属重惩了的有 9 人），轻罪重判了的有 10 人，可捕可不捕的有 6 人，重罪轻判的有 1 人，错捕了的有 9 人。工作组对错案进行了纠正和平反处理。

1950 年天全开展清匪反霸

第三节 修筑二郎山公路与抗美援朝

一、修筑二郎山公路

成都经天全到康定的道路，具有非常重要的战略地位。清朝末年，就有官员倡议修建骡车大道。辛亥革命后，又有人力主修建川康马路

（公路）。1938 年，蒋介石电令兴建雅安经天全到康定的川康路。当时，常年忙碌在川康路上的民工有 8000 余人，最多时达 2 万余人。但二郎山天险却始终未能变通途。

1950 年年初，解放军第十八军奉命进军西藏。党中央和毛主席发出“一面进军，一面修路”“为了各兄弟民族，不怕困难，努力筑路”的号召。西南军政委员会和西南军区成立康藏公路修建司令部，由陈明义兼司令员，西南交通部公路局长穰明德兼政委。10 多万人民解放军、工程技术人员和各族民工以高度的革命热情和顽强的战斗意志，用铁锤、钢钎、铁锹和镐头劈开悬崖峭壁，降服险川大河，抢修康藏公路。

支前司令部工程处改称川康青（海）工程处，受西南交通部和中国人民解放军第十八军后方部队司令部双重领导，担负改建和新建雅安至马尼干戈路段（全长 699 公里）的任务。工程于 1950 年 4 月 1 日动工。由于任务紧迫，决定采取沿旧路“先通后善”的原则进行。海拔 2980 米的二郎山垭口工段最为艰苦。当时阴雨不断、杂草丛生、病疫肆虐，有段时间部队患病者达 1/3，但官兵们仍顽强带病修路。

近万人施工，山高路远，食物紧缺，部队专门抽调战士，冒着蚂蟥、虫蚁的袭击，在树丛、荒草、乱石中挖野菜。雅安地委、专署动员和组织各方面的力量支援川康公路的修建。天全县成立支前委员会，组织民工配合解放军筑路大军抢修西进桥和沙坪、脚基坪、仙人桥、大渔溪、小渔溪、两河口、水獭坪等 8 座桥梁，修整拓宽飞仙关桥至二郎山泸定县境全长 108 公里的路段。

1950 年 3 月至 5 月，天全县人民政府发布《为支援解放军供需问题，调查登记各乡镇泥木石工情况》《为支援解放军解放康藏人民解决粮草供应》《因解放军即将修复雅康公路调查各辖区内原有公路桥梁破坏情况》等命令和通知 5 个。天全人民与解放军筑路官兵一起，艰苦奋战 86 天，于 6 月 25 日将雅康段基本修通。

8 月 5 日，西南交通部召集各施工单位负责人在天全县召开会议，总结二郎山筑路精神，进一步加强筑路工作的领导，并明确 8 月底完成通车到马尼干戈的任务。为保证道路运输畅通，支援前方军需物资，供给第二阶段筑路器材，川康工程大队集中力量养护、整理、改善已成的公路。1951 年，西南军区战斗文工团的文艺工作者洛水（原名祝一明）、时乐蒙根据修筑二郎山公路的英雄事迹，创作歌曲《歌唱二郎山》，在 1952 年的全军第一届文艺会演中荣获全军文艺创作一等奖。此后，《歌唱二郎山》一曲唱响全中国。

二郎山团牛坪公路

1954 年 12 月 25 日，东起雅安、西至拉萨，全长 2255 公里的康藏公路全线通车。康藏公路的建成，确保了人民解放军部队的后勤运输，为和平解放西藏和建设西藏、维护祖国统一发挥了重大作用。

天全人民和解放军筑路官兵在战胜二郎山天险中，形成“听党指挥，不畏艰险，坚忍不拔，无私奉献”的“二郎山精神”，成为宝贵的精神财富，一直激励着天全人民在建设和发展中奋勇前行，不断创造更大的胜利。

解放军第十八军修建二郎山公路

二、抗美援朝运动

1950 年 6 月 25 日，美国打着联合国旗号武装干涉朝鲜，并派遣第七舰队入侵台湾海峡，朝鲜战争爆发。10 月 25 日，中国人民志愿军奉命跨过鸭绿江，同朝鲜军民并肩作战，抗击以美国为首的侵略军。

1951 年 3 月 31 日，中共雅安地委按照中共中央《关于普及和深入抗美援朝工作的指示》和西康区党委《关于迎接五一大示威及深入抗美援朝的计划》，做出在全区掀起轰轰烈烈的抗美援朝高潮的决定。五一前夕，天全县开展各种群众集会，控诉蒋、日、美罪行，激发群众反蒋、反日、反美热情，坚决抗美援朝、保家卫国。天全成立保卫世界和平反对美国侵略委员会，从 4 月下旬至 5 月上旬开展了抗美援朝宣传周活动。五一节天全举行了盛大的示威游行，广大人民群众普遍订立爱国公约，开展和平签名。

1951 年 6 月 5 日，雅安地委做出《关于扩兵工作的指示》，要求积极动员广大青年踊跃参加志愿军，支援抗美援朝，保家卫国，巩固国防，分配天全 200 名扩兵名额。天全广大青年积极响应党的号召，踊跃报名参军。经过批准，有 1064 名青壮年参加中国人民解放军和中国人民志愿军，其中姜炳建、高希武、高仕亨、高术良、罗文俊等 5 人在抗美援朝战争中牺牲，被评为革命烈士。

为支援朝鲜前线，雅安地委、专署向全区各级党组织和社会各界广泛宣传动员，号召捐款捐物。广大干部、群众积极响应，踊跃捐献武器、慰问金及生活用品，掀起支援抗美援朝捐献武器的运动。天全城厢有 101 户积极捐献，始阳乡任洪猷捐献珍藏多年的金戒指，有的群众利用业余时间背运沙子，收入全部捐献。

在抗美援朝运动中，天全各级党政组织展现了空前的凝聚力和号召力，激发了全县人民的革命热情和爱国主义精神，成为中华人民共和国成立初期恢复和发展天全经济、推动各项工作的巨大动力。

第二章　从新民主主义到社会主义的过渡

1950 年 6 月，中央人民政府颁布了《中华人民共和国土地改革法》（以下简称《土改法》）。在西南局和西康省委的领导下，天全县根据《土改法》展开了轰轰烈烈的具有深远影响的土地改革运动。从 1953 年到 1956 年，开展了对农业、手工业和资本主义工商业的社会主义改造，开始对粮食及其他主要农副产品进行统购统销。通过 3 年的社会主义改造，基本消灭私有制，加快了计划经济体制的形成，实现了从新民主主义到社会主义的过渡，为恢复和发展国民经济创造了良好的社会环境。

第一节　土地改革运动

一、土改前天全农村状况

土改前，天全县有农户 19 229 户，人口 80 587 人，有田地 160 178 亩[①]。其中：地主 711 户，占全县总户数的 3.70%；人口 3827 人，占全县总人口的 4.75%；有土地 26 866 亩，占全县土地总面积的 16.77%，人均占有土地 7.02 亩。富农 625 户，占全县总户数的 3.25%；人口 3635 人，占全县总人口的 4.51%；有土地 14 586 亩，占全县总土地面积的 9.10%，人均占有土地 4.01 亩。小土地出租 307 户，占全县总户数的 1.60%；人口 725 人，占全县总人口的 0.90%；有田地 2714

① 1 亩≈666.67 平方米

亩，占全县总土地面积的 1.69%，人均占有土地 3.74 亩。中农 4797 户，占全县总户数的 24.95%；人口 22 259 人，占全县总人口的 27.62%；有土地 61 032 亩，占全县土地总面积的 38.10%，人均占有土地 2.74 亩。贫农 10 942 户，占全县总户数的 56.90%；人口 44 661 人，占总人口的 55.42%；有土地 43 361 亩，占全县土地总面积的 27.1%，人均土地 0.97 亩%。雇农 828 户，占全县总户数的 4.31%；人口 2071 人，占总人口的 2.57%；有土地 251 亩，占全县土地总面积的 0.16%，人均占有土地 0.12 亩。其他 1019 户，占全县总户数的 5.30%；人口 3407 人，占全县总人口的 4.22%；有土地 7557 亩，占全县土地总面积的 4.72%，其他人均占有土地 2.22 亩，另外，祠庙、学校有土地 3801 亩，占全县土地总面积的 2.37%。（以上土地面积按年产量折算，肥田按每亩每年 3 石 5 折算，瘦田按每亩每年 2 石折算，其标准不统一。）

二、减租、退押

1950 年 12 月上旬，天全县开始减租退押工作。“减租”，是减少农民租种土地的租金。“退押”，是地主退出农民为租地而不得不缴纳的押金。到 1951 年 4 月底减租、退押基本结束。

天全县委按照《西南区减租暂行条例》的精神和上级部署，选派农村工作队进驻各村，摸清情况，发动群众。首先召开乡农民代表大会，大力宣传党的“清、反、减、退”政策，以划分阶级成分，分清敌我，发动群众和团结群众。经过 5 个月的减租工作，全县减租 1472 户，获得减租利益的有 7860 户（其中，中农 2774 户、贫农 5022 户、其他 64 户）。

退押工作是与减租工作密切配合进行的。根据《西康省退押实施办法》第三条规定，凡地主富农收取佃户的押金，不论何种形式，均全部退回佃户。1950 年冬季和 1951 年春季，全县各乡召开农代会，开展农民面对面向地主清算剥削账的斗争。清算剥削账退押黄金、白洋（银圆或叫作大洋）、银子、人民币、粮食、衣物及其他 7 项累计折合黄谷 36 087 石（每石以 80 公斤计算，共 2 886 960 公斤）。涉及减租户 1472 户，每户平均退出押金折黄谷 1961.25 公斤。退押钱物按公平分配的原则进行分配。减租获益 7860 户，平均每户获退押钱物折合黄谷 341.85 公斤。

减租退押工作，树立起了农民当家做主的政治优势，削弱了地主阶级的经济基础，广大人民获得了斗争利益，改善了生活，推动了农业生产的发展，为完成反封建的土地改革创造了条件。

三、土地改革运动的开展和成效

土地改革的基本内容是没收地主阶级的土地，分给无地、少地的农民。中共中央制定的土地改革方针是：依靠贫雇农，团结中农，中立富农，有步骤、有分别地消灭封建剥削制度，发展农业生产。

1951 年年初，西康省雅安地区选定雅安、天全、芦山等县的一些乡进行土改试点。1951 年 5 月 15 日，西康省人民政府正式成立由干部、农民、教师、工商界及民主人士组成的天全县土改委员会。主任委员秦长胜，副主任委员何永夫、卫璜，委员王瑞、王德山、王文生、郭思聪、陈殿基、张福利、高曰杰、高梦鹤、杨克有、赵士珍、刘学东、霍九溪、解子仁。各区委设土改工作委员会成员，各乡设立土改工作组。

1951 年 4 月底，天全县委开办“天全县土改干部培训班”，参加培训的有脱产干部、农村积极分子、社会知识青年等 156 人。经过 4 个月的培训后，他们被分配到各乡土改工作队。县委举办地主剥削罪证及清（匪）、反（霸）、减（租）、退（押）成果展览，3.8 万人次参观展览。6 月，天全县组建人民法庭，采取巡回审判的方式，对罪大恶极、人民痛恨并要求严惩的恶霸分子及违抗土改法令的罪犯，依法进行审判和处理。同时，对各乡、村的农民协会根据土改工作要求进行整顿，使之成为改革土地制度的合法执行机构。

全县组织 278 人的土改工作队（其中，地方干部 110 人、部队干部 48 人、积极分子 114 人、民主人士 6 人），在 21 个乡确定 6 个重点实验乡和 15 个普通推广乡进行土改。县土改委员会在同年 11 月将土改工作队开赴灵关区及以仁乡（今两路乡、紫石乡）开展第三期土改工作。

天全县开展土改宣传调查登记

天全县 4 个区共 21 个乡、189 个行政村、19 229 户居民、80 587 人的土地改革工作，于 1951 年 12 月（以仁乡于次年 2 月）基本完成。全县在土改中分到土地的农户 11 770 户、46 722 人，分别占全县总农户和总人口的 61.2%、58.0%。在土改中，全县共没收、征收地主、富农的土地 51 790 亩、房屋 10 981 间、各种农具 10 117 件、耕畜 206 头及粮食、衣被、用具一大批。没收的财物按贫困程度分给农民。在反不法和判罚斗争中，全县有 552 户地主，退出黄金 148 两、银子 4089 两、银圆 5149 元、粮食 158 854.5 公斤，人民币（旧币）237 402 800 元，加上全县在减租退押时折算的黄谷 2 887 000 公斤，相当于全县所有地主一年地租剥削总数的 83.4%，削弱了封建地主阶级的经济。

土地改革运动是中国社会的一次伟大、深刻的变革，它彻底摧毁了中国几千年封建地主剥削的土地制度，实现了农民土地所有制，使广大农民的生活得到了保障和改善，解放了农村落后的生产力。同时，党和政府通过减轻赋税、发放农贷、疏导供销、奖励生产、推广农业技术、积极发动群众兴修水利等政策和措施，促进了农村经济的快速恢复与发展。土改后的 1952 年，全县粮食总产量达 2036 万公斤，比 1949 年增产 463.5 万公斤，为社会主义经济建设奠定了物质基础。

第二节　贯彻实施党在过渡时期的总路线

一、学习贯彻党在过渡时期的总路线

1953 年 9 月，党中央提出在 10～15 年或者更多的时间内，基本上完成国家的工业化和对农业、手工业、资本主义工商业的社会主义改造，即党在过渡时期的总路线（简称“一化三改造”）。总路线反映了社会发展的客观规律，体现了中国共产党自创建以来就已经确立的奋斗目标。

11 月下旬，天全县委宣传部开展学习、宣传过渡时期总路线运动。1954 年 2 月，在天全县第二次团代会上，县长郭思聪做《关于党在过

渡时期总路线总任务》的报告。3 月 5 日，天全县委召开扩大会议，专题研究贯彻党在过渡时期的总路线。3 月，在县委召开的县、区、乡干部会议上，与会人员学习了党在过渡时期的总路线，着重学习了关于农业、手工业、私营工商业的社会主义改造问题等有关资料。在 4 月底召开的天全县第一届人民代表大会上，讨论决定“三合作一收购”（即农业生产互助合作、农村供销合作、农村信用合作，农产品计划收购）的相关政策。5 月下旬召开的天全县第二届工会会员代表大会上，县委书记王德山做《关于党在过渡时期总路线》的报告。

声势浩大的学习、宣传过渡时期总路线运动，使全县干部、工人、农民、知识分子、城镇居民、工商业者和手工业者对社会主义有了更加明确的认识，为实施过渡时期总路线的各项工作奠定了坚实的思想基础。

二、实行粮食统购统销

1953 年 10 月 16 日，党中央发出《关于实行粮食的计划收购与计划供应的决议》，11 月 19 日中华人民共和国政务院 194 次政务会议通过《关于实行粮食的计划收购和计划供应的命令》，并于 11 月 23 日发布实施。对粮食实行计划收购和计划供应（简称统购统销），对食油（包括油料）、棉花实行同一政策。对粮食实行统购统销，是中国粮食商品计划分配和计划流通的一种特殊形式，是中国政府在特殊历史条件下，处理国家同农民关系、解决粮食供应问题的一种特殊政策。

1953 年 11 月，雅安地委决定在雅安、天全、芦山、荥经 4 县实行粮食统购统销。按照省委、地委的部署，天全县拟订详细计划，选定城厢、小河乡为试点乡。11 月 10 日，县委召开 389 人参加的扩大会，明确粮食统购统销的政策和做法。11 月 20 日，县委派驻各乡工作组到各村开展工作。

1955 年，天全县试行定产、定购、定销（简称“三定”）办法，以乡为单位，确定全乡每户常年计划产量和全乡粮食统购统销数量，并向农民宣布，使余粮户知道该卖给国家多少粮食，缺粮户知道自己能够向国家回购多少粮食。余粮户交售任务 3 年不变，增产不增购，粮食统购逐步形成制度。全县应收购区农业总户数 17 269 户，实际统购户占统购区农户总数的 62.66%。应统购数 231.865 万公斤，实际入库粮食 243.675 万公斤（包括统购户和非统购户所卖余粮），占应统购数的 104.23%，超额完成了任务。

统销工作包括城镇人口和农村缺粮户的粮食供应。城镇人口口粮通过评定，由粮食部门发给购粮手册，按月供应。8 月起，熟食业出售的粮食制成品开始凭票供应。11 月，全国通用粮票和四川省地方粮票同时使用，流动人口和临时外出的城乡居民都实行凭粮票定量购粮。实行粮食统购统销后不久，食油、油料也相继实行凭票证定量供应。

农村缺粮人口的统销根据农民全年粮食收入总数和全家人口计算，农村人平定量一般是全年 190～200 公斤。家庭年人平粮食不到 190 公斤的，供应缺少的粮食。小孩 12 岁以上按大人计算，11 岁以下分别按大人的 1/3 或 1/2 计算。

全县实施粮食统销后，城镇和农村纳入粮食统销的 2923 户，占全县总户数的 14.97%；纳入统销的人口 11 210 人，占全县总人口的 14.63%。1953 年，全县统销粮食 76.775 万公斤。

粮食统购统销是特定历史条件下的产物，是中国开始计划经济体制的一个重大举措，在国家粮食战线开创了划时代的新局面，对社会主义革命和建设具有重要的历史意义和战略意义。统购统销制度从 1953 年施行延续 32 年，至 1985 年取消。

三、对手工业的社会主义改造

手工业的社会主义改造是党在过渡时期总路线中提出的三大改造任务之一。天全县手工业劳动者利用地方资源生产手工业产品，经营分散、封闭，设备简陋，技术落后。部分手工业组织内部还存在封建生产关系，多数是半工半农的生产形式。据 1950 年统计，全县仅有小手工业行业 13 个、119 户，从业人员 212 人，资本额 2.95 万元，其中，流动资金 2.12 万元、固定资金 8270 元，全年总产值 21.17 万元。

1953 年，天全县成立“手工业劳动者协会”，吸收从事手工业的独立劳动者入会。1957 年 4 月，县人民委员会增设“手工业管理科”，县联社在 1953 年 4 月增设“天全联社生产股”。1957 年 4 月，正式成立“天全县手工业生产合作社联合社”（简称“生产联社”），专门管理手工业的生产和销售。为使手工业改造与农业和资本主义工商业的改造同步进行，县委专门派出人员组成手工业工作队，委任袁洪惠为工作队队长，经过短期培训后下基层社（组）指导工作。

1951 年至 1953 年是天全县手工业合作化的萌芽时期。手工业合作化开始之初，仅组织有铁器、缝纫、硫黄、砖瓦、石灰 5 个行业的社（组），从业人员 195 人。后因管理不善、生产成本高、销路不好、资金不足等原因，砖瓦、石灰、硫黄 3 个社停产，90 个工人改业。

1953 年至 1955 年是天全县手工业合作化的选点树旗时期。针对手工业合作化萌芽时期出现的垮社、退社问题，全县采取以点带面、树立旗帜、取得经验、逐步推广的方法，选择城厢镇缝纫生产合作社为全县巩固提高试点社。通过改进经营管理，提高生产技术，健全规章制度，加强领导，学习先进的裁衣法，促进了缝纫社的健康发展。

1955 年至 1956 年是天全县手工业合作化的高潮时期。1956 年 3 月，经县人民政府批准，7 个行业建立合作社，共 39 户、从业人员

74 人，资产额度为 4595 元。截至 1957 年，全县有手工业合作社 12 个，入社 183 人；生产合作小组 9 个，组员 62 人。组织起来的手工业者 245 人，占手工业总人数的 71%；个体手工业者 100 人，主要属建筑业。

合作社的建立，把个体所有制改变成集体所有制，把分散的个体小生产改变成集体生产，逐步改进了落后的生产技术，提高了劳动生产率，产量、产值都有较大幅度提高。

四、对资本主义工商业的社会主义改造

天全县是以农业为主的山区小县，没有较大型工商企业。小型工商业集中分布在城厢、始阳两镇，少数分散在滥池子（新沟）、永兴、新场。相当一部分为半农半商，兼有少数行商。特点是摊贩多，坐商少，资金小。1955 年年底，全县有商业户 276 户，从业人员 328 人，资本 1.95 万元。全县对资本主义工商业的改造工作，从 1955 年 2 月初在城厢镇百货业试点开始，至 1956 年 3 月实现工商业全行业公私合营和组织合作商店（或小组）止，历时 1 年 10 个月。

1956 年 2 月 1 日，县人民委员会成立“天全县对资本主义工商业改造办公室”，县长张保家兼任办公室主任。1954 年春，县委召开天全县第二届工商业代表会议，组织工商业者学习和宣传总路线精神。1956 年 1 月 23 日，召开天全县第四届工商业代表大会，学习对资本主义工商业进行社会主义改造的有关政策，制订对资本主义工商业进行社会主义改造的工作规划，134 名代表参会。

1956 年，通过各种形式组织起来的工商业户达到 332 户，占总户数的 67.2%。其中，公私合营（小组）达到 116 户，占 30.1%；代购 3 户，经销 24 户。从面食业调整 10 户有技术的到机关食堂做饭，将 2 户私营粮食业主接收为国营粮食企业职工。5 户私营国药业主由集

体联合诊所安排就业。5 户私营五金业组成合作小组。棉布除 1 户保持经销外，其余的 16 户棉布坐商组成 2 个合作商店。土杂业 8 户和其他行业 41 户编成 3 个合作商店，分布在永兴、新场、滥池子 3 个场镇，每个场镇各组成 1 个合作商店。把从事酿造、糖果的 26 户，先组成店后再转为公私合营。当年基本完成对资本主义工商业的社会主义改造。1958 年要求公私合营全部过渡到国营商业，全县 33 个店、组，221 人转变为国营企业职工，1962 年恢复合营制。

公私合营将私营工商业纳入国家经济计划轨道，克服了盲目经营和唯利是图的现象，克服了私营经济缺乏资金、技术和人力不足的矛盾，克服了合营前互相排挤和小商贩受欺凌的局面，合营后购销两旺，销售额和利润普遍增加。但在对资本主义工商业的社会主义改造中，天全也存在公私合营面过宽、改组过多，对许多原工商业者处理不当等问题。

第三节　农业合作化运动

一、发展农业互助组

土改以后，党在农村的主要任务是实行对农业的社会主义改造，开展农业互助合作运动，逐步把个体私有制农业改变为社会主义性质的集体所有制农业。

1952 年年初，通过宣传政策、思想发动，几个月内全县就组织起各种类型的互助组 927 个，入组农民 7720 户，占总农户的 40.96%。互助组不改变生产资料所有制，只进行简单的生产协作，但对解决个体农民在劳力、农具、技术上的困难大有补益，在农忙和抗灾中作用尤为显著。10 月，全县已组织互助组 1285 个，参加互助组的有 10 765 户，占全县总农户的 57.1%；纳入互助组的土地占全县总耕地面积的

65.4%；互助组组织起来的劳动力有 24 840 人，占全县总劳动力的 61.3%。

在发展农业互助组阶段，存在部分乡村干部对互助合作的方针、政策、措施和方法认识不足，以致产生盲目发展、只追求完成任务、流于形式的错误倾向。1952 年 10 月以后，常年性互助组、季节性互助组多数解体转为临时性互助组。

1953 年 4 月，县委举办“天全县互助合作训练班”，接受培训的有各区区长、乡长、互助组组长、单干代表、转业军人、劳动模范、机关干部等 248 人。培训后，县委整顿已有互助组，继续发展季节性、临时性互助组。到 1954 年年底，全县组织临时性互助组和常年性互助组 1262 个，初级农业生产合作社 34 个，有组、社 1296 个。参加互助组的农民有 14 052 户，占全县总户数的 71.7%；参加初级社的农户 1088 户，占全县总农户的 5.84%。互助合作运动达到新高潮。

二、发展初级农业生产合作社

初级农业生产合作社在互助组“换工记分，等价交换，收益自得”的基础上，发展为土地入股按比例分红，大型生产资料折价计酬，集体统一安排生产，收益按劳分配，比常年性互助组具有更多的社会主义因素，是半社会主义性质的农业集体经济，是实现社会主义集体经济的过渡形式。

1954 年 1 月，地委批准《天全县试办农业生产合作社计划》，县委决定在二区杨世明、封正英所在的互助组和三区高秉秀所在的互助组搞试点，3 月中旬正式成立了 3 个初级农业生产合作社。当年，天全农业遭受虫灾，但 3 个初级农业生产合作社发挥集体力量抗灾，水稻仍增产 15 659 公斤，41 户（占入社总农户的 77%）农民增加了收入，为全县农民树立了组织起来走农业合作化道路的榜样。高秉秀被评为全国劳模到北京参加表彰会，受到毛泽东接见。

1955 年年初，县委制定《天全县农业合作化全面规划》，决定在 8 月、12 月再发展 32 个初级农业生产合作社，采取“全面规划，分批发展；准备一批，发展一批；巩固一批，再发展一批”的做法。到 1956 年年底，全县建初级农业生产合作社 389 个，入社农户 16 961 户，占总农户的 90 %。天全县基本实现半社会主义性质的农业生产合作化。

三、发展高级农业生产合作社

1955 年 10 月，中央通过《关于农业合作化问题的决议》，批评合作化运动中的所谓“右倾情绪”和“小脚女人”。天全县掀起农业合作化运动的高潮。1956 年春，天全在城厢、始阳、老场、永兴、多功试办 5 个高级农业生产合作社，有 830 户（每社平均 166 户）农户参加，占全县总农户的 4.4 %。最初建立的 5 个高级农业生产合作社，都是原县、区的重点社，这 5 个社的领导、骨干工作能力强，在经营管理上取得了一定的经验和成绩，做到了增产增收，在显示农业生产合作社的优越性上，起到了示范作用。

1956 年秋，全县又新建 17 个高级农业生产合作社，1957 年又组建 21 个高级社，1958 年秋又组建 17 个高级社，加上原来的 43 个，全县有高级社 60 个，有入社农户 18 845 户，占全县总农户的 100%。每个高级社平均 314 户。

天全县对农业的社会主义改造总体上是成功的，农村土地由农民个体所有转变为集体所有，在农村确立社会主义集体所有制，引导广大农民走上了社会主义集体道路，推动了农业生产力的发展，增强了抵御自然灾害的能力，保障了全县经济社会发展和全县人民对粮食和其他农副产品的需求。

和全国一样，天全在整个农业合作化运动中也存在着偏差和错误。合作化后期，在反右倾保守的政治气氛推动下，发展过于迅猛，工作粗糙，部分合作社的规模过大，不适应生产力发展。高级社建立以后，在经营管理方面强求统一，妨碍了合理责任制的探索，影响了农民生产积极性的进一步发挥和农业生产的稳步提高。

第三章　总路线、“大跃进”和人民公社

党的八届三中全会前后，在国际国内形势发生重大变化的情况下，由于对社会主义建设的经验不足，对经济发展规律和中国经济基本情况认识不足，急于求成，夸大了主观意志和主观努力的作用，没有经过认真的调查研究和试点，党和国家在总路线提出后发动了“大跃进”运动和农村人民公社化运动，使得以高指标、瞎指挥、浮夸风和“共产风”为主要标志的“左”倾错误严重地泛滥开来，国民经济在1959年到1961年期间出现严重困难，国家和人民遭到重大损失，社会主义建设步入了曲折发展的道路，天全经济社会发展也严重受挫。1961年，按照中央和省委、地委的指示精神，天全积极调整恢复国民经济，全县的经济社会发展在经历曲折之后继续前进，1962年到1966年，国民经济得到了比较顺利的恢复和发展。

第一节　建设社会主义的总路线

一、学习、宣传总路线

1958年5月，中共八大二次会议召开，会议根据毛泽东的提议，

提出“鼓足干劲，力争上游，多快好省地建设社会主义”的总路线。会后，在盲目求快、急于求成的思想影响下，“大跃进”运动迅速在全国范围内发动起来。1958 年 6 月 6 日，雅安地委第十六次全体（扩大）会议在荥经县召开，地委书记何允夫在会上传达了中共八大第二次会议的主要精神。会议认为“7 年赶上英国，15 年赶上美国是一定可以实现的”。

天全县按照地委要求，立即开展声势浩大的群众性学习、宣传总路线运动。县委提出的口号是：“全党动员领导先，千军万马齐上前，深入人心总路线，劲上加劲大生产。”县、乡召开大型群众大会，大张旗鼓宣传总路线，在 1 个月内做到了家喻户晓，深入人心。

全县 17 个乡共组织宣传员 1 万人，以乡为单位成立了 18 个宣传大队（其中有的乡成立了 2 个大队），以村或社为单位成立了 160 个中队，下设 304 个组，确定宣传报告员 633 人，开展总路线宣传。全县集中在城厢、始阳、永兴、新场 4 个区召开万人誓师大会，参加的人数达到 4.7 万人，占到全县总人数的 52%。

各农业社、各单位根据总路线精神，修订“跃进”指标，提出新措施，写出决心书。4 个乡的万人大会中，都有宣传队进行表演，部分农业社还带了各种新式农具，各种技术改革方向的模型，野生植物、野生纤维制成的各种食品，各种矿石标本等。始阳乐坝一社抬来 1 株 1 丈多长的双季玉米苗，城厢区部分乡也送来高产洋芋、茶叶等向党献礼。各部门利用万人大会举办小型展览。群众参加誓师大会的情绪非常高，不少农业社和机关连夜写决心书。始阳有 6 个社为给大会献礼，连夜交公粮 1 万公斤；安乐乡小学教师李义兴苦战 2 个通宵制成插秧机；和源乡在开会前赶制 2 部割草机；永兴乡在开会的当天 10 时至下午 2 时，到仓库交公粮的人拥挤不通；沙坪乡当天用车子推了 15 头大肥猪和 4000 多公斤粮食参加大会，会后分别交给供销社和仓库。到会的群众中，还有部分老人因为走不动是由家人扶着来开会的。全县设的4个点，有3个点达到万人以上，成为天全有史以来第一次盛大的群众集会。这种空前的规模和行动，反映了广大人民群众普遍要求改变经济文化落后状况的迫切愿望。

群众交公粮

二、贯彻总路线行动

学习宣传总路线，激发了干部、群众的巨大热情和力量。沙坪乡红星社，接连出5个夜工抢栽秧子，苦战5昼夜制成2根长达167米的索道。城厢、老场、永兴3个乡的群众，只花3150元钱就修通了天全至老场的公路，作为向党的七一献礼。

技术革新活动蓬勃开展。很多乡向半机械化跃进，大搞"索道化""车子化"。永盛乡二十四社社员冒雨砍树子做车子，修车道；铜厂乡在万人大会后，2天内制作各种农具模型34件，投入生产22件；在6月底县上召开的技术革新会上，群众献计达363条。沙坪乡和平社建造长达230多米的水力索道。

文化方面也有新的“跃进”。新场乡董家二社，经过苦战苦学，2个月实现“无文盲社”。城厢镇民歌里唱道：“月亮弯弯月亮明，到处都是读书声，六十老汉争上学，文盲帽子揭得成。”全县出现了学习文化的新局面。

工会和市管会在庆七一大会上，捐出6800元作为工业基金向党献礼，县工商联将结余的会费800元也献作工业基金。为解决缺钢的问题，工商联还卖出铁器400公斤。

1958年7月1日，全县集中县、区、乡三级干部和部分教师1000多人进行培训，县委书记做《将总路线的红旗插遍全县，为争取今年实现农业发展纲要而奋斗》的报告，为在全县掀起“大跃进”热潮做舆论准备。

1958年天全县文化工作受省人委表彰

第二节 “大跃进”运动

一、农业“大跃进”

“大跃进”运动，在农业上突出表现为“以粮为纲”。1958 年 3 月，中央在成都会议上，批评党内“反冒进”意见和所谓的“右”倾保守思想，提出脱离客观实际的经济发展指标。省委于 4 月提出争取用 3 年或更早一点的时间，实现《全国农业发展纲要（修正草案）》的要求，全省亩产粮食超过 400 公斤。6 月，省委要求到 1959 年实现平均亩产粮食 550 公斤。到了 7 月，省委发出紧急指示，要求在当年即实现亩产 400 公斤的任务。省委规定的任务以“第二本账”的形式，层层加码下达，还层层组织大检查、大评比，“打擂比武”，批判“观潮派”“算账派”。在节节高指标的压力下，全省上下普遍出现了瞎指挥和浮夸风。

1958 年 7 月，地委向全区发出《开展大面积高额产量竞赛的倡议书》。随即，全区各种农作物高额产量相继出现，各县纷纷订计划、添措施，开展大面积高产竞赛。四川的报纸也陆续宣传早稻亩产破千斤、双千斤的社、队、县，宣传“早稻跨过千斤点，中稻力争翻一番，晚稻亩产赶早稻，晚秋增产十倍半”等竞赛口号。1958 年 8 月 27 日，《人民日报》用大标题宣扬“人有多大胆，地有多大产”，公开批判“粮食增产有限论”，更加助长了高指标和浮夸风的泛滥，“卫星”越放越大。

1958 年，天全农业确定的目标是千斤粮、万斤肥、万斤苕，增产 40%，粮食亩产 300 公斤。全县 3 个区、17 个乡、401 个农业社中：1958 年计划争取粮食亩产 400 公斤的有 2 个区、6 个乡、102 个社；

争取粮食亩产450公斤的有2个乡、48个社；争取粮食亩产500公斤的有3个乡、97个社。平均亩产达400公斤以上的，全县有2个区、11个乡、247个社，占全县区、乡、社各类数的60%以上。主要措施是抓水利、土壤、肥料；抓扩大复种，杂交混播；抓早栽密植，先进技术；抓优质品种，高产作物；抓思想领导，管理经营。在1957年扩大复种14%的基础上争取达到20%，计划种连作稻400亩、间作稻200亩、杂交混播5万余亩。

在浮夸风的影响下，天全县各项农作物都有高产"卫星"出现。始阳公社（前建设二社）1.3亩中熟稻，总产稻谷975公斤，平均亩产750公斤；始阳公社团总支书记高崇章的试验田0.8亩，平均亩产1016公斤；地处高山的大河公社，有0.7亩中稻平均亩产达到915公斤；永盛、永兴、大寨、和源和城厢公社的向阳、团结、马溪等地也出现千斤以上水稻高产"卫星"780亩；和源公社（前苏家社）团总支书记高炳昌培植的1.8亩玉米试验地（海拔1200千米的坡地），平均亩产750公斤；沙坪、永盛、前阳、城厢、和源等乡也出现亩产千斤以上的玉米高产"卫星"540亩。其中，地处丘陵的城厢公社（团结二队）在1.324亩土地上，除收玉米747公斤（平均亩产564.5公斤）外，还收红苕4050公斤，折原粮1012.5公斤（平均亩产796公斤），玉米、红苕（按原粮计）合计仅大春一季就产粮食1759.5公斤，平均亩产1360.5公斤，加上小春产量，亩产达到1500公斤以上。

当时统计1958年的粮食作物获得"大丰收"，粮食产量达5063.5万公斤，较上年增长52.4%，净增原粮1742.5万公斤，相当于中华人民共和国成立后8年逐年增产总和的1.35倍，几乎等于1949年粮食总产量的3倍。以全县91 159人计算，每人平均有粮食590.5公斤；以全县粮食作物总面积16万亩计算，每亩平均产粮316.5公斤。各种主要农作物单位面积产量都有很大的增长：中稻播种58 883亩，总产

21 764.2 吨，较上年增长 48.4%，平均亩产 372 公斤；玉米播种 10.8 万亩，总产 15 324.2 吨，较上年增长 33.4%，平均亩产 150 公斤。

此外，“深耕密植”被作为粮食增产的“法宝”，越深越好的“深耕”、越密越好的“密植”等措施整体划一地推行，传统的耕作制度被随意改变。1958 年，天全县改变了“方桌玉米斗口秧”的传统耕作方法，水稻的行株距由原来的 1～1.2 尺[①]，普遍缩短到 3～6 寸。玉米行株距由往年的 2～2.5 尺，普遍缩短到 1～1.8 尺。要求每亩土地施肥数量达到 5000 公斤左右，试验田、“卫星田”的用肥高达 2 万～2.5 万公斤以上。不合理的深耕，加大了农业的劳动投入，使大量生土被翻到表层，影响了土壤的肥力；过度密植，影响了农作物通风采光；过度施肥也影响作物正常生长。

在“大跃进”运动中，天全县机械地贯彻省委、地委指示，严重脱离现实，严重违背自然规律，严重偏离实事求是，瞎指挥、浮夸风、放高产“卫星”盛行一时。全县农业不仅没有得到发展，实际上反而出现了倒退现象，粮食减产，农业总产值下滑，农业发展严重受挫。

二、工业“大跃进”

“大跃进”在工业上体现为“以钢为纲”。国家提出“在十五年或者更多一点时间内，在钢产和其他主要工业产品产量方面赶上或超过英国”。1958 年 7 月，地委提出全区 1958 年钢产量为 500～600 吨、生铁产量为 1.5 万～1.8 万吨，1961 年生铁产量达到 30 万～40 万吨的任务，并把任务分解到各县。8 月，地委提出 1958 年完成 448 座炼钢高炉的建设任务，新建高炉必须在 9 月 10 日前正常投产。

1958 年 9 月，天全县开展大炼钢铁全民大会战。全县组织近 3

① 1 尺≈0.33 米

万人的工业劳动大军和700多名干部奔赴钢铁战线，安营扎寨，开始挖煤采矿，砍树烧炭，建炉炼铁。在短短几个月时间内，全县兴办天全钢铁厂、铜厂柑子坪铁厂、高桥铁厂、思经马渡焦煤厂、大河高宝顶硫黄厂、大河煤厂、大河水泥厂，沙坪曙光水泥厂、铜厂乡铜厂，还有硫酸厂、化肥厂等县营、专县合营、县社合营厂矿30个。几个月内，全县以钢铁为中心，构建了一个全新的工业网。

天全钢铁厂是地、县合办的大厂。初建时，从各乡抽调3000多人，加上温江专区支援的几百人，总人数有4000多人。天全钢铁厂的矿山有小河秋丰矿山、沙坪响水溪矿山、两路大井坪矿山。另外在沙坪乡的杉木山还有1个木炭厂。天全钢铁厂的车间有沙坪下坝的第一、二、三土高炉车间，沙坪上坝的8立方米洋高炉车间，沙坪中坝的33立方米的洋高炉车间及其附属的麻柳林水电厂。

天全钢铁厂在沙坪河边的平坝上，先修了3个土高炉，用水风箱鼓风，当时产了一点铁，但产量不高。后来修了8立方米、33立方米的2个所谓的“洋高炉”，用鼓风机鼓风。当时产1吨铁要花800多元的成本，但只能卖100多元，炼1吨铁要亏六七百元，到1959年就难以为继。后来天全钢铁厂和南充专区合办，经过1年多也未能扭转亏损局面，1961年8月停办。

在“大跃进”中，由于矿石品位不高、冶炼技术落后，钢铁生产计划难以完成，县委组织全县开展发动群众献废铁支援建设活动，层层分配任务，要求将生产必须以外的金属材料全部清理出来，提出每人“二斤铁、半斤铜”的任务，使许多群众生活用的铁锅等铁制品被收集用于炼铁，许多铜制佛像等文物古迹遭到破坏。

1958年，在“以钢为纲、全面跃进”的方针指导下，工业生产获得一定发展。几个月的时间，生产了生铁525吨、原煤2.4万吨，同时还生产了硫酸、硝酸、盐酸、纤维棉、煤焦油、芒硝、炸药和硫黄，生产了部分架架车、鸡公车、新式步犁、打谷机、播种机、水轮机、滚珠轴承。全县修筑了城厢到大河的公路 15 公里、城厢到老场的公路 12 公里，以及由安乐到铜厂的公路 19 公里，还整修了驿道和便道，改善了交通。

这期间，天全县和全国绝大多数县一样，经济建设一度出现表象上的“繁荣昌盛”，但经济基础并没有得到夯实，经济建设的进程也并未因此而加快。从客观实际效果看，由于各级“一刀切”的瞎指挥和盲目蛮干，违反经济建设规律，经济建设和社会发展出现严重脱离实际的浮夸，造成人力和财力的极大浪费，导致国民经济比例严重失调。全县一半以上的劳动力抽调进厂上山，农村劳动力严重不足，大量耕地无人耕种，农业生产受到严重影响。1958—1961 年，全县粮食产量连年减产，人民群众生活十分艰苦，为三年经济困难埋下隐患，付出了沉重的代价，其教训必须认真总结和记取。

第三节　人民公社化运动

一、天全人民公社化运动的兴起

20 世纪 50 年代后期，为探索中国社会主义建设道路，中央做出人民公社化运动的重大决策。1958 年 4 月，中央政治局会议提出，为了适应我国的农业水利化、机械化和“文化革命”的需要，在有条件的地方，把小型的农业生产合作社有计划地适当并为大社是必要的。根据中央指示精神，四川开始了并大社的风潮。9 月，中共四川省委八次全会决定在农村展开社会主义教育运动，明确要求当月搭好人民公社的架子。10 月 1 日全省统一宣布实现人民公社化。

天全县的人民公社，同全省、全国许多地方一样，是一哄而起办起来的。1957 年，天全县参加农业社的农户已占总农户的 97.98%，其中参加高级社的占总农户的 83.58%，全县农业合作化基本完成。1958 年 8 月下旬至 9 月上旬，天全县进行了建立人民公社的试点布局工作；9 月中旬至月底，掀起了建立人民公社的高潮，仅经过 1 个多月的时间，全县 411 个农业社组成了 17 个人民公社，实现了人民公社化。10 月 1 日，全县各人民公社举行盛大的庆祝国庆和庆祝人民公社成立大会。人民公社迅速建立，以高指标、浮夸风、“共产风”为主要标志的“左”倾错误进一步泛滥。

二、人民公社的组织管理和分配制度

人民公社的组织按乡社合一的原则，先成立社管委会，管理机构为 3 级，即管委会、耕作大队（管理区）和生产队。乡人民委员会就是管委会，原来的联社作为生产大队或管理区，原来的小社作为生产队，原来社、队的干部除因工作需要非动不可者外，一般只做职务名称的改变（如乡长做社长，联社主任做大队长或区队长，小社主任做队长），不做调动。原来小社的生产组织和管理制度，在转公社初期，一般不打乱，以利生产。

农村场镇的工业、手工业、商业、服务业、学校和联合诊所都并入人民公社领导和管理，同时接受有关上级业务部门的指导，职工工资照发。国营（包括公私合营）工业、商业（包括公私合营商店）、银行营业所和公立中小学等暂时维持现状。

为了加强国防力量，在公社化的基础上实行了全民皆兵。全县 17 个公社，按军事组织编成 17 个营、99 个连、388 个排、793 个班，实现了组织军事化、行动战斗化、生活集体化、管理民主化。

“一大二公”是人民公社的经济特点。所谓“大”，即生产规模大。所谓“公”，即生产资料公有化。实际上就是“一平（平均主义）

二调（无偿调拨集体财物、无偿调拨社员个人财物）”。人民公社从成立之日起即实行“工、农、商、学、兵五位一体”，农、林、牧、副、渔“统一经营、统一指挥、统一领导、统一计划、统一行动”。公社范围内的土地、山林、水利设施及其他生产资料全部归公社所有。人民公社的初期以公社为核算单位，后又改为以管理区为基本核算单位，取消社员的自留地、自留山、家庭副业以及农村集市贸易，由公社统收统支，实行半供给半工资制，社员全家吃饭在公共食堂，参加田间劳动和从事其他劳动的社员，按等级发工资。社员工资按主、次、半、附劳每月分别发给 3～5 元，后因经济困难，公社资金难以为继，就停止了实行。公社总收入扣除农业税、公积金、公益金、管理、储备、生产费用、社员口粮外，全县统一调拨，充分体现“一大二公”。扩大集体和全民所有制的范围，副业收归集体，房屋、大农具、土地、畜禽等，由公社统一调用。劳动力按营、连、排的军事编制，实行“大兵团作战”。

三、建立公共食堂

人民公社建立以后，平调了社员的基本生活资料，社员以家庭为单位的生活方式解体。为做到人员管理上的军事化、生产行动上的战斗化，公共食堂随着人民公社的建立也建立起来了。天全县共举办集体食堂 599 个（其中两菜一汤以上的食堂 315 个），参加集体食堂吃饭的有 18 231 户 73 337 人，占农户总数的 99.4%。

公共食堂根据自种自吃、自给有余的要求，建立自己的蔬菜专业生产基地，管理区、生产队给每人拨 5～7 厘蔬菜地，也可利用非耕地种植蔬菜。多余蔬菜可出售，收入除用作食堂开支外，可以增发社员工资。公共食堂实行民主管理，民主选举由 5～9 人组成的食堂管理委员会，监督食堂执行各项制度，督促按时公布账目。

人民公社化运动中开办起来的农村公共食堂，一直是困扰农村经济社会发展的严重问题。当时公共食堂被称为“人民公社的心脏”，办不办食堂被上升到搞不搞社会主义的原则高度，部分干部因为对开办公共食堂有不同意见而在“反右倾”运动中遭到严重打击。

人民公社办公共食堂的愿望和初衷是好的，但是，由于不讲主客观条件的“一刀切”，快速兴办，特别是开始时平调了社员多年积蓄的生活资料，造成了社员生活的困难，引起了社员对党和政府的不满。吃饭不定量、不要钱的供给制，造成粮食的极大浪费。主要生活物资平均分配，违背了按劳计酬的社会主义分配原则，损伤了多数社员的积极性，助长了少数懒汉的惰性和一些贫困人员的依赖性。由于制度不严、管理不善，导致公社化集中起来的大量财产损失严重。

1960 年秋后，在全省农村出现严重饥荒的情况下，很多食堂已经无力开伙。1961 年 6 月，中央关于《农村人民公社工作条例（修正草案）》明确规定，生产队办不办食堂完全由社员讨论决定。7 月，省委正式发出指示，决定取消人民公社分配中的供给制，停办公共食堂。

人民公社化运动刮起“一大二公”“一平二调”的“共产风”，违背了生产关系与生产力相适应的原则。1958 年 11 月中共中央工作会议后，开始逐步纠正人民公社化运动中的错误。

第四节　恢复和调整国民经济

20 世纪 60 年代初，由于“大跃进”造成了国民经济比例的严重失调，人民公社化严重损害了农民的利益，再加上自然灾害等因素，国家和人民面临着前所未有的严重经济困难。

1959 年起，天全进入“三年困难时期”。据不完全统计，当时全县粮食播种面积持续减少。从 1958 年开始，粮食产量连续大幅度下降，至 1961 年全县粮食总产量跌至 863 万公斤，比 1958 年的 2625 万公斤减少了 1762 万公斤，人均产量仅有 113 公斤，成为历史最低水平；农民人均纯收入由 1958 年的 28.4 元急速下降到 1961 年的 8.3 元；1961 年全县生猪收购仅为 200 头，不到常规年景的 1%，创下历史最低。到 1962 年，粮食播种面积虽有转机，但仍比 1957 年减少 8.78 万亩，耕地荒芜率达到 32%。

由于粮食生产严重下滑，群众日常生活极度艰难，从 1959 年 11 月份起，浮肿病在全县各地蔓延，全县 15 个人民公社及所有县属厂矿和部分机关、学校都有浮肿病发生并开始出现死人现象。机关企事业单位被迫实行压缩、精减，全县唯一的一所中学（天全中学）和农村小学被迫停办，社会事业严重受挫。

在严重困难面前，党中央在认真调查研究的基础上决定实施政策调整。1960 年 11 月，中央发出关于农村人民公社当前政策问题的紧急指示信，要求全党用最大的努力，坚决纠正各种“左”的偏差。1961 年 1 月，中共八届九中全会做出决定，对国民经济实行“调整、巩固、充实、提高”的八字方针。

按照省委和地委的部署，从 1961 年起，天全对国民经济进行初步调整，把农业放在首要地位，同时对人民公社化运动中一些“左”的做法进行纠正。1961 年 11 月，天全县委制定了体现按劳分配、承认差别原则的农村分配政策“六包干”规定，贯彻决算分配和“三包一奖”（即包产、包工、包成本，超产奖励）政策，充分调动了生产队和社员的生产积极性，促进了农业生产的恢复和发展；开展整风整社，采取措施纠正“一平二调”的“共产风”，克服平均主义。

1961 年 4 月，针对“大跃进”以来占用农业劳动力过多的实际，天全县全面展开精简机构，下放人员支援农业。当时全县非农业人口约 1.6 万人，其中属全民企业职工的有 9000 多人。天全从工业、交通、基本建设和其他方面压缩了 3978 人回乡，对支援农业、减轻城镇人口供应起了很大作用，但农村劳力少而质弱的情况尚未扭转。根据省委指示，地委决定撤销专区管辖的天全县沙坪铁厂，搬迁脚基坪硫黄矿，在 1—4 月已压缩的基础上，又压缩了 8000 人。1961 年 7 月 25 日前，全县自 1958 年 1 月以来来自农村的职工全部压缩回到农村。

通过调整，经济得到恢复和发展，人民生活得到改善，逐步克服了国民经济中的严重困难。

第四章 “文化大革命”十年内乱

1966 年，正当国民经济调整任务完成，国家开始执行第三个五年计划的时候，“文化大革命”爆发。“文化大革命”是一场由领导者错误发动，被反革命集团利用，给党、国家和各族人民带来严重灾难的一场内乱。延续十年的“文化大革命”，使天全各项工作受到严重破坏，全县政治、经济、文化和社会生活受到严重影响。

尽管十年“文化大革命”使社会主义革命和建设遭受到最严重的挫折和损失，但是我们党、人民民主政权、人民军队和整个社会的性质没有改变。各级党组织和干部群众一直坚持不同形式、不同程度的抵制和抗争，使“文化大革命”的破坏受到一定程度的限制，天全工农业生产仍然缓慢向前发展。

第一节 “文化大革命”在天全的发起

1966年5月4日—26日，中共中央在北京召开政治局扩大会议，通过了毛泽东主持制定的《中国共产党中央委员会通知》（即《五一六通知》），提出了开展“文化大革命”的方针政策。按照中央要求，全国县以上党委都要召开会议，在宣读《五一六通知》后，每个常委都要表态是拥护还是反对，由秘书记录在册，层层上报。天全县委7个常委都发表了意见，一致拥护党中央的决定。天全县级机关传达了中央和省委会议的精神，要求各级领导干部贯彻《五一六通知》，认清形势，放手发动群众，积极参加“文化大革命”。

6月，天全中学师生在县人委、天全中学贴出点名大字报、大标语1000余张，揭发、批判本单位的所谓“反革命修正主义分子”，对照北京邓拓、吴晗、廖沫沙“三家村”，揭批本单位的“三家村”。6月19日，县级机关揭批结束，有7人被停职审查。从7月份开始，以在汉源县搞“四清”运动的工作队为基础，天全县在各单位抽调人员，向文教、卫生单位陆续派出了工作组。各机关、学校开始大鸣、大放，张贴大字报。天全中学半数以上教职工受到冲击，不少人被批斗，在师生中和社会上造成了思想混乱和不良影响。

1966年7月，雅安地委决定将全区各县中学教师集中到雅安开展“文化大革命”，并选派部分学生参加。天全中学全体教师及从初1966级、1967级学生中选派的共青团员、“积极分子”集中到雅安卫生学校，县委工作组也随同到雅安，集中安排学习毛主席著作，开展对本校“有问题”教师的批判，参加批判雅安中学校长的大会。

1966年7月底，集中在雅安卫校的天全中学学生代表成立天全红卫兵组织。天全中学的红卫兵回校后，在学校3个年级迅速发展外围组织“红旗战团”。全县各小学也开始建立红小兵组织。红卫兵在县城街上游行、扭秧歌，宣传“文化大革命”。县委初期委派的工作组被指责为“镇压群众运动”，县委工作组开始靠边，学校的大批判矛头指向“走资派”校长和学校有历史问题、出身不好的老师。9月，中共中央、国务院发出通知，要求组织外地师生赴京参观“文化大革命”。10月18日，在县委宣传部长蔡光全的带领下，天全中学进京师生接受了毛主席的检阅，参观了北大、北师大等正在开展运动的大专院校的大字报专栏。

红卫兵在开展大鸣、大放、大字报、大辩论的同时，采取戴高帽、挂黑牌、“驾飞机”、游街等许多非人道的“革命行动”，批斗“执行资产阶级反动路线”的人物。1966年下半年，天全也像全国一样大搞“红海洋”，用红色油漆把大门和大片的墙壁涂成红色，在墙上写毛主席语录。红卫兵和青年学生在“横扫一切牛鬼蛇神”口号鼓舞下，走上街头，破除“四旧”。在“破四旧，立四新”运动中，大小庙宇中的菩萨被推倒打烂，老百姓家用于供奉祖先的神龛被拆除，建筑物上的古典艺术镂刻被毁坏，民房大门上的“饕餮”装饰拉手等被砸烂，《四书》《五经》等书籍及字画被毁坏、焚烧，商店老牌匾被砸，许多电影、歌曲被戴上“封、资、修”的帽子禁映禁唱。将历史形成的街道、公社、学校、机关的名称，按“革命意义”更改，如城厢公社被改为“东方红公社”，造成了全县地名的混乱。许多人不再使用带排行的三字名，改用卫东、立新、兴无等有“革命意义”的名字。参加破“四旧”运动的红卫兵幼稚、狂热，没有法制意识，造成天全历史上严重的文化浩劫，大批有价值的文物古迹受到破坏。

1966年8月，红卫兵走出校园“停课闹革命”，开始全国大串连。当时称大串连的红卫兵是“毛主席派来的亲人”，由国家提供交通费和生活补助费。天全县委在城厢、多功、两路等乡镇要道和县政府招待所设立了红卫兵接待站，接待各地串连红卫兵，免费负责吃饭、住宿、活动场地等事宜。1966 年 11 月起，天全中学的红卫兵也投入全国性的大串连活动，东向成都、重庆，北向西安、北京等地串连，直到国务院发出停止大串连通知后，才返回天全。

“文化大革命”时期天全街头的游行队伍

第二节 “全面夺权”与“三支两军”

1966 年 12 月，“文化大革命”在天全全面展开，学校停课、工厂停工、机关停止工作，开展大鸣、大放、大字报、大辩论和大串连，成立“卫东造反队”“学鲁迅造反队”“成工造（即成都工人造反司令部）115 分团”“捍东兵团”等上百个造反组织。各造反组织层层揪斗所谓的“走资派”，各级领导干部一律靠边站。

1967 年 1 月,上海造反派夺取上海市党政大权,掀起“一月风暴”,“文化大革命”进入所谓“全面夺权”阶段。1 月 16 日，天全县第一个大联合的群众组织“红色造反司令部”（简称“红造司”）打着“舍得一身剐，敢把皇帝拉下马”的大幅标语冲击县委机关。1 月 24 日，“红造司”等 60 多个群众组织联合夺取了县广播站的权。1 月 26 日，“红造司”等组织宣布夺取县委、人委的领导权。随着“夺权”的兴起，全县各机关、单位、学校、厂矿，以及农村的区、公社、生产大队、生产队也相继被造反派组织夺权。造反派组织争相占领党政机关、抢夺公章、查抄档案，全县各级党委和基层政权组织陷入瘫痪，公安、检察、法院干警被“扫地出门”，工矿企业停产或半停产，工农业生产遭到严重破坏。领导干部被称为“走资本主义道路的当权派”，被扣押、批斗、游街示众和残酷殴打，全县陷入无政府状态。

1967 年 2 月以来，成都发生造反派持续围攻军区机关事件。2 月 28 日，省公安厅颁布了《关于坚决镇压反革命活动的布告》，3 月 2 日，省公安厅又向全省各市、地、州、县发出《取缔反革命组织和右派组织的意见》。根据上述布告和意见，天全县武装部将“红造司”“成工造 115 分团”“学鲁迅造反队”等造反派组织分别宣布为“右派组织”或“反革命组织”，逮捕拘留组织成员 26 人，以上组织和同观点的组织均被解散，大小头目被勒令自首登记，遭到斗争。此事件当时被称为“二月镇反”，后被造反派组织称为“二月逆流”。1967 年 4 月 6 日，中央军委发布了经毛泽东批准的《中央军委十条命令》，明确规定：不准随意捕人，更不准大批捕人；不得随意宣布群众组织为“反革命组织”并加以取缔。天全县武装部 4 月中旬释放了被捕的造反组织成员，做了平反工作。

1967 年 12 月下旬，雅安造反组织和天全县造反组织多次冲击天全县人民武装部，抢夺枪支弹药，殴打武装部领导。始阳团部、县中队、新沟兵站、脚基坪兵站也发生造反派组织抢夺解放军枪支事件。大量枪支弹药流失社会，加剧了武斗，严重威胁社会安全。1969 年 7 月，中央连续发布两个制止武斗的布告，县革委坚决贯彻，造反派组织的武器大部分清理上交，人民解放军被抢装备也大部分交回驻军。

随着“全面夺权”和武斗的升级，各地局势几近失控。1967 年 1 月中央发出《关于人民解放军坚决支持革命左派群众的决定》。3 月 19 日，中央军委发出《关于集中力量执行支左、支农、支工、军管、军训任务的决定》（简称“三支两军”）。1967 年 1 月 26 日，天全县人民武装部正式宣布对天全县公、检、法实行军事管制，建立“天全县公、检、法军事管制委员会”，27 日接管天全县人民银行和城厢粮站。天全开展“三支两军”工作，在县和部分部门、公社革命委员会中都安排部队支左人员担任主任、副主任或委员。四川的“三支两军”工作在 1973 年 4 月结束。“三支两军”对控制混乱局面、维护社会稳定起到了一定的作用，但总体上是执行“文化大革命”的错误政策，也给部队建设和军地关系带来了一些消极后果。

第三节　天全县革命委员会的建立

1967 年 9 月，天全县掀起了革命大联合的高潮。大部分机关、学校、厂矿、农村的群众组织纷纷按部门、系统实现了大联合。城关地区的机关、学校、企业 90%按照系统、行业、班级，实现了大联合，公、检、法的造反派也联合建立了“红色政法革命造反总部”（简称“红政总部”），天全中学群众组织成立了“天中革联会”。到 9 月底，全县 4 个区、21 个公社的机关、学校、单位有 70%的群众组织联合起来，10 月成立了“天全县无产阶级革命派大联合总部”。

1967 年 12 月中旬，天全县建立了工代会筹备委员会和农代会筹备委员会。1968 年 1 月，毛泽东思想天全县革命职工代表大会、毛泽东思想天全县贫下中农代表大会正式成立。加入工代会的有 2200 多人，加入农代会的有 31 000 多人。

天全县革命委员会成立大会

1968 年 4 月 5 日，四川省革命委员会筹备小组、中共成都军区委员会批文同意成立天全县革命委员会，天全县革命委员会由周仕运、郭琳、郑春圃、税志银、任汉超、高守儒、杨仁杰、赵振林、卢怀夫、刘登俊、王玉林、杨登林、高茂清、汤正康、李开孝、肖秀珍（女）高国林等 21 人组成。周仕运、郭琳、郑春圃、税志银、任汉超、高守儒、杨仁杰任革命委员会常委。周仕运任主任委员，郭琳、郑春圃、税志银任副主任委员。县革命委员会组成人员中有驻军代表 3 人，原领导干部 5 人，造反派组织负责人 13 人。

4 月 11 日，天全县召开群众大会，宣布成立天全县革命委员会（简称“县革委”）。15 日，天全县革委行文通知各单位，原县委、县人委印章作废，一切党、政、财、文权力归天全县革委。县革委下设办公室、文革办公室、政治部、生产指挥部，并设二级组 11 个。

第四节　经济缓慢发展

一、“文化大革命”前的经济状况

1966 年 2 月 28 日，中国共产党天全县第三次代表大会召开。县委书记郭琳做了《高举毛泽东思想的伟大红旗，鼓足更大干劲，为实现第三个五年计划而奋斗》的报告，对前 7 年的工作进行了总结。报告指出：从 1963 年起，全县经济形势开始好转，到 1965 年，国民经济发展形势全面好转。农业生产连获丰收，农、林、牧、副业都有较大增长，毛猪的发展规模已经超过 1957 年。1965 年全县粮食总产量达到 2589.5 万公斤，比 1964 年增长了 21.4%，生猪存栏达 27 600 头，增长了 17.5%，耕牛 7200 头，增长了 11.7%，集体多种经营收入达到 123 万元，增长了 23%。随着农业生产的发展，人民生活水平不断改善，商业购销兴旺，市场日趋繁荣，农副产品收购总值比 1964 年增加了 16%。同时，商品零售总额增加了 19.8%。财政、税收、文教、卫生等其他方面的工作都取得了成效。

二、农业学大寨

1964 年，毛泽东发出“农业学大寨”的号召。天全县积极响应毛主席的号召，不断掀起“农业学大寨”高潮。1968 年 9 月 23 日，天全县革委召开座谈会，研究部署“农业学大寨”工作。1969 年 1 月，县革委会主任郭琳参加省革委会组织的“四川省农业学大寨学习班”，并到大寨参观学习。2 月，地、县层层召开“农业学大寨”誓师大会，天全“农业学大寨”运动掀起高潮。

县革委会研究“农业学大寨”工作

1971 年 1 月 8 日至 15 日，天全县在新场区召开“农业学大寨”会议。参加会议的有生产队、大队、公社、区、县五级干部，还有工交、财贸、卫生、农、林、水等部门的负责人和下乡知青代表共计 850

人，部署全县“农业学大寨”运动的开展。1974 年 1 月 15 日，雅安地委提出“全党动员，大办农业”口号，天全县再次掀起“农业学大寨”的高潮。

1975 年 2 月，雅安地区“农业学大寨”展览在天全县展出，分城厢、永兴、始阳、新场 4 个点进行，共展出 13 天。1975 年 9 月，省委组织“农业学大寨”参观团参观大寨，天全县组团前往昔阳、林县、辉县参观，回县后做了传达汇报。县委提出“学理论，抓路线，促大干，横下一条心，三年建成大寨县”的目标。县委向全县各大队派出“三分之一”工作队，帮助开展基本路线教育和“鼓足干劲学大寨、加快步伐赶昔阳”运动。县委提出“振奋精神，苦战 3 年，把天全县建成大寨式的县”的奋斗目标，明确了学理论、抓路线，全党办农业、全党总动员，攻下“三个一”（粮食 1 亿斤，油菜 100 万公斤，生猪 10 万头），3 年粮食翻一番，建成“三通”（水通、路通、电通）“四个变”（人变、地变、产量变和贡献变）的大寨式的县的具体任务。12 月下旬，县委书记郭琳出席在山西昔阳召开的全国“农业学大寨”会议。全县再次掀起“农业学大寨”新高潮。

“文化大革命”时期的“农业学大寨”采用运动式、口号式的方法，更多满足于形式上的轰轰烈烈，但也在一定程度上促进了农业生产发展。1972 年全县农业收入 980 万元，比 1966 年的 752 万元增长了 30.3%；1975 年全县粮食产量 3997 万公斤，比 1966 年的 3205 万公斤增长了 24.8%。

从 1968 年起，天全县着力农田基本建设，一定程度上改变了农村面貌，促进了农业生产发展。1968 年 7 月，县革委召开全县五级干部大会，安排部署水利工程复修工作，明确管库蓄水工程及桥涵工程是工作重点。1970 年 8 月，县革委成立天全县农田基本建设会战指挥部；11 月，县革委批准成立各区、公社农田基本建设大会战指挥部，以加强农田基本建设工作的领导。各公社召开农田基本建设誓师大会，要求当年全县改土造田 875 亩。10 月，天全县动工修建龙岗堰，该堰设计灌溉 3.25 万亩，发电 1500 千瓦，投资 616 万元，组织参加工程劳动力 5000 余人。由于计划不周，该工程于 1971 年停工。

1974 年 11 月，县革委成立“天全县胜利堰工程指挥部”，修建胜利堰水利工程。该工程引天全河水，穿隧道到大坪公社的破磷大队设提灌站，总投资为 64 万多元。施工中因土法筑坝未能成功，工程于 1977 年停工。在各公社所抽劳力未计报酬的情况下，造成直接经济损失 70 余万元。同年 11 月 12 日，天全县动工修建峡口水利工程，计划投资 65 万元，建成后可灌溉农田上万亩。直到 1978 年，4 年时间仅完成计划工程的 60%，后因资金不足、机具不足停建。

胜利堰截流

三、工业学大庆

20世纪60年代全县广泛开展“工业学大庆”活动，发扬大庆工人自力更生、艰苦奋斗精神，在艰难的情况下开发矿产资源，发展“五小”工业，建设交通设施，为天全经济社会发展奠定了基础。

修建两银路、开办昂州煤矿。天全县的银厂坪是木材生产区，贮量很大。经省计委、林业厅几次勘测，决定采伐，但由于运输困难，木材采伐无法进行。1966年，省计委、省林业厅批准修建全长25公里的两银路（两河口—银厂坪）。1967年4月29日，天全县成立“两银公路筑路工程指挥部”，由李广文任主任，陈幼林、芦怀夫任副主任。工程于当年4月开工，6月底全线动工。整个工程预算投资200万元以上，计划3年左右完成。受“文化大革命”的干扰，工程一度停工。1968年，天全县招“农代工”500余人，实行军事化组织管理，工程全线复工，于1970年竣工通车，总投资260万元。1969年，投资104.7万元扩建县伐木场，于1970年12月投产，年产木材2.3万立方米，随后配套建设木材粗加工及木器生产厂。1969年5月筹建昂州煤矿，当年12月开工，1970年10月投产，投资381万元，1974年达到年产3万吨原煤生产能力，供应县内部分工业用煤和人民生活的需要。这两家企业是当时县财政收入的重要来源。

修建两河口大桥和伏龙桥。1972年4月，天全县决定修建两河口大桥，由上级拨款45万元、地方财政自筹10万元，有关受益社队按受益比例投资，实行民办公助。两河口大桥单孔跨度94.95米，横跨荥经河的双孔跨度为50米。经两年时间的施工，1974年5月1日通车。1975年7月，县委成立修建伏龙桥工程指挥部，由芦怀夫任总指挥、王明璋任副总指挥。伏龙桥位于新场区峡口大队，横跨荥经河，于1977年5月建成通车，使县内公路可通兴业、铜厂，县外可通荥经县，成为重要的县际和通乡公路。

兴办县属工业。1966 年投资 14 万元兴建天全酒厂，1970 年投产，年产值 15 万元；1969 年 10 月投资 19 万元修建县水泥厂，1970 年试产；1977 年 9 月投资 90.6 万元兴建农机修造厂，1979 年投产；1977 年 10 月兴建磷肥厂，1978 年 2 月投产，共投资 81.2 万元。由于设备落后、陈旧，管理不善等原因，这些县办工业大多处于亏损状态，县水泥厂到 1978 年共亏损 42 万元。

两河口大桥

第五节 “文化大革命”的结束

1971年9月13日，中共中央副主席林彪在逃往国外途中飞机失事死亡。9月28日和10月6日，中共中央分别发出通知，将林彪事件逐级向全国普遍传达。1971年11月2日至22日，天全县委先党内后党外、先干部后骨干，向群众逐级传达了林彪叛党叛国事件。林彪事件的发生，从客观上宣告了“文化大革命”理论和实践的失败。

1976年1月8日，周恩来在北京逝世。天全人民自发地在车头扎黑纱、戴白花，传抄悼念诗词，表达对周恩来的深切悼念。同年4月间，在全国范围内掀起了以天安门事件为代表的悼念周恩来、反对“四人帮”的强大抗议运动。这个运动实质上是拥护以邓小平为代表的党的正确领导，为后来粉碎江青反革命集团奠定了群众基础。

1976年9月9日，毛泽东在北京逝世。全县广大党员、干部、人民群众和驻军指战员沉入了万分悲痛之中。全县各公社、机关、厂矿和企事业单位、驻军营房，普遍设立毛泽东灵堂，纷纷举行悼念活动。18日，首都百万群众在天安门广场隆重举行追悼大会时，天全县组织军民在公安局广场同时进行追悼。毛泽东逝世后，“四人帮”加紧了夺取党和国家最高权力的活动。1976年10月6日，中共中央政治局执行党和人民的意志，采取果断措施，一举粉碎了王洪文、张春桥、江青、姚文元“四人帮”反革命集团，从危难中挽救了党和国家。消息传开后，天全人民欢欣鼓舞，敲锣打鼓上街游行，燃放鞭炮。中共天全县委召开万人大会，庆祝这一历史性胜利。

粉碎“四人帮”的伟大胜利，结束了10年之久的“文化大革命”，使国家进入了新的历史发展时期。实践证明，“文化大革命”不是也不可能是任何意义上的革命或社会进步，而是一场由领导者错误发动，被反革命集团利用，给党、国家和各族人民带来严重灾难的内乱。

第五章　在徘徊中发展的两年

1976年10月，“四人帮”被粉碎，“文化大革命”10年内乱结束，历史进入了一个新时期。但“文化大革命”遗留的许多严重的政治问题和社会问题没有从根本上得到解决，中国面临着拨乱反正的紧迫而艰巨的任务。

1978年12月18—22日，党的十一届三中全会召开。大会确立了“实践是检验真理的唯一标准”的指导思想，结束了“凡是毛主席做出的决策，我们都坚决维护；凡是毛主席的指示，我们都始终不渝地遵循”的“两个凡是”的束缚。全会对“文革”的错误进行了认真的清理，及时、果断地停止使用不适用于社会主义社会的“以阶级斗争为纲”“无产阶级专政下继续革命的理论”。全会做出把党和国家工作的重点转移到经济建设的战略决策，实现了中华人民共和国成立以来党的历史上具有深远意义的伟大转折。党和国家进入了社会主义现代化建设的新时期。

第一节　揭批“四人帮”和清理帮派分子

1976年11月14日，县委召开五级干部会议，传达中共中央16号和24号文件，掀起了从政治、思想、作风上揭发批判王洪文、张春桥、江青、姚文元“四人帮”反革命集团罪行的高潮。揭发批判“四人帮”搞分裂、搞阴谋、篡党夺权的罪行；彻底清查和揭发批判“四人帮”在四川的亲信刘结挺、张西挺及其帮派体系，开展“双打”（“打击阶级敌人的破坏活动”“打击资本主义势力的猖狂进攻”）；揭发批判“四人帮”的极“左”路线及其在各方面的表现，从理论上、路线上分清是非，肃清流毒。

1977 年 2 月 22 日—3 月 3 日，天全县委常委班子进行整风。先在内部对县委常委个别人的错误进行了严肃的揭发和帮助，然后进行开门整风，吸收各区、公社党委书记，地、县农村工作队队长、县级各机关、学校、厂矿、企事业单位党委（支部）书记和负责人参加。3 月 4 日—14 日，天全县委召集公社党委成员和县属各单位股所长以上党员干部 340 多人进行学习和整风。抓住“四人帮”在公社党委班子中的流毒和影响、抓住受“四人帮”影响较深的人和事进行揭批。在整风会上，参会的同志揭出了在“四人帮”影响下出现的八大问题。

从 1977 年 10 月起，密切联系天全和本部门的实际，针对“四人帮”极“左”路线在各方面流毒最广、影响最深、危害最大的问题，开批判会，写批判文章，一个专题一个专题地进行揭发批判，划清界限，肃清流毒，清除各级领导班子里的帮派分子。

1978 年 2 月 11 日—3 月 11 日，天全县级机关进行整党整风，有 52 个单位、282 人参加。用 5 天时间学习文件，武装思想，认识整党整风的重大意义；用 19 天时间，集中领导、集中精力，对 21 个犯有严重错误的同志进行重点帮助；最后用 5 天时间，对党员进行鉴定和组织处理。通过整党整风、开展批评与自我批评，大多数干部提高了认识，派性得到了很大程度的克服。

1978 年 8 月 5 日至 10 月底，天全县开展农村整党整风工作，以揭批“四人帮”为纲，肃清流毒和影响，拨乱反正。同时，围绕党在新时期的总任务，总结农业学大寨的经验，解放思想、干劲、作风等问题，并把整风的重点放在整顿公社和大队的领导班子上。在整顿思想、整顿作风的同时，对于不适应农业大干快上的社队领导班子，进行了必要的调整、充实和加强。

第二节　真理标准大讨论与冤假错案的平反

1976 年 10 月粉碎“四人帮”，从危难中挽救了党、挽救了革命。党内外同志越来越强烈地要求纠正“文化大革命”的错误，但是遇到了严重的阻碍。“两个凡是”维护了毛泽东晚年的“左”倾错误，也禁锢了人们的思想，使“文化大革命”中的许多错误决策迟迟得不到纠正，拖延和阻挠了恢复老干部工作和平反冤假错案的进程。

1978 年 5 月 11 日，《光明日报》发表了题为《实践是检验真理的唯一标准》的文章，从理论上否定了“两个凡是”的错误方针。由此，在全国开展了真理标准问题的大讨论。天全县也深入开展了“实践是检验真理的唯一标准”的讨论，端正了思想路线。

党的十一届三中全会后，天全县委认真落实中央、省委、地委的有关指示，从 1978 年到 1988 年，按照“实事求是，有错必纠”的原则，认真开展落实政策和平反冤假错案工作，取得了显著成效。1977 年 3 月以来，根据中央组织部提出的落实干部政策的 4 条标准，对各级学校执行知识分子政策的情况进行检查，认真清理“文化大革命”积案：给长期受审查未做出结论的教师做出结论；结论错了的，实事求是地加以纠正；冤案做了平反昭雪，没有安排工作的，安排适当工作。

1978 年，天全县委组建落实政策办公室，按照省委组织部《关于全省审干疑难案件研究座谈会的报告》精神，抓紧落实干部政策，对积案和过去历次政治运动中发生的冤假错案进行了复查。凡是事实有出入、定性处理不恰当，或者有污蔑不实之词的，本着“有错必纠”

的原则，实事求是地给予纠正。对直接受害人员进行平反、改正和妥善安置。落实干部政策，着眼于政治上平反、恢复名誉，经济上的问题不纠缠；“四清”运动的问题一般不做清理，对有困难的、房子被没收的，给予妥善安排和补助。对起义投诚人员遗留问题也做了妥善解决。

1978 年 4 月，天全县委成立摘“右”领导小组，下设办公室，负责为县内 1957 年被划为“右派分子”的人做好摘掉右派帽子后的安置工作，并对过去错划为“右派分子”的人做好改正工作。到 1979 年，全县应摘帽“右派”67 人、划为“右倾机会主义分子”188 人的问题全部得到解决，“文化大革命”中新划的“右派分子”一律宣布无效。对送到农村、工厂劳动改造或被开除公职的，一律予以平反，恢复工作和其他待遇。

落实党的政策、平反冤假错案，使党的实事求是的思想路线得到了最好的体现，广大党员、干部的工作、生产积极性空前高涨，促进了全县安定团结政治局面的形成和国民经济的恢复和发展。

第三节　经济和社会事业的恢复

粉碎“四人帮”后，农业生产仍然保持在“农业学大寨”运动形成的“大干快上”固定思维定式上，但现实情况是，靠“农业学大寨”来改变农业生产落后的面貌已不可能。四川开始探索恢复农业生产的新办法，提出“休养生息”的方针。天全县委贯彻省委的方针，在分配问题上，认真落实国家、集体、个人三兼顾的原则，坚持“压中间，保两头”的政策，把集体提留压到最低需要数，一头保证上交国家部分，另一头保证社员分配的钱粮全部兑现，保证 90%以上的社员收入比上年有所增加。在减轻负担、增加社员收入的同时，大部分生产队清除不合理的开支，钱粮物质的收入、社员的投工投肥，做到日清月结、张榜公布，发动社员监督；一切固定资产定期清理，登记造册，建立健全专人保管责任制。1978 年 2 月 16 日—20 日，天全县革委召开了全县种植杂交水稻、杂交玉米经验交流会，总结了“两杂”繁殖、制种、栽培的高产经验，系统传授了杂交优势利用的基本知识，学习繁殖、制种技术。此后，利用“两杂”优势的知识和技术在全县范围内逐年推广运用。当年，全县粮食产量达到 5500 万公斤，首次突破亿斤大关。

1977 年 3 月 21 日，天全县表彰工业先进集体

1977 年，天全的工业、交通企业通过“揭、批、查”运动，整顿领导班子，干部和工人群众精神振奋，生产积极性高涨，企业的生产出现了好转。但整个工业生产的形势仍然严峻，直接影响到财政收入的完成。按照工业支援农业的思路，天全县积极发展小化肥、小钢铁、小煤炭、小水泥和小农机等“五小”工业。为了鼓励“五小”工业的发展，天全县把“五小”工业的利润分成，由对半分改为二八分，只

上交二成；贯彻“自建、自管、自用”和“以电养电”的办电方针，单机 1250 千瓦以下的县办国营小水电所得收益，不纳入地方财政预算，免征所得税，收入由县小水电站办公室掌握，用作水电工程配套。1978 年，全县主要工业产品产量创新高：原煤达到 5200 吨，木材 2.37 万立方米，发电量 581 万度，工业总产值 966 万元。全县工业年末固定资产净值增加，盈利提高，亏损面缩小，职工工资收入增加。

粉碎“四人帮”后，天全县教育文化事业迎来发展的春天。各中小学校清查帮派体系，落实知识分子政策，冤案错案得到纠正。各学校克服困难，逐步改善教师工作和生活条件，恢复健全各项管理制度，进行教学秩序整顿，制订教学大纲和教学计划，改进教学方法，教育教学工作逐步走上正轨。1977 年 7 月 21 日—8 月 22 日，天全县文教局举办初中教师培训班，全县参加培训的老师共 150 人。7 月，国家恢复统一高考制度。7 月上旬，天全县在天全中学设立全国高考考场。在当年的全国统考中，全县被录取大专生 29 人、中专生 75 人。同年 11 月 16 日，天全县成立大、中专招生委员会，标志着天全县的高考工作步入正轨。1977 年 4 月，天全县电视差转台建成，有 2 个差转频道，边远地区建起小功率差转台，全县电视接收覆盖面达到 70%。

第四篇　改 革 开 放

第一章　农村经济体制改革

1981 年 2 月，天全县第七届人民代表大会召开，改县革命委员会为县人民政府。1984 年，人民公社改为乡（镇），建立乡（镇）人民政府，生产大队改为村民委员会，生产队改为村民小组。

党的十一届三中全会以后，中央通过《关于加快农业发展若干问题的决定》，经济体制改革首先在农村进行，重点是推行土地联产责任制，把集体经营的土地承包给农户使用，分户耕种经营。第一轮土地承包期为 15 年。1998 年，天全县农民续签了为期 30 年的第二轮土地承包合同。原集体经营的山林、菜园、桑园、鱼塘等也落实了承包责任制。改革开放后，乡镇企业异军突起。

进入 21 世纪，农业产业化进程加快，国家关注“三农”（农村、农民、农业）问题，一系列减轻农民负担的政策出台。2005 年全县取消了农业税，进一步调动了农民的生产积极性，天全农村经济出现了生机勃勃的发展局面。

第一节　土地承包责任制

第一轮土地承包。十一届三中全会后，天全开始清理农村工作中

“左”的错误，实行多种形式的生产责任制。1978 年，全县在 755 个生产队中实行包产到组、小段包工和定额计酬的 585 个，占 77.6%；1979 年，全县 940 个生产队中实行包产到户的 307 个，占 36.6%。1980 年，中央下发《关于进一步加强和完善农业生产责任制的几个问题》，推行以户为单位的多种形式经营承包责任制。1981 年 10 月，县委为了深化农村改革，决定在全县推行联产承包责任制。不到 2 个月的时间，全县 900 多个生产队全部实行了以户为单位的联产承包经营责任制，极大地调动了农民的生产积极性，有力推动了农业生产。农村经济体制改革进入一个新阶段。

农村家庭联产承包责任制使农民获得了生产和分配的自主权，改变了人民公社分配中的平均主义，调动了农民经营土地的积极性。1979 年全县粮食总产量 6140.5 万公斤，1980 年 6251 万公斤，1984 年达到 8103 万公斤，比 1976 年粮食总产 4000 万公斤增加了一倍。1985 年全县农业国民收入 3228 万元，是 1976 年农业国民收入 1232 万元的 2.6 倍，农民生活有了根本的改变。

第二轮土地承包。1998 年，第一轮土地承包经营合同 15 年期满。4—6 月，天全县成立“稳定和完善农村土地承包关系领导小组”，制定第二轮土地承包实施方案。6—9 月，首先在乐英乡进行第二轮为期 30 年的土地承包经营合同续签试点工作。10 至 12 月在全县铺开。第二轮土地承包的原则是：坚持土地集体所有制原则不变，稳定原有承包关系和承包办法，不随便改变，不打乱重来，对于确有必要调整土地和流转土地使用权的，要在充分尊重群众意愿的前提下协商解决，切忌强迫命令，不得以完善土地承包关系为由，随意提高承包标准和费用。第二轮土地承包合同书由县农业局统一印制，各村组与农户签订责任书后，由乡镇政府代表县政府向承包户颁发《土地承包经营权证书》。1998 年年底，全县 23 个乡镇、138 个村、944 个村民小组全面完成合同续签工作。核实承包土地总面积 1.13 万公顷（其中：水田 3984.5 公顷，旱地 7287.8 公顷）。承包总农户 33 069 户，承包土地农业人口 119 366 人，签订第二轮土地承包规范经营合同 32 650 份（户），占全县承包土地农户总数的 98.72%。因外出打工、土地被征用及其他特殊情况未签订第二轮土地承包合同的全县的农户有 1631 户。

与此同时，建立健全了 23 个乡镇农村土地承包合同管理、仲裁委员会和 138 个村级农村土地承包合同管理、纠纷调解小组，制定了规范合同管理的规章制度，明确了合同纠纷的调解、仲裁程序。建立县、乡、村三级土地承包档案 2750 卷，移交县档案馆管理，为以后第二轮土地承包合同纠纷调处提供了全面科学的佐证材料。

稳定和完善土地承包经营制。1998 年，在稳定土地承包经营制的基础上，完善了农村双层经营责任制。对成片集中而经营管理技术性强的果园、茶场、林场和村组水利设施等，本着有利于生产经营的原则，在稳定承包关系的前提下，经过协商，将过去按人头分割承包调整为专业户或联产承包。2003 年 3 月起，天全县贯彻执行《中华人民共和国农村土地承包法》。该法赋予农民长期有保障的土地使用权，维护农村土地承包当事人的合法权益。天全县把《中华人民共和国农村土地承包法》印制分发到各农户，让农村干部群众都懂得“土地承包经营权证书”是农民使用土地的法律保证。各乡镇按法律规定认真做好颁发“土地承包经营权证书”的完善工作，耐心细致地做了未签第二轮土地承包经营合同的农户的工作。开展土地经营权流转工作，2003 年年底签订流转合同 576 份（户），农户承包土地流转 265.4 公顷。2005 年 3 月起，贯彻实施农业部制定的《农村土地承包经营权流转管理办法》，规范了农村土地承包权流转行为，维护了土地流转双方当事人的合法权益。

签订为期 30 年的第二轮土地承包合同，贯彻《中华人民共和国农村土地承包法》，减轻了农民负担，稳定了人心，激发了土地承包经营者的积极性，确保了农业经济持续稳定发展。2005 年，全县农业总产值 5.1 亿元，粮食总产量 7.12 万吨，农民人均纯收入达到 2490 元（比 1986 年的 355 元增长 7 倍），农业产业化迈上新台阶。

2014 年，天全县在鱼泉乡开展农村土地承包经营权确权登记颁证工作试点，2015 年在全县 14 个乡镇全面实施。截至 2018 年，全县 138 个村颁发土地确权证 2.8 万余户，确权地块 29 万宗，耕地面积 15 万余亩。

第二节　乡镇企业的兴起和发展

1977 年，天全社队企业开始发展，当年全县共有社队企业 105 个，年产值 185 万元，占同期农业总产值的 11.2%。随着农村经济体制改革的深入，乡镇企业历经曲折，异军突起，成为生机勃勃的新生经济力量。

1977 年 10 月 19 日—11 月 2 日，天全县召开社队企业工作会议，着重研究有关发展社队企业的路线、方针、政策，讨论发展社队企业的初步计划。时任县长杨光辉亲自兼任社队企业局局长。1978 年党的十一届三中全会后，县委、县政府根据中央《关于社队企业贯彻国民经济调整方针的若干规定》，充分发挥农民的积极性，走农工商综合发展的道路，采取一系列扶持措施，全县乡镇企业得到进一步发展。1983 年，全县共有乡镇企业 244 个，亦工亦农人员 3057 人，占农村劳动力总数的 6.5%，年产值 840 万元，占当年农业总产值的 20.6%。

1984 年中共中央 1 号和 4 号文件肯定乡镇企业是“国民经济的一支重要力量”，有利于“实现农民离土不离乡，避免农民涌进城市”，进一步促进了乡镇企业发展。当年全县乡镇企业增至 340 个，亦工亦农人员 3556 人，年产值 1254 万元，为当年农业总产值的 27.9%。

乡镇企业在激烈的市场竞争中，一方面在不断发展，另一方面又在不断淘汰，出现企业更新循环、生产要素重新组合的情形。一些企业在竞争中发展壮大，扩大经营规模，产品迈向高、精，例如精制芒硝、花岗石精板曾销往国外。到 1985 年，全县乡镇企业达 3026 个，为 1983 年的 124 倍，亦工亦农人员 9038 人，占农业劳动力的 18.2%，占当年农业总产值的 20.9%。乡镇企业已有能源、化工、建筑建材、食品加工等工业企业和供销、饮食、服务等商业企业。

1981—1985 年，全县乡镇企业固定资产净值 646 万元，累计实现利润 333.7 万元，纳税 187.9 万元。全县农村人口平均实现乡镇企业产值 434 元，人均收入 66.3 元，占农村人均收入的 16.1%，乡镇企业成为农民收入的重要支撑。县内乡镇企业发展较好的始阳、大坪、乐英、青石、小河、大河、仁义等乡镇，粮食生产也稳定上升。

1986 年，天全县建立乡镇企业领导小组，制定目标责任，积极发展乡镇企业。县内乡镇企业立足资源优势，主要采挖原煤、硫铁矿、花岗石和开发水电。特别是硫铁矿的开采，为乡镇企业的发展积累了大量资金。至 1988 年，全县乡镇企业达到 3438 个，吸收农村富余劳动力 11 381 人，产值达到 6470 万元。全县有年销售收入 500 万元以上的乡镇企业 5 个（天全县芒硝厂、青衣江水泥厂、小河硫化总厂、乐英硫酸厂和仁义硫酸厂），发展专业公司 2 个（上海天全县花岗石联营厂、花岗石板材精加工厂），当年乡镇企业年产值 6470 万元。1992 年，乡镇企业产值达到 22 532 万元，已相继产生兴业乡芒硝厂、青衣江水泥厂、梅岭机砖厂等有一定规模的企业。1995 年乡镇企业产值为 16 663 万元，实现利润 1806 万元。1990—1995 年，全县乡镇企业实施产业管理标准化，生产技术、设施进步明显，开始出现股份制、集团性、规模化生产企业。

乡镇企业的发展为农村富余劳动力的转移，为农村致富和逐步实现现代化，为促进工业和整个经济的改革发展开辟了一条新路。但天全县乡镇企业大多依赖木材、矿产等资源粗加工生存发展，随着资源枯竭和市场变化，乡镇企业或转产或倒闭，逐渐淡出市场。2002 年，天全县开始乡镇企业体制改革，针对各乡镇企业不同情况，因企施策：小企业采取联合、租赁、出售等形式改制，直接转让产权；大企业实行先租赁经营后进行产权转让的方式进行。当年乡镇属企业 107 个，改制 101 个，职工基本得到安置。到 2004 年年底，除个别难度较大的集体企业还未实行租赁经营外，其余乡镇企业完成民营化改制。2006 年 1 月，天全县乡镇企业局撤销。

第三节　减轻农民负担

20 世纪 80 年代，农业税是国家财政收入来源之一。天全县农民除按规定上缴农业税外，还有其他负担共 11 项，其中村组提留 3 项、乡镇统筹 8 项（教育费附加、计生统筹费、优抚费、民兵训练费、乡村道路维修费、广播事业维护费、农村初级卫生费和农村文化费）。在这种情况下，天全县严格制定农民负担“控制线”，将农民负担始终控制在政策规定范围内。1991 年，全县农业人口 12.22 万人，11 项费用总负担额 131.83 万元，人均负担为 10.79 元，占当年农村人平纯收入 511 元的 2.3%，低于省政府规定农民负担总量控制在 4%的标准。

1998 年之后，从党中央、国务院到地方各级党委、政府，更加关注农民负担问题，采取切实有效的措施，减轻农民负担。天全县规定“十不准”：不准在税收改革额上加额征收；不准自立项目收费和克扣农税减免款；不准中小学超标准收取费用；不准要农民出钱出物搞升级达标活动；不准以物抵交；不准强制征收农民负担费用；不准代扣代交和违背农民意愿低价出售退耕还林粮食；不准搭车收费；不准以劳折资和要农民出钱出物抵劳折资；不准强制农民捐款捐物。为确保“十不准”全面落实，天全县组织纪检、监察和农业主管部门对全县农民负担情况进行监督，发现问题及时从重从快处理，保证了农民负担不反弹。1998 年，天全县农民负担总额 370 万元，农民人均纯收入 1761 元，负担占人均纯收入 1.8%。2001 年至 2004 年，全县农民人均负担只占人均纯收入的 0.1%。减轻农民负担，保障了农民合法权益，维护了农村社会稳定，促进了农村经济发展。

2005 年，按中央 1 号文件精神和四川省委 1 号文件精神，天全县全面取消了农业税。作为“千年古制”的农业税被废除，这是中国历史上的一个伟大壮举，也是改革开放的巨大成果，体现了党和政府执政为民、扶持“三农”的执政理念。

取消农业税后，为了从源头上治理农村“三乱”（乱集资、乱摊派、乱罚款），防止农民负担反弹，天全县按照四川省农民负担管理领导小组的要求，将“农民负担权益义务监督卡”发放到 3.5 万农户手中。监督卡载明了农民应尽的义务、农民的权益和涉农收费项目，并公布了农民负担监督举报电话和价格举报电话，确保了党和国家政策的全面有效落实。

第二章 工业发展和企业改革

党的十一届三中全会以后，全县工业企业管理水平不断提高，企业逐步向规范化、现代化发展，形成矿产、能源、建材、化工、冶炼以及食品加工等具有一定产品优势的地方工业体系。1992 年邓小平南方谈话后，天全县坚持“发展才是硬道理”，进一步清理全县发展思路，坚持城乡发展 “一盘棋”，实施“一二四五”工程（即建设开发“一线两区”、组建“四大集团”、发展五个支柱产业），全县经济出现快速、健康发展的好势头。1993 年至 1996 年，全县国有工业企业连续三年无亏损，受到省委、省政府表彰。

天全工业企业改革先后经历了扩大企业自主权，实行责、权、利相结合的经营承包责任制，租赁、抵押承包责任制等阶段。20 世纪 90 年代后期，按照党的十五大精神和省委、省政府《关于进一步放开搞活国有小型企业的意见》，天全县采取“改、转、租、卖、并、破、联”等方式，加快企业产权制度改革的进程，从计划经济逐步走上社会主义市场经济轨道。

第一节　转型期的工业

20 世纪 80 年代，天全已逐渐形成矿产、建材、电力、机械、化工、林产加工、食品加工等产业，但工业基础还很薄弱。传统落后的手工业、作坊式企业占比大，规模小，产量、产值低。1985 年全县工业总产值 2523 万元，占当年工农业产值 7924 万元的 31.8%，仅占全县国民生产总值 1.2 亿元的 21%。

1986 年前，天全县工业企业以国营企业为主。1992 年天全县以中央〔1992〕2 号文件精神——“以公有制为主体、发展多种经营形式”推动企业发展。国营企业逐步成为“政企分开、自主经营、自负盈亏、独立核算”的企业经营实体。对企业实行的厂长聘任制、承包经营经济责任制、目标责任制和企业内部为打破传统“大锅饭”“铁饭碗”而实施的管理机制改革措施，使国营企业形成了较强的发展势头。工交、二轻、商业供销、粮食、林业等系统的工业有较大发展。

部分党政事业单位也努力开展集资、引资创办工业实体。

随着全县工业的崛起和发展，天全县从以传统农业经济为主的农业县，逐步走向以工业经济为主、其他产业经济结构综合发展的道路。伴随社会主义市场经济体制逐步完善，全县工业企业管理水平不断提高，产业结构不断调整，企业逐步向规模化、现代化发展，形成能源、建材、化工、冶炼以及食品加工等具有一定产品优势的地方工业体系。

1998年前，企业生产经营由政府下达指导性和指令性计划生产任务，对产品与生产资料，如钢材、木材、水泥、能源等主要物资调配、调节和协调，政府职能部门以及企业主管系统对企业生产经营进行检查、督促。经过企业经营体制改革，特别是企业劳动制度改革和实行利改税后，企业主要领导班子成员由政府任命，转为定指标确定租赁经营承包人。1996年，推行企业产权制度改革，企业成为独立法人资格实体，实行独立自主经营，工商、税务、国土、环保、审计等职能部门依法对企业生产经营实施管理，政府管理转变为宏观经济管理和服务。

2000年以来，天全县立足资本经营，实施资产、资源的市场化配置，建立国有资产经营有限公司，通过对企业的租赁、转让、拍卖，实现了国营企业产权制度改革。到2004年，除天全县电力有限责任公司保持国有性质不变外，全县工业企业基本完成民营化改制。2005年，各类企业注册资本10.2亿元，民间投资8.6亿元，占投资总额的88%，民营经济增加值6.5亿元，占全县经济总量的51%，民营经济开始占据全县经济的“半壁江山”。

在计划经济时期，固定资产投资管理单一，不论资金来源性质、项目性质，工业发展项目、技术改造项目投资都需按地方国民经济和社会发展计划指标要求，经县计划委员会、经济管理委员会审批立项，审查批复后组织建设。对有一定规模的项目，则由县委、县政府组建工程指挥部，建成后再指定企业生产经营主要管理人员。2005 年起，天全县开始改革计划管理投资模式，区别项目资金性质和项目性质，分别实行审批制、核准制及备案制，简化手续。

截至 2005 年，全县有工业企业 1141 家，工业生产总值 12.21 亿元，为 1985 年工业生产总值的 48 倍多。工业增加值达到 5.09 亿元，企业资产总值 1.38 亿元，利税总额达 1.49 亿元。其中，年产值在 500 万元以上的规模企业 31 家，总产值 8.26 亿元、增加值 3.44 亿元，分别占全县工业总产值的 73.72%、增加值的 67.47%，推进了全县新一轮工业化进程，形成了较好的县域工业经济增长新潜力。

至 2011 年，规模以上工业企业达到 41 户，培育发展了 7 户产值上亿元、5 户税收上千万的重点企业。全县实现生产总值 31.6 亿元，地方财政一般预算收入 1.05 亿元，第一、二、三次产业比例调整为 15.5∶61.4∶23.1，工业对经济增长的贡献率达到 72%。

第二节　建设“一线两区”和组建“四大集团”

一、建设“一线两区”

为认真贯彻落实邓小平南方谈话精神，加大改革开放的力度，加速全县经济的发展，县委、县政府从天全实际出发，经过认真的分析、研究，按照“立足县情，体现特色，重点突破”的原则，于 1992 年 8 月做出《关于抓好“一条线”，建设好两个开发区的决定》，提出“一线两区”建设的重大决策，并将其作为全县改革开放指导性意见和国民经济社会发展十年规划和“八五”计划的重点，以促进和带动全县经济迈上新台阶。

“一线”主要是 318 国道沿线，东起多功乡，西迄两路乡，沿川藏公路干线连接乐英乡、始阳镇、大坪乡、和源乡、梅岭乡、城厢镇、青石乡、小河乡、紫石乡等 11 个乡镇。“一条线”内的乡镇，重点是因地制宜，大胆开拓创新，突出抓好乡镇企业和优质、高产、高效农业，加速乡镇经济发展，力争人平纯收入 1995 年达到 750～800 元，以促进和带动全县农村经济全面发展，达到富民、富乡（镇）的目的。

向阳经济技术开发区位于县城东部，东起龙尾—马溪，西与县城交接，总面积约 1.5 平方公里。重点是结合县城建设和改造，大力发展精细化工、石材加工、食品加工、轻工机械等加工业和第三产业，通过加强基础设施建设，努力培育市场，逐步建成“工业起飞、全县振兴”的示范区。开发区建设分两期进行，“八五”期间为起步期（第一期），1995 年以前建成。1992 年主要完成准备和基础工作（开发区详规，龙尾大桥和主干道路设计并开始工程施工，土地统征，三通一平，开始招商引资等），1993 年起步，1994 年发展，1995 年建成，总投资 1 亿元，建成后年增加产值 1 亿元。“九五”期间为发展期（第二期），总投资 1 亿元，建成后年增加产值 2 亿元。通过两期建设，努力把向阳经济技术开发区建成为川藏线上具有一流水平的资源加工型、外向型、科技型、多功能型的城市和工业经济相结合的现代化新区。

西部资源开发区包括县境西部自然资源相对富集的思经、鱼泉、大河、青石、小河、紫石、两路等乡范围，主要是根据县城以西花岗石、煤、水力、木材、石灰石、铝土矿、硫铁矿、药材等自然资源比较丰富的状况，在现有开发的基础上，摸清底子，做好规划，实行合理开发，综合利用，深度加工，以形成全县的优势产业，变资源优势为商品优势。

为确保决策实施，县委、县政府切实加强“一线两区”建设的领导。成立向阳开发区指挥部，全面负责开发区建设的组织领导、规划、实施、协调和管理工作。指挥部借鉴经济特区和兄弟县市的优惠办法及措施、经营模式、管理方式，实行统一规划、统一征地、统一管理，采取“立足县情，突出优势，启动项目，滚动发展”的办法，按照特事特办的原则，简化办事程序，实行“一站式”管理和“限期办理”制度，努力提高办事效率，保证开发、建设的效率。至 1995 年，先后完成宽 40 米、长 2 公里的开发区干道建设，建成桂花溪桥、龙尾大桥（天全大桥），设置路灯、绿化带，启动相关支道建设，形成新区基本框架。1996 年以后，新区开发建设持续、强势推进，至 2005 年，先后建成客运大道、广建北路、安居南路、建设路、托普路、滨河路等 10 多条支道，基本形成四通八达的新区交通网。建成音乐广场、天漏园、托普广场、红军广场等公共设施以及宾馆、酒店、中医院、天全中学等配套设施，一批企业、单位相继入驻开发区。新区规划设计起点高，基础设施齐全，建筑风格多姿多彩，面貌日新月异，集聚了人气和商气，有力推动了天全经济社会发展。

二、组建“四大集团”

1993 年，县委把工业发展作为县域经济发展的龙头，加强对重点工业企业的领导。县委书记彭定邦亲自抓企业的整顿和龙头骨干企业的发展。为升级工业产业发展的引擎，县委对县属国有骨干企业实行重点改造、重点扶持，引导企业“一业为主、多种经营”，整合企业资源、实行优化重组，向集团化方向发展。县委先后支持和帮助县林场及所属木综厂等企业联合组建“天全县二郎山企业集团公司”，以县硫铁矿为主体，长河电站、冶炼厂、硫酸厂联合组成“天全县长河集团开发公司”，以县水泥厂、建材厂、编织袋厂、龙尾水泥厂联合组建“天全县飞仙建材集团公司”，以白沙河林场为骨干的硫铁矿、采石场、电力开发一条线发展组建“天全县白沙河林业集团公司”，形成当时天全工业经济发展的四大集团公司。

“四大集团”的兴起，一度成为天全县工业经济发展的主体和支柱。1995年，“四大集团”总产值为8464万元，占全县工业总产值的12.86%，企业利润1973.8万元，占全县工业利税的38.94%。此后，“四大集团”的总产值、利润和上交国家的税金都占全县国有企业的“半壁江山”，四大公司均列入全省县属工业经济效益百强。

二郎山集团公司花岗石加工厂

“四大集团”的建立，促进了全县国有企业在20世纪90年代中期的快速发展，带动全县国有企业实现连续3年无一亏损，受到省委、省政府表彰。1993年12月，省委书记谢世杰带领省级相关部门到天全考察调研，充分肯定了天全县域经济发展工作。

随着市场变化，企业效益出现下滑。2000年，“四大集团”总产值为1.03亿元，占全县工业总产值的9.26%，企业利润仅162万元。在深化企业改革中，“四大集团”相继转制和解体。

第三节　工业体制改革

一、经营体制改革

20 世纪 80 年代初，天全首先对工业企业“松绑”，在人、财、物、产、供、销方面扩大企业自主权。1983 年后，企业以提高经济效益为中心，实行责、权、利相结合的经营责任制、经济承包责任制。1988 年 2 月 4 日，天全县经济体制改革委员会成立，县长肖其森任主任。根据省委《关于进一步推行完善承包、租赁经营制的试行意见》，县体改委决定县属企业改革推行承包和租赁两大模式。1988—1991 年，天全县工业企业普遍实行厂长（经理）负责制。各承包单位在实施承包经营中，将承包合同向企业内部延伸，普遍推行科室、车间、班组层层承包，并相应改革内部分配、用工、社会保障等制度，取消了“大锅饭”，打破了“铁饭碗”。但是，也存在承包者负盈不负亏，一旦亏损就给国家、集体挂账，承包经营者有短期行为，拼设备、拼消耗，有的承包者有违纪违规、偷税漏税等现象。1988 年 5 月，县委、县政府组织相关部门到仁寿、彭山考察学习国有企业承包经营的经验，推动全县工商国有企业改革。

1993 年，工业企业改革的方向是扩大规模，增强市场竞争力。1999 年，国有企业实行国有控股的股份制改造。天全县国有工业企业实行内部兼并，推行股份制，组建集团公司。二郎山集团公司、白沙河集团公司、长河综合开发公司、飞仙建材集团公司等规模大、效益好的股份制企业，成为天全工业的龙头企业。

二、产权制度改革

20 世纪 90 年代后期，随着国家产业政策调整，市场经济的形成和法制不断完善，原来的体制越来越不适应竞争加剧的市场形势，不少企业债务沉重，举步维艰。新一轮改革从体制和产权入手。1999 年 5 月 7 日，天全县青衣江水泥厂和四川省治权集团公司就投资租赁青衣江水泥厂的有关事宜达成协定，拉开了天全县工业企业产权制度改革的帷幕。

2001 年，天全县工业企业改革进入一个新阶段。天全县先后成立“国有资产测评工作组”“国有资产经营有限公司”“国有资产管理委员会”“国有资产管理董事会”，对天全县国有（集体）企业体制改革涉及的国有资产的去向进行管理。天全县按雅安市政府提出的“两个百分之百”（国有企业百分之百地改革、百分之百地触动产权）的要求，因地制宜，按改造提高传统工业、培育壮大优势产业的发展思路，一企一策，以保留国有控股、留牌搞活、抽资剥离、资产重组、租赁（承包、委派管理）等 5 种形式制定改制方案。

2001 年 7 月，天全县自来水厂实施企业改制。内部职工以现金 120.8 万元购买原国有资产作为个人股本。改制后天全县供排水有限责任公司是国有控股企业，资产总额 1084.09 万元，负债总额为 745.66 万元，实收资本为 338.45 万元（其中：国有股本 217.6 万元，占总股本 64.27%，由公司持有和管理；个人股本 120.8 万元，占总股本 35.73%，由职工个人所有）。2002 年 2 月 10 日，天全县供排水有限责任公司正式挂牌成立。

由天全县水泥厂发展而来的天全县飞仙建材集团公司，截至 2001 年企业改制时，下属有天全县水泥厂、天龙水泥厂、天全县汽修厂、天康建材机械电器厂、川西包装厂等 5 个二级企业。2001 年体制改革，对市场竞争力差、效益低的天康建材机械电器厂和川西包装厂注销其营业执照，停止生产，人员收到公司统一安置；天龙水泥厂与公司脱钩，实行股份制改造；天全县水泥厂和天全汽修厂实行租赁经营。全公司职工分流安置，对符合退休条件的老职工进行“剥离”退休养老，“剥离”内退职工 168 人，中止合同给予一次性经济补偿解除劳动关系的职工 408 人。

2002 年，县委加大全县企业改革的力度，按照省、市委提出的“三个百分之百”（百分之百企业改制、百分之百触动产权、百分之百安置）的要求和“产权明晰、权责明确、政企分开、管理科学”的要求，基本完成全县国有企业的改革任务，建立完善了国有资产管理监督运营体系和企业经营者的激励、约束机制。全县基本完成国有工业企业体制改革工作，全县规模以上工业企业完成二级企业改制 38 家，转变职工身份 2730 人，“剥离”退休和内退职工 821 人，资产重组竞争上岗职工 1278 人，企业盘活资产 1.66 亿元，新增资本 4980 万元。新组建民营股份制企业 3 家，国家控股企业 2 家。

2002 年完成改制后全县共有工业企业 1542 家，按产业分：重工业 1450 家，轻工业 92 家。私营企业上规模的有 78 户，非公有制企业实现增加值 4.46 亿元，占国内生产总值的 40.77%。全县工业总产值累计完成 14 亿元，同比增加 11.53%。

2004 年，为加快完成国有企业改革的扫尾工作，妥善处理历史遗留问题，县财政先后拨出资金 8000 余万元，用于解决国有企业改制遗留问题。

三、扶持民营企业

2002 年，政府从政策、资金、资源等方面对民营企业倾斜，不断开拓民营企业的发展空间和领域，天全县民营企业发展到 28 户。2003

年，天全县乡镇企业改制 13 个。天全县芒硝责任公司由成都三联公司整体收购，青石铁合金厂由治权集团公司整体收购，硫化工公司塑料厂由大庆市周德理收购，这些集体企业都转变成民营企业。天全县民营企业发展到 151 个，注册资金 1.88 亿元。2004—2005 年，天全县建成投产年销售额 500 万元以上的民营企业 14 个。2005 年 6 月，天全县民营经济超过天全县国民经济总产值的 50%。

第三章　商业流通体制改革

1986 年，天全县有国营商业企业 30 家，分支机构 64 个，职工 777 人；集体商业 100 家，分支机构 194 个，职工 880 人；个体商业 1189 家，从业人员 1409 人。国内纯销售额，国营企业占 29.11%，供销合作社占 25.8%，合作商业占 4.2%，个体商业占 16.5%，其他商业占 24.3%。全年社会消费品零售总额 5008 万元。

天全县商业体制改革总体上分三步进行。第一步是对小型零售企业以门店为主实行租赁承包；第二步是国有商业企业按所有权与经营权分离及“包干基数、确保上交、超支多留、歉收自补”的原则，实行个人风险抵押承包；第三步是改变企业产权。

改革后，国营商业全部退出流通领域，私营个体商业全面占领市场。

第一节　商业、粮食系统改革

1986 年以后，天全县继续对国有商贸企业“松绑”“放权”，突破原有经营分工限制，扩大经营范围，放活商品价格。县物资局退出政府行政系列，独立核算，自负盈亏。1991 年，天全县推广外地国有商业经营、物价、用工、分配“四放开”的经验，实行经营承包责任制。从 1996 年起，进一步深化改革，以企业产权制度改革为核心，以盘活存量资产为重点，进行资产重组。

1998 年，县商业局组成商业企业改制领导小组，对企业所有人员实行合理分流，分类处置。处置资产报县体改办、国资局批准后，面向社会公开、公平、公正竞价出售。处置资产回收的资金，首先保社会稳定、偿还社会集资借款、下岗一次性补偿金、社保基金、银行贷款。改制工作从县百货公司开始，逐步在全县推开。百货公司改制中，天全饭店的房屋、土地约 4 亩出让于天全信用社收回 200 万元，偿还了部分贷款、集资款。截至 2004 年，企业资产处理完毕，退休人员 44 人、内退人员 7 人，用部分现金和存量资产移交全部“剥离”到社保部门，一次性经济补偿与企业解除劳务关系的在职职工 68 人全部下岗分流，另谋出路，企业宣布解体。

此后，五金交电公司、糖酒公司、食品公司、生猪屠宰加工厂、县酒厂均参照县百货公司模式进行改制。国有商业企业改制工作历时 6 年，于 2004 年年底全面结束。全县 7 个企业全部解体，230 人给予一次性补偿后全部分流社会，基本找到了新的工作岗位。离退休人员 119 人、内退人员 43 人，用部分现金和企业存量资产“剥离”到社保部门。至此，天全县国有商业企业彻底退出市场。

1998 年，国务院发布《关于进一步深化粮食流通体制改革的决定》，全面实施粮食流通体制改革。全县 8 个独立核算企业（城厢粮站、始阳粮站、永兴粮站、新场粮站、粮油加工厂、淀粉厂、议购议销公司、鑫汇食品有限公司）按照县政府安排，从 1998 年起启动实施全面改革。根据上级要求，本着区分对待、分类改革的原则：一是经营性企业彻底改制；二是对承担政策性业务的购销企业实施减员；

三是按照国家粮食政策，完善粮食储备体系；四是通过政策性审计挂账，搞好国有粮食购销企业改革，执行好三项政策。

天全县粮食局下属国有政策性粮食购销企业4个，即城厢粮站、始阳粮站、永兴粮站、新场粮站。企业共有职工186人（其中：在职职工131人，离退休职工55人）。按照改革的具体部署，实行企业与职工全员解除劳动合同，彻底转变职工身份，再按定岗、定员、定职责、定报酬的形式，竞争聘用上岗，建立新型的企业用工制度和新的运行机制。2000年，聘用上岗86人，与职工解除劳动合同31人，转变职工身份79人，内部退养21人。由原4个独立核算企业合并组建成一个独立法人的粮油购销储备总公司，原独立核算粮站更名为城厢分公司、始阳分公司、永兴分公司、新场分公司。

1998年起，全县粮食系统4个经营性企业进行改制。天全县粮食局淀粉厂于1987年开始筹建，1992年建成，注册资金为人民币600万元。淀粉厂建成投产后连年亏损，于1997年12月底停产停业。县政府决定通过规范企业破产的办法，解决遗留问题。天全县人民法院于2000年3月6日依法宣告天全县粮食局淀粉厂破产还债，对所有职工进行了妥善安置。粮油加工厂、议购议销公司及鑫汇食品公司3家经营性企业也处于长期亏损状态。2002年由中国农业银行天全分行向天全县人民法院提请对以上三家实行“零支付”申请裁定，使3家企业于2002年合法注销。

全县粮食流通体制实施改革后，粮食系统机构设置按照政企分开的原则：县粮食局为县政府直属事业局，为粮食行政主管机关；县粮油购销储备总公司承担政策性业务轮换和参与市场经营，是粮食流通市场的主渠道，承担按保护价敞开收购农民余粮职责。

第二节 供销合作社改革

随着改革开放的深入发展和经营市场的变化，供销系统大力发展工业，以工兴商，以工补商。1995 年是供销系统社办工业发展高峰期。当年 5 月投资 900 万元建立天全县纸业有限责任公司，年产黄纸 3000 吨。6 月在都江堰市投资 520 万元，建立天全县供销社都江堰市天蜀化工厂，年产硫酸 2 万吨。所属商业经营规模也得以扩展，当年先后改造扩建天全商场，营业面积 1100 平方米；井阁商场，营业面积 950 平方米；城北商场，营业面积 760 平方米；青石商场，营业面积 300 平方米；农资商场，营业面积 300 平方米。在县城形成了 3550 平方米购物商场，经营商品涵盖了所有生产、生活资料。3 个基层社分别在新场、始阳、仁义对经营门市进行装修改造，形成了每个场镇都有中心商场。与此同时，供销系统各公司、基层社也组建工业企业。新场社在当年 3 月建立甘云煤矿，仁义社在铜厂乡建立铜兴煤矿，始阳社在和源乡建立和源造纸厂，土产日杂公司在城厢镇干田子建立造纸厂，青石社在小河乡秋风村建立小河造纸厂，达到了社社有工业企业的目标。

1998 年 7 月，供销系统所属企业开始改制。县社成立了改制领导小组，实行一企一策，根据企业资产状况筹集资金，妥善安置企业在职职工、退休职工。借用县社社员股金的企业，处置资产时要归还股金，处理好债权债务。各企业根据改制要求，按照各自企业的实际情况，展开了改制工作。为了筹集退付社员股金，把青衣江水泥厂的股权以 100 万元转让给小河乡，纸业公司以每年 36 万元租金租赁给外地客商经营 5 年，朝阳塑料编织袋厂以 135 万元交给飞仙集团托管。

甘云煤矿、仁义煤矿、小河造纸厂、和源小纸厂、土产日杂公司小纸厂先后关闭。2002 年天蜀化工厂以每年 550 元按实际工作年限支付给职工安置补偿费，与企业解除劳动关系职工 113 人。

1999 年 1 月至 2000 年 12 月，仁义社、青石社、新场社、城区社、土产日杂公司、农资公司按照各企业自身实际，合同制职工分别以 400 元、550 元、660 元一年的不同补偿标准，合同工按照 260 元一年的补偿标准，以职工实际参加工作的年限给予补偿并与企业解除劳动关系。到 12 月 30 日，供销社彻底改制企业 7 个，妥善安置职工 715 人，企业由 13 个减少到 3 个，职工由 976 人减少到 261 人，企业离退休职工 156 人，一次性“剥离”到天全县社保局管理。2001 年食用菌公司、纸业有限责任公司以每年 550 元的安置补偿费标准计算，按实际参加工作年限进行补偿，妥善安置职工 151 人，供销社企业减少到 1 个，职工 111 人。至 2000 年供销社所属企业全部改制，共妥善安置职工 987 人，“剥离”到社保局离退休人员 156 人，企业全部解体。供销社只保留了县社机关，核定为事业单位，由县财政全额拨款。

1986 年以前供销社的股金吸纳是以 3 元为一股入股，每年按股分红。1994 年供销社成立股金服务部，实行入股人员、金额不限，年股息为 20%，凭社员股金本取本付息。截至 1996 年，全社共吸纳社员股金 2641.31 万元，入股人员 3121 户，涉及县内干部、教师、医生、工人、农民、供销社职工、城镇居民、离退休人员和部分外县人员。后来随供销社经营困难出现集中退股风波，1996 年支付社员股息 960.2 万元。供销社改制后所欠股金由政府接收，承诺停息还本。县政府拨出资金 1500 万元，用于偿还供销社股金本金、部分企业向职工个人借款等其他遗留问题。

第三节 个体私营商业

20 世纪 90 年代，天全县政府贯彻国务院出台的《中华人民共和国城镇集体所有制企业条例》及其补充规定，积极鼓励和扶持集体、私营个体商业发展，流通结构呈现多元化。社会商品零售总额国有商业比重不断下降，私营个体商业比重显著上升。90 年代末，私营个体商业空前发展，集体性质商业仅剩县供销社批发业务，国营零售商业完全退出天全市场。

2001 年，天全县有个体工商户 2657 户，从业 4938 人，注册资金 2654 万元；私营企业 78 户（独资企业 48 户，合伙企业 15 户，有限公司 15 户），注册资金 5292 万元，雇员 1097 人。2003 年，天全县有个体工商户 2746 户，从业 5187 人，注册资金 3577 万元；私营企业 79 户。随着泰来超市、佳惠超市、大西康商业城相继营业，商品交易会频繁举办，天全县消费市场持续增长。全年社会商品零售总额达 3.81 亿元（其中：城厢市场 2.13 亿元，农村市场 1.69 亿元，贸易业 3 亿元，餐饮业 7647 万元，其他行业 399 万元）。

2005 年，天全县有个体工商户 3294 户，从业 4924 人，注册资金 5484 万元，个体工商户实现产值 4916 万元，销售收入 1516 万元，社会商品零售总额 1.46 亿元；私营企业 341 户（个人独资 125 户，合伙企业 61 户，分支机构 45 户，有限责任公司 110 户），注册资金 4.03 亿元，实现产值 2.67 亿元，销售总额 7718 万元，社会商品零售额 9857 万元。个体私营商贸业占社会零售总额的 100%。

随着改革开放的深入，个体私营企业快速发展，商业市场发生了根本性的变化。全县城乡日用百货、糖业烟酒、蔬菜水产、五金交电、饮食服务等商家网点密布。由于经营灵活、服务快捷，在市场竞争中逐步形成一批有一定规模的个体商业企业。泰来超市、佳惠超市、多又好超市等相继营业。大西康商业城、天兴苑商业街先后建成投入营业。全县商业兴旺，消费品市场呈逐年稳定增长趋势，商品市场也由卖方市场转变为买方市场，市场各类商品货源充足、花色品种齐全，满足了人民生活和经济发展需要。

2011 年，社会消费品零售总额达 10.8 亿元，是 2006 年的 2.3 倍，均由民营经济和市场调节完成。

第四章　城乡建设和交通发展

1952—1985 年，33 年中天全全县总计建设投资 4002 万元，其中用于市镇设施建设投资仅 103 万元。改革开放以前，天全依旧县城破旧，公共设施落后。

随着经济和社会发展，城镇规划和建设得到重视。1987 年制订县城总体规划，1989 年进行规划调整，1993 年向阳大道开工建设，拉开了旧城改造的帷幕。天全县加强乡镇建设的规划和管理，始阳镇列入四川省第二批百个试点集镇。2004 年，县委、县政府提出建设二郎山下明珠城的工作思路，2012 年提出建设生态经济强县的奋斗目标，天全城乡建设进入新的历史时期。

20 世纪 80 年代开始，在“要致富，先修路”的热潮中，作为重要基础设施的天全交通快速发展，形成了以 318 国道为主动脉的公路交通运输网，改变了出行难、运输难的状况，推动了县域经济发展和人民生活水平提高。1986 年，天全县被评为雅安地区交通建设先进县。

第一节　县 城 建 设

一、县城规划

1984 年 8 月，天全县进行过设想性规划，但未完善和付诸实施。1985 年，开始依据规划控制县城建设。1987 年完成《天全县城总体规划》，1994 年完成《天全县城抗震防灾规划》，1996 年完成县城总体规划修编，2002 年完成《天全县城总体规划控制性详规》《天全县城城镇体系规划》《天全县旧城改造规划》《天全县自来水管网改造二期工程规划》。全县建设“规划先行”的意识进一步增强。

2004 年，县委、县政府成立了城市建设领导小组及其办公室，设立老城恢复、旧城改造、新区建设、社会事业基础设施建设、城市建设资金筹集和城镇人口增容等 6 个工作组。县委、县政府提出“建设新城、改造旧城、还原老城”，建设二郎山下明珠城的工作思路，在城市规划总规修编的基础上，完成控制性详规修编和区域性修建详规编制，编制了《滨河路修建性详规》和《天全县古城风韵再现设计方案》。

2006 年，县委、县政府提出生态立县战略，围绕建设二郎山下明珠城的目标，完成县城总体规划修编，启动县城风貌规划和消防规划。2008 年，四川省规划院开始编制县城控制性详规，规划面积 5.1 平方公里。天全县坚持科学规划、规范管理、依法管理，城乡建设进入新的快速发展时期。

二、修建天全大桥和向阳大道

1992 年邓小平南方谈话掀起了改革发展的新高潮。时任县委书记彭定邦提出“弃旧城，建新城，建好新城改旧城”的发展思路。8月，县委、县政府决定实施“一线两区”建设重大决策，成立向阳新区建设指挥部，启动天全大桥和向阳大道设计并开始工程施工。省人大雅安联络处主任杨国攀和天全县委书记彭定邦等县领导及相关部门负责人五上梅子坡，通过实地考察，确定天全大桥和向阳大道的最佳选址并最终定案。

天全大桥施工前期由县交通局负责实施，1993年发生垮塌造成人员伤亡。县委、县政府认真分析事故原因，总结经验教训，重新成立工程指挥部，及时恢复施工。天全大桥采用天全特色的石拱桥形，利用天全盛产的优质红砂石作为建桥材料。在桥的设计上，依地形地貌，力求与环境协调。6孔跨径不同的空腹石拱桥，横跨450米，整体形象美观、朴实、雄伟。天全大桥总投资495万余元，于1995年5月建成通车，打通了天全县城新区连接雅安的东大门，为天全县城建设和持续发展奠定了良好的基础。

向阳大道于1992年立项，当年9月动工兴建，总投资230万元，1993年8月竣工。道路宽40米、长2公里，设置路灯、绿化带，是当时雅安最宽的城市道路。1996年以后，天全向阳新区建设持续推进，至2005年，先后建成客运大道、广建北路、安居南路、建设路、托普路、滨河路等10多条支道，新区交通四通八达。向阳大道的建成，奠定了天全城市建设发展的新框架，为后期县城道路的完善和城市发展提供了空间和基础。时任四川省委书记谢世杰来天全考察，赞扬天全向阳新区和沿江路建设有魄力，提出要把天全县打造成二郎山下的一颗璀璨明珠。

1995 年 5 月建成通车的向阳大道

三、沿江路建设

长期以来，老 318 国道穿城而过，县城西区道路狭窄，房屋拥挤、破旧。在规划天全大桥和向阳大道建设的同时，县委、县政府同步规划了沿江路建设方案，改变西城片区梗堵状况，保证县城进出道路畅通，改变老城面貌。

沿江路建设指挥部在考虑城市美观、泄洪要求和环境保护，尽量避免群众房屋拆迁的情况下，最后决定利用河岸坡地空间，采取半桥半路的设计方案。沿江路建设得到人民群众的拥护和支持，全县干部群众主动捐款，积极参加义务劳动，支援工程建设。县长高福林任工程指挥长、人大常委会副主任陈忠荣任副指挥长，县级机关单位抽调人员参与工程管理。沿江路从 1995 年开工至 1999 年竣工，前后经历 5 个年头，无安全责任事故。工程预算投资 2300 余万元，竣工审计节省投资 832 万元，是改革开放初期县级自营工程管理成功的范例。

沿江路建成后，上连禁门关两桥，下接环城路、向阳大道。沿江路有效路面宽 24 米，长 850 米，由大小 124 个石拱构成，形成青衣江畔的彩虹串珠，是县城一道亮丽的风景线。2004 年从龙尾天全大桥至禁门关按山重二级公路改造，投资 780 万元，建成 3.7 公里的县城中心大道。

2004 年沿江路风貌（刘祯祥　摄）

四、旧城改造

为加快天全县旧城改造步伐，规范城市建设，县委、县政府于 2002 年 3 月组建天全县人民政府统一建设办公室（简称“统建办”），成立天全县城市改造拆迁有限公司，在统建办领导下组织旧城改造拆迁工作。统建办按照统一规划、成片开发、分段实施、建设配套、启动有力的指导思想，负责实施旧城改造工作。

天全县旧城改造从 2002 年 3 月开始启动，引进雅安新城房地产开发公司开发华联商寓，引进广安川东房地产开发公司开发天兴商苑。2003 年 3 月，县委、县政府在天全中学召开城市建设暨旧城改造誓师动员大会，近2000人参加大会。会上，县政府与42个涉及城市建设的乡镇、部门和企事业单位签订目标责任书，全面启动旧城改造工程。

旧城改造实施以来，县委、县政府不断加大工作力度，先后制定出台各项措施和相关政策。2005年10月，成立城市建设暨城市资本工作协调组；2005年12月，成立天全县旧城改造政府投资工程指挥部；2006年3月，成立县级领导联系旧城改造项目工作组，协调各旧城改造项目拆迁工作。

加大基础设施投入。经营城市收益主要用于城市土地储备和城市基础设施建设，县财政根据财力安排一定的专项资金，用于城市支道建设和“四化”工程（市容市貌的绿化、亮化、美化、净化工程）。组建城市管理局，美化规范房屋外观，整治亮化城区主要街道和公共场所，城区综合治理进一步加强。2003年新增城市绿化面积5.6万平方米，达到20.79万平方米，人均7.63平方米。坚持以公益事业建设带动新区开发。引入市场机制，按照市场经济规律创新公益事业建设、经营、管理机制，逐步改变公益事业全靠财政和国债投入的模式。2003年以来，城市建设的18个重点工程相继竣工，面积达4.2万平方米。新建和续建了文笔山公园、天漏园、文化体育中心、红军广场等公益设施。

通过引进开发商，实行市场化改造开发。2002年以来，先后完成华联商寓、天兴商苑、明珠春天、天全综合商业城、天全市场改造，天全忠心百货大楼、龙宇步行街、茶马广场和正西街、大南街基础设施修建，司法局、文化局片区改造，天全商业中心、北城街一品天下等项目的拆迁改造。截至2006年4月，共完成拆迁803户，完成拆迁面积6万平方米，完成建设交付使用4.58万平方米，主体工程完工

1.2 万平方米。2006—2011 年，实施旧城改造 21 万平方米，新建商住房 1542 套，建筑面积近 20 万平方米。

通过合理有序地推进旧城改造，老城区基础设施得到改善，城市管理进一步加强，居民居住条件明显改善，城市形象得到提升。

2006 年 3 月 3 日，在天全中学广场召开旧城改造誓师动员大会

第二节　小集镇建设和移民安置

一、始阳小集镇建设

县委、县政府在重视县城改造建设的同时，也加强乡村和中心场镇的建设，相继对铜厂、兴业、新场、两路脚基坪、思经、乐英等进行了村镇规划。1987 年始阳建镇后，对 1986 年的总体规划基础进行了修改补充，开始了规划建设工作。1989 年 4 月，始阳镇总体规划通过评审。1993 年完成始阳镇凤凰商贸小区的详规。1995 年，始阳镇被省政府批准列入四川省第二批百个试点集镇。始阳城镇建设进入了新的时期。

始阳镇东距雅安 25 公里，西距天全县城 15 公里，318 国道穿镇而过。始阳建镇前，没有规划，基础设施落后，集市拥挤不堪。镇党委、镇政府抓住小镇建设这一历史发展机遇，解放思想，广开思路，大胆探索，结合镇情，走商贸兴镇、工业强镇之路，累计投入资金1560万元。1999年年底，长2.67公里、宽40米的砼路面凤阳大道全面完成。整修场镇街道4条，长度达12公里。动员群众拆迁61户，企事业单位拆迁4家，拆迁面积8560平方米，出让土地129.8亩，新建商业用房256户（家），新增铺面762间，新修建商业农贸街500米。经过几年的努力，全镇水、电、路、通信等基础设施不断完善，场镇居民主要从事餐饮服务和汽车修理，有产值5000万元以上的企业3家，场镇居民达1.2万人。

到2011年，全镇有民营企业17家，个体工商户1560家，大小运输车辆600余台，外来企业100余家。全镇家庭经营纯收入1.24亿元，农民人均纯收入6835元。镇域经济不断壮大，社会事业不断发展，农民收入不断增加，人民生活水平不断提高，一个文明、进步、小康富裕的农村新型小集镇正在形成。始阳镇成为川藏线上重要的汽车维修服务基地和商品集散中心，带动了县域南部片区各乡镇的发展。

二、接收安置瀑电移民

2005年，按照省委、市委安排，接收安置瀑布沟电站汉源、石棉移民被作为一项重要的政治任务，列为全县重点工作。天全县委、县政府成立移民工作领导小组，设立移民工作局。县委书记和县长亲自抓移民安置工作，要求把移民接收安置作为重大政治任务和新一轮发展机遇，牢固树立主体意识，增强政治责任感，明确工作目标，细化工作措施，落实工作责任，加大工作力度，真正做到移民为先、移民为重，情系移民、服务移民，努力使天全县移民接收安置和帮扶工作达到全市一流水平。

迎接移民的坝坝宴

天全在全县自然环境最好的城厢、始阳、多功、乐英、新场、前阳等乡镇选址设立了 18 个移民安置点，新建移民新村。签订移民安置协议，完成市上下达任务的 108%，完成移民安置调整土地 145.7 公顷（其中水田 113.9 公顷，旱地 31.8 公顷），为移民安置建设大小桥梁 3 座，新修对外连接道路 10 条，生产生活便道 26 条，共 30 公里。硬化 49 条 28 公里的农业生产堰渠，新修和维护改造 13 处电力提灌站，完成解决 3000 余人的多功大型移民饮水工程，修建移民房屋 4.5 万平方米，配套完成通信、电视、水电、沼气等设施建设。

2006 年，天全接收安置的瀑电移民 657 户、2452 人按时完成移民搬迁。县委、县政府为了使移民满意，让上级放心，建立健全移民帮扶配套措施体系，制定和完善了《瀑电移民帮扶工作方案》《天全县移民党建工作方案》，发出《关于开展瀑电移民户“一帮一”结对活动的通知》，将迁入天全的移民“一帮一”任务分户落实到全县 102

个单位及各级领导，近千名机关工作人员与移民结成帮扶对子，开展“一帮一”送温暖活动，加强与移民的沟通了解，确保移民安居乐业。

此后，按照市委、市政府安排，天全县派出干部赴汉源支援瀑电移民大会战。至 2011 年全面完成汉源县小堡集镇、河西乡香林安置点等“一镇五点”建设，528 户、1459 人顺利搬入新家。天全县还继续支持移民后期扶持，制定定点帮扶方案，加快实施后扶项目，解决了一大批关系移民生计和长远发展的问题。

第三节　交 通 发 展

一、国道改造、建设

1950 年 6 月 25 日，原川康公路复修通车，天全段长 110 公里，砂石路面。1997 年 3 月，318 国道天全段升级改造为山重二级水泥路面工程开工。2001 年 1 月 1 日，历时 4 年、全长 4176 米的二郎山隧道建成通车，缩短翻越二郎山的路程近 30 公里。2004 年 4 月 10 日，318 国道天全段升级改造竣工。改造后，318 国道天全段长 90.87 公里，其中二级公路 62 公里、三级公路 28.87 公里，投资约 1.28 亿元。2012 年完成 318 国道第二次改造工程 71.64 公里。

2013 年芦山强烈地震后，318 国道天全境内全线列入重建项目，概算投资 12.81 亿元，新打通龙尾峡隧道，雅安至天全县城改为沥青混凝土路面，工程于 2017 年 1 月竣工。2013 年 12 月，雅安市灾后恢复重建重点工程 351 国道开工，2016 年 10 月建成通车，天全境内 17.8 公里，改变了天全县多功、大坪、老场、新华等乡镇的出行条件。

2010 年，雅康高速公路可行性研究报告编制完成，成康铁路可研工作启动。雅康高速天全段 67.8 公里，设 5 个互通。2011 年年底，雅康高速公路控制性工程二郎山隧道开工仪式在泸定县五里沟举行。2012 年 5 月，雅康高速天全境内二郎山控制性工程开工。2017 年 12 月 31 日，雅康高速雅安至泸定段通车试运营，结束了天全不通高速公路的历史。

2001 年 1 月 1 日，二郎山隧道建成通车

截至 2018 年年底，天全县境内公路里程 705.02 公里。其中国道 2 条共 101.02 公里，省道 2 条共 35.03 公里，县道 8 条共 118.42 公里。。

二、主要县道建设

在改造提升 318 国道的同时，天全县把改造完善县道作为交通建设的重点，加大投入力度，推进重点工程建设。

天（全）荥（经）公路，境内长 16.69 公里。1958 年 7 月开工建设两河口至兴业乡伏龙桥，长 11.8 公里。1986 年 7 月开工建设伏龙桥至荥经新线，1988 年 4 月 20 日竣工，完成伏龙桥至荥经马草岩山岭重四级路改造 4.81 公里，投资 65.41 万元。2001 年完成天全县段

18公里混凝土石改造，投资2160万元。2005年完成分支路前阳公路2.85公里混凝土路面，投资95万元，冯伏路0.5公里混凝土路面，投资35万元。以上工程总投资2355.41万元。

天（全）芦（山）公路，1958年7月1日竣工，境内泥石路面16.69公里。由县城经仁义乡、老场乡入芦山县。2004年9月，按山岭重四级路标准改造，2005年9月完成12公里混凝土路面改造，投资768万元。2006年11月启动老场至铜江天桥8.6公里公路改建工程，总投资1247.5万元，工期1年。2014年12月，启动县城至铜江桥19.49公里灾后恢复重建工程，总投资1.41亿元，2016年4月完工。复线梨新路全长13.7公里，1973年3月修通，泥石路面，自仁义乡梨儿岗入大寨乡、永盛乡、新华乡，经三江口大桥入芦山县，2005年按山岭重四级公路改造。

另外，思（经桥）鱼（泉乡）公路，全长11.05公里，按山岭重丘四级公路改造，路基宽6.5米，路面宽5.5米，1985年10月开工，1987年12月完工，投资为世界银行贷款175.2万元。思（经）大（河）公路，2002年5月开工，12月30日竣工，全长7.8公里，按四级公路改造，投资820万元。藏鱼（藏鱼桥至鱼泉乡）公路，全长9.26公里，按四级公路改造，混凝土面，路基宽度6.5米，路面宽度6米，投资700余万元。2003年5月开工，次年4月竣工。2017年进行混凝土路面改造，2018年8月完工，投资3200万元。

三、乡村道路和旅游道路建设

天全县境内崇山峻岭、溪河纵横，乡村交通不便，长期制约着农村经济发展。1985年，天全县有机耕道35条，总长84公里。1986—2001年，修建乡村公路28条，83公里。2002年，农村公路建设管理工作由农机部门具体负责。2002—2005年，修建乡村公路34条，

57.1 公里；整治改建原乡村道路 63 条，167 公里。全县 46 座吊（铁索）桥普遍进行了维修。村通组的公路里程有 295 公里，完成 8 个乡镇移民生产便道（1 米宽水泥路）计 24 条，共 12.8 公里，完成 7 个乡镇 17 条全长 14.39 公里的移民公路。2007—2012 年，农村道路建设加快，新建农村公路 379.09 公里，实现乡镇畅通率 100%，行政村通畅率 100%、畅通率 70%。

两河口至喇叭河旅游公路，从紫石乡两河口至喇叭河森林公园，原为煤矿、木材采伐运输专用道。两河口至鹿子沟公路，全长 36.18 公里，1968—1978 年建成，沙石路面。1999 年从两河口至昂州河投资 20 万元改三级混凝土路面。2004 年 11 月开工至 2005 年 8 月竣工，完成 21.26 公里二级公路改造，路基宽度 8.5 米，路面宽 8 米，沥青混凝土路面，工程总投资 5120 万元，是全县兴建的第一条专用旅游公路。

文笔山公园旅游公路，2005 年 9 月完成洗脚溪至梅子顶 3 公里沥青路面改造建设，投资 90 万元，新建梅子顶至文笔峰停车场公路 2 公里，共完成文笔峰旅游线投资 160 万元。

2017 年县委、县政府启动交通大会战，陆续启动仁新路、结柳路、禁思路、始多路建设，其中：仁新路 3.6 公里，沥青混凝土路面，总投资 1500 万元；结柳路 9.8 公里，沥青混凝土路面，总投资 7116 万元；禁思路 7.1 公里，沥青混凝土路面，总投资 3803 万元；始多路 9.7 公里，沥青混凝土路面，总投资 7636 万元。世行贷款项目始新路建设全长 16.5 公里，沥青混凝土路面，总投资 8000 万元，2018 年年底完成全部前期工作。截至 2018 年，全县有乡道 5 条 24.28 公里，专用公路 7 条 96.33 公里，村道 329.95 公里。

第五章　天然林资源保护和退耕还林

天全县是长江上游生态环境保护和建设的重点区域，自 1998 年实施天然林资源保护工程和 1999 年实施退耕还林工程以来，全面完成人工造林 12.92 万亩，封山育林 50.49 万亩，森林抚育 13.96 万亩，年平均森林管护面积 220.13 万亩，退耕还林 9466.7 公顷，在生态建设中取得巨大成绩。从 2017 年开始，国家将集体和个人所有天然商品林纳入停伐管护，实现了全域天然林资源保护，为再造秀美山川，维护国家生态安全，实现人与自然和谐发展做出了重大贡献。

天全县先后获得“天然林资源保护工程先进单位”“全国退耕还林示范县”“国家级生态建设示范县”“四川省首批国家级森林氧吧”“四川省林业生态旅游示范县”“四川省生态教育基地”“四川省生态康养示范区”等荣誉称号。

第一节　天然林资源保护工程

一、“天保”工程实施

由于历史的原因，天然林被过量采伐，导致森林资源枯竭，植被减少，造成严重的生态影响。河流含沙量和输沙量增加，自然灾害发生频率增多，水土流失严重，森林覆盖率下降，土地沙化、荒漠化日益加剧。1998 年，国务院决定在长江上游各省、区停止天然林采伐，全面实施天然林保护工程（简称“天保”工程）。天全县属于实施“天保”工程的重点县之一。

根据中央文件精神，1999 年 1 月，四川省第九届人民代表大会常务委员会第七次会议通过了《四川省天然林保护条例》《四川省天然林资源保护工程项目管理办法》《四川省天然林资源保护工程资金管理办法》《四川省天然林保护工程公益林建设作业设计和检查验收办法》《四川省天然林保护工程森林管护实施办法》《四川省天然林保护工程招标承包管理办法》等，为实施“天保”工程提供了政策和法规依据。“天保”工程投资由中央承担 80%，地方配套 20%。

1998 年实施“天保”工程的试点单位为二郎山林业集团公司和白沙河林业集团公司。在“把林老虎请下山，把砍树人变为种树人，少砍树，多栽树”原则指导下，1998 年 9 月 1 日起，上述单位全面停止森林采伐作业。2000 年，全县国有林场、所、林业站全部纳入“天保”工程的实施范围。

“天保”工程一期从 1998 年至 2010 年，实际完成投资 1.15 亿元，其中森林管护和“五险”等项目完成投资 7108 万元，公益林建设完成投资 4373.5 万元。全县 17 个森林管护单位，年平均设立森林管护站 32 个，专职管护人员 230 人，聘请兼职管护人员 182 人。实行林业局、实施单位、管护站、管护人员四级承包责任制，把管护任务落实到山头地块，使森林资源得到切实有效的保护。

为巩固天然林资源保护工程建设成果，天全县从 2011 年至 2020 年实施“天保”二期工程，实施单位为二郎山企业集团公司、二郎山森林管理所、落汉山林场和喇叭河自然保护区管理处 4 个国有林业企事业单位。截至 2018 年年底，“天保”工程二期总投资 1.61 亿元，完成森林抚育 7.8 万亩，常年对 191.88 万亩国有森林进行管护。全县共设管护站 21 个，落实 271 名管护人员和 25 名季节性生态护林员。

原始林区（李林　摄）

二、“天保”工程成效

生态效益。“天保”工程实施以来，通过天然林禁伐、森林管护、公益林建设和森林抚育等，森林资源持续增长，实现了林地面积、活立木蓄积、森林覆盖率全面增长。截至 2018 年年底，全县林地面积 304.4 万亩，活立木蓄积 1690 万立方米，森林覆盖率 73.48%；生物多样性明显增加，野生动植物环境得到改善，数量和种类明显增多，生态系统稳定性增强；水土流失得到有效控制，水土流失治理面积明显增加，河流泥沙含量减少；绿美环境，净化空气，森林面积增加极大地提高了空气质量，经省市环保部门监测，天全空气质量达国家一级标准，改善了生活环境，提高了人居质量。

社会效益。“天保”工程的实施，通过妥善分流林业职工，聘用林农作为季节性管护人员，兑现停伐管护补助，提供大量就业岗位，增加林业职工、林农收入，有效地改善了民生，促进了林区社会稳定。

经济效益。通过实施“天保”工程，全县森林面积和活立木蓄积量大幅度增长，经济效益显著提升。生态环境的改善，带动了生态旅游业的发展，年接待外来游客达百万人次。

2017 年 4 月，中央办公厅、国务院办公厅印发《大熊猫国家公园体制试点方案》。天全县是大熊猫分布较多的区域，成为国家大熊猫公园试点范围主要组成部分，被列入规划总面积 16.87 万公顷，占全县辖区面积 70.5%。

第二节　退耕还林工程

一、背景和政策

实施“天保”工程还不能完全、彻底地扭转长期以来为单纯提高粮食产量而毁林开荒、围湖造田造成的水土流失、江河淤塞、生态环境恶化现状。为此，党中央、国务院决定在实施“天保”工程的同时，在长江上游各省区，凡坡度在 25 度以上的耕地一律停止耕种，因地制宜种植树木，即实施退耕还林工程。

2000 年 5 月 12 日，四川省人民政府办公厅下发了《关于当前退耕还林试点若干问题的通知》。2002 年 12 月 6 日，国务院第 66 次常务会议通过了《退耕还林条例》，自 2003 年 1 月 20 日起在全国施行。2003 年 6 月 25 日，中共中央、国务院下发了《中共中央国务院关于加快林业发展的决定》。2002 年 4 月 11 日，国务院下发了《国务院关于进一步完善退耕还林政策措施的若干意见》。省、市政府也制定了相应的政策和实施办法。

2007 年 8 月，国务院下发《国务院关于完善退耕还林政策的通知》，规定现行退耕还林粮食和生活补助期满后，继续对退耕户按长江上游及南方地区每亩退耕地每年补助现金 105 元、生态林补助 8 年的标准给予补助，原每亩退耕地 20 元生活补助费继续直接补助给退耕户，并与退耕还林地管护质量挂钩。为集中解决影响退耕农户长远生计的突出问题，中央财政从退耕还林粮食延长补助资金中拿出一半作为巩固退耕还林成果配套项目专项资金。

二、退耕还林措施

1999 年下半年开始，县委、县政府认真组织实施退耕还林还草工程，努力探索适合天全县情的生态经济、社会协调发展的路子，把国家政策、专家意见和农民的意愿结合起来，找准结合点，实行三兼顾，探索了“4+1”生态经济复合型模式，即“林草间种＋竹草间种＋林木混交＋林药间种＋种草养羊（畜）”。当年 12 月份落实 318 国道沿线首批 10 个乡镇 3320 公顷工程示范片任务。县委、县政府对项目实施的乡（镇）实行目标责任制管理，坚持“一把手”负总责，分管县长和乡（镇）长具体抓的措施。政府部门和行业签订双向责任书，把完成任务的质量和数量纳入乡（镇）领导年终目标考核，严格奖惩。

天全县严格按照国家下达计划完成退耕还林面积 15.8 万亩，配套荒山造林面积 8000 公顷。其中 2000 年完成退耕面积 2600 公顷，配套荒山造林 1466.67 公顷；2001 年完成退耕面积 4266.67 公顷，配套荒山造林 2666.67 公顷；2002 年完成退耕面积 3000 公顷，配套荒山造林 2666.67 公顷；2003 年完成退耕面积 666.67 公顷，配套荒山造林 666.67 公顷；2009 年完成配套荒山造林 533.33 公顷。共涉及农户 3.23 万户，11.2 万余人，分布在全县 23 个乡镇、138 个村、936 个村民小组。

2004 年 3 月组织技术力量对全县历年退耕还林的成活（保存）率进行逐户、逐地块检查，抓紧春季植树成活率高的有利时期，对 2308.33 公顷成活（保存）未达标的林地做了补植整改工作，共补植了慈竹、杂交竹、杉木、桦木 700 多万株，提高了退耕还林品质。2005

年加强了退耕还林的管理力度，在对 1.05 万公顷退耕还林成活保存率检查验收的基础上，对 1331.71 公顷不达标的面积补植了 348.61 万株，对 2733.05 公顷受冻害的杂交竹面积做了枯枝伐除、蔸幅清理和抚育施肥，普遍恢复了生长力，长势良好。2004 年 5 月，对 1999 年至 2003 年的 15.8 万亩退耕还林地的业主颁发了林权证，颁证工作涉及 23 个乡（镇）、138 个村、936 个组、32303 户，共颁发林权证 36 148 份。

天全县退耕还林区域种植的全是生态林，其中：杂交竹、楠竹等竹类面积为 6200 公顷，占 58.9%；杉木、桦木等生态树种 4333.33 公顷，占 41.1%。经检查，全县完成退耕还林任务 100%，面积核实率 100%；造林成活率 85%以上，保存率 80%以上。截至 2005 年，全县新发展竹子面积 1.87 万公顷，其中杂交竹 3533.33 公顷，楠竹 1.51 万公顷。全县建成 20 余处共 666.67 公顷的杂交竹、种草养畜示范片，为竹产业高质量发展打下了坚实基础。

按照《天全县巩固退耕还林成果专项规划（2008—2015 年）》的要求，天全县全方位开展巩固退耕还林成果后续产业发展专项项目建设工作。共新发展工业原料林 9.35 万亩、特色经果林（山葵）0.32 万亩、品种改良及低效林改造 4.07 万亩、丰产经营措施 58.47 万亩次、特色经济作物 5.56 万亩，建畜圈 26.72 万平方米、禽舍 18.92 万平方米，收获食用菌 19.6 万袋，完成基本农田建设 8.7 万亩、农村能源建设建沼气池 0.2 万口。在完成常规专项建设的同时，开展了 2009 年度、2010 年度、2011 年度新增巩固退耕还林成果专项建设，栽植以楠竹、慈竹为主的竹子区域 1.76 万亩，竹林丰产经营措施 2.43 万亩，新发展茶叶种植 0.05 万亩，修建机耕道 50 公里。

2004—2006 年，县财政在国家补助标准的基础上，每亩增加补助 15 元，共 237 万元，3 年来县财政共补助退耕还林户 711 万元。2000—2018 年，全县共兑现退耕还林政策补助折合资金 4.49 亿元。

三、退耕还林成效

全县新增森林面积2.23万公顷，使全县森林覆盖率由1998年的52.03%提高到2011年的65.9%，增加了13.87%，2018年达到73.48%。据四川农业大学与天全县共建的退耕还林生态效益径流场定点观察表明：泥沙含量减少31.47%；经省、市环保部门监测，天全县空气质量达到国家一级标准，水质达到Ⅱ级标准。

随着退耕还林地的郁闭成林，318国道沿线生态环境明显改善，泥石流、垮塌方中断交通的情况已较少发生。良好的生态环境为工农业生产和人民的生活提供了较好的生存条件。生态环境的改善，带动了旅游业的发展，吸引了大批游客到天全县旅游度假，收到了良好的社会效益。

在退耕还林的竹产业中，3333.33公顷杂交竹已陆续成林。2004年年底已生产杂交竹材6000余吨，收入120多万元。到2011年，全县建成竹产业基地50万亩、猕猴桃种植基地2万亩、茶叶基地4.3万亩，中药材基地1.5万亩，为确保退耕还林“退得下，稳得住，能致富，不反弹”打下了良好基础。

中央和省、市领导关心和重视退耕还林（草）工程。2001年6月9日，中共中央政治局常委、国务院总理朱镕基率国家计委主任曾培炎、财政部长项怀诚、国家林业局局长王志宝等领导在紫石乡果木沟考察天全退耕还林工程。面对退耕后的绿水青山，朱镕基露出了会心的微笑。此后，中央政治局委员、全国人大常委会副委员长田纪云、李铁映等也相继考察天全县退耕还林还草工程，听取天全县委、县政府专题工作汇报。2008年至2011年期间，国家对天全县15.8万亩坡耕地退耕还林开展了分年度阶段检查，验收结果为面积保存率100%，保存面积合格率100%。

第六章　招 商 引 资

1985 年，天全县首次从湖北引进武汉市木材公司木材补偿资金 1000 万元，开启了对外招商引资的先河。随着改革开放的不断深化，县委、县政府坚持把招商引资工作作为推动发展的重要抓手，招商引资逐步成为实现全县跨越式发展、建设开放型经济的重点工作。通过多层面组织开展对外考察、对外宣传、项目推介等招商引资活动，不断完善招商引资政策，完善软硬环境治理，创造良好投资环境，从最初以原材料引资发展到以生产项目引资，以资源变资产方式全面开放引资，招商引资取得丰硕成果，有力推动了天全对外开放和经济社会发展。

第一节　软环境建设

一、服务体系

1985 年，天全县成立对外经济技术协作办公室。1994 年 3 月，成立天全县招商引资领导小组，出台《关于进一步扩大开放，加强招商引资工作的通知》。1998 年 10 月，成立天全县对外开放招商引资办公室。1999 年 11 月，成立天全县招商局，2001 年更名为天全县招商引资局。2002 年 6 月，成立天全县人民政府驻北京办事处；2005 年 6 月，成立天全县人民政府驻蓉办事处。2010 年，设立天全县投资促进局，是县人民政府对外开放、招商引资的主管职能部门。

随着招商引资机构的不断健全完善，招商引资工作由专设机构统一规划、组织、管理，招商引资工作方式不断创新，对外宣传不断加强，服务不断完善，招商引资活动范围遍及中、东部发达省市和港、澳地区，保证和促进了全县经济建设不断取得实质成效。

2002 年 9 月，设立政务服务中心、外来投资企业“一站式”服务中心，实施审批办照的“互联审批制”，对必要审批项目实行一站式服务，由专人负责代办相关手续，全过程跟踪服务。加强对重点招商引资项目的跟踪、协调和服务，实行县级领导联系项目制度，切实为外来企业提供优质便捷的服务。建立“优化投资软环境投诉制度”，2003 年接到投诉 5 件，全部及时解决。建立了外来企业联系制度和企业档案，定期走访企业，了解企业情况，帮助企业解决遇到的困难。大力倡导亲商重商、诚善有信、崇尚公开文明的社会风气，树立高品位的招商引资形象。每年中秋、春节，县委、政府领导通过召开茶话会、上门走访等形式慰问外来企业。良好的服务，为外来企业依法经营创造了条件，通过外来企业的宣传，吸引了更多的企业到天全落户，以商招商成为一种新的招商模式。

二、保障制度和优惠政策

全县各级党委政府高度重视招商引资工作，制定了一系列保障投资软环境的制度和政策。1994 年，编制印刷《天全县招商项目简介、天全县投资指南》800 册。1995 年，编印《天全县招商引资指南》500 册。2000 年 12 月，县纪委、监察局制定《关于对全县党政机关工作人员违反发展天全经济改善投资环境规定的处分试行办法》。2000 年 6 月，天全县人民政府制定《关于对外来投资者实行“一站式”服务的暂行办法》。2001 年 1 月 17 日，中共天全县委办公室、天全县人民政府办公室发出《关于县级部门尽快制定优化投资环境、提高服务水平措施的通知》，各部门结合自身职能制定了改善投资环境，为招商引资服务的具体措施。2003 年 7 月，县委在县纪委监察局设立“软环境投诉中心”，负责受理行政机关及其工作人员侵犯外来投资企业合法权益的投诉，监督各项政策措施贯彻落实情况，组织对重点部门行业作风的民主评议活动。县委督查室、县政府目标办、县纪委、监察局、计划发展局、招商局等部门定期不定期地对全县投资环境改善情况进行检查和督查，将全县投资环境方面存在的问题及时报告县委、县政府解决，保证了全县良好的投资软环境，有效地规范和促进了全县的招商引资工作。

1996—2004 年，县委、县政府制定下发了一系列有关招商引资的政策文件。如 1996 年的《关于进一步加强对外开放、招商引资工作的通知》和《关于大开放促大发展的若干政策（试行）》，1998 年的《关于大开放促大发展的若干政策补充意见》，2000 年的《关于对外开放、招商引资有关政策的规定》和《关于改善投资软环境的决定》，2002 年的《关于对外开放招商引资有关优惠政策的规定》和《关于旧城改造的优惠政策》，2004 年的《关于印发〈天全县工业龙头企业考评及扶持办法〉的通知》等。县招商局将各种优惠政策汇编成册，分发给相关部门和外来投资者，通过督促检查来保证这些优惠政策落到实处，树立了诚信招商的良好形象。

第二节　招商引资活动

积极参加各类节会招商引资活动。1990 年 2 月，县政府组织参加了在云南大理市召开的川、滇、青、藏毗邻经济协作区第四次会议。1993 年，参加“93 四川国际熊猫节”，签订协议 4 项，协议金额 5200 万元，达成意向协议 5 项，项目总投资 1410 万元，商贸成交 60 万元。1997 年 7 月，参加“97 四川国际熊猫节”活动，达成意向协议项目 7

个，实际达成协议资金2000万元。1999年10月，组织县上有关企业参加“广西南宁商贸招商会”，11月组织参加四川省在香港地区举办的“四川香港招商引资会”。2000年组团参加了“西安招商会”“新疆商贸会”“四川西部洽谈会”“雅安商贸博览会”等大型招商引资活动。2001年，组织参加“2001中西部投资贸易洽谈会（西安）”“高新技术交易会（深圳）”“2001中国西部博览会（成都）”“招商会（厦门）”等大型活动。举办了2001年来县投资客商迎新茶话会。2002年，组织参加了“第三届中国西部国际博览会（成都）”“南京旅游博览会”“2002四川·中国西部农业博览会（成都）”“第六届中国西部合作与投资贸易洽谈会（西安）”“第六届中国贸易洽谈会（厦门）”等大型活动。2003年，组织参加了“第七届中国东西部合作与投资贸易洽谈会”“第八届中国重庆投资贸易洽谈会暨三峡国际旅游节”“第四届中国西部国际博览会”，赴广东、福建两省学习考察招商引资及“四川—香港合作发展周”等大型活动。2004年，组织参加了“第九届中国重庆贸易投资洽谈会”“第五届中国西部国际博览会”“四川—北京经贸合作活动”、雅安市人民政府在成都市百花潭公园举行的万人品茶会、“第八届国际茶文化研讨会暨首届蒙顶山国际旅游节”。

走出去招商引资。1991年，县政府首次组团赴福建开展以推介宣传天全为主的招商活动。1998年8月，常务副县长陈怀仲率团赴甘孜州开展招商引资活动。2000年，先后邀请华能公司、中铁五局、三九企业集团、万贯集团、成都三才公司、青岛国泰药业股份有限公司、香港达尔曼公司等来天全考察，达成了部分投资开发意向性协议。2004年组织首届天全县“浪漫金秋——二郎山红叶旅游节”，邀请了大批客商参会，扩大了天全影响。2005年，县政府组团赴浙江杭州、福建等地考察，成功引进杭州中达建设集团到天全投资商品混凝土项目，引进了福建金得利集团珠宝首饰有限公司和福建永安东方晶体有限公司合资组建天全金得利晶体有限公司项目。2005 年县委、县政府组织推介宣传组到川内和部分省区开展招商活动，引进了一批客商参与竞买天全资源和资产，实现了出让收入 2.5 亿元，引进了一批企业和项目，开创了招商引资工作的新局面。2010 年，县委、县政府主要领导带队组成小分队，赴沿海经济发达地区开展招商活动，取得明显效果。

2017 年，始阳工业园区玄武岩纤维加工制造项目签约仪式

2007 年，参加第八届中国西部国际博览会举办的“雅安工业园区投资说明会”“德国投资贸易推介会”和“韩国经贸合作周”等活动。为承接成都市的产业转移，多次到成都周边区县有针对性地招商。2008 年，把承接产业转移纳入灾后重建和发展规划，及时与四川省“1+9”灾后恢复重建规划对接，抓住省外企业支援灾区建设机遇，开展有针对性、有目的的小分队招商或项目招商活动。2007 年 10 月，天全成功“举办四川旅游西环线首届协作峰会”，以后又相继举办“二

郎山红叶节”“二郎山冰雪节”等会节活动，提高了天全的知名度和美誉度，为招商引资搭建平台。

第三节　招商引资成果

早期招商引资以引进资金和商贸协作为主。1985 年，引进湖北武汉市木材公司补偿资金 1000 万元。1986—2005 年，全县累计引进各类合作项目 432 个，达成协议引资 120 亿元，实现到位资金 27.07 亿元。

进入“十二五”时期，招商引资进入快速发展阶段。2010 年，全县引进到位项目 19 个，引进到位资金 15.73 亿元；2011 年，全县招商引资累计引进到位资金 17.1 亿元；2012 年，招商引资到位资金 26.85 亿元；2013 年，招商引资到位资金 35.3 亿元；2014 年，招商引资到位资金 42.99 亿元；2015 年，招商引资到位资金 36.26 亿元；2016 年，引进项目 10 个，引进市外国内资金 38.24 亿元。

从 20 世纪 90 年代末开始，招商引资逐渐转向以引进外来企业投资开发项目为主。通过认真搞好招商项目的论证、设计、储备、包装和推介，省内外及港、澳地区一批具有较强实力和规模的企业、公司、集团相继入驻，有力推动了全县工业经济、城市建设、环境改造、商业旅游产业的开发建设。

从 2001 年开始，招商引资有了较快发展，当年引进项目 47 个；2003 年，引进项目 60 个，到位资金 3.34 亿元；2004 年，全县新引进项目 69 个，累计引进市外到位资金 7.23 亿元；2005 年，全县引进新建项目 12 个，累计引进市外到位资金 9.24 亿元。引资拉动投资增长，全县经济呈现强势增长势头，形成了以高载能、建筑建材、水电开发、化工、农业产业化和旅游开发为主体的一批规模企业。2005 年，全社会固定资产投资 9.83 亿元，完成全年目标任务的 115.6%，增速居全市第一。2005 年，引进企业上缴税收占全县财政收入的 10%。

2009 年，县委、县政府主要领导带队，赴沿海发达地区开展了卓有成效的小分队招商活动，成功引进兆山新星集团 4000t/d 新兴干法旋窑水泥生产项目。2010 年，由县委、县政府主要领导带队，赴浙江省就引进竹制品深加工项目开展招商考察活动。2011 年，承接东部沿海发达地区及成渝经济圈产业转移，引资建办一批产业关联度强、财税贡献大的项目。2012 年 4 月 15 日，县政府主要领导带队参加在厦门举行的“雅安市投资说明会”，与上海君力电子材料有限公司签订了 40 条化成箔生产线建设项目协议。2014 年 4 月，县政府主要领导带队参加在成都举行的“中外知名企业四川行”活动，与成都古树苗茶业有限公司等 3 家公司签订了项目协议。2015 年，组织参加 “第二届中国（凉山）攀西战略资源创新开发试验区投资推介会暨项目签约仪式”活动，与雅安中能新能源汽车有限责任公司就新能源汽车产业物流园项目现场签约，投资额 1.15 亿元。2017 年，组织开展“天全县旅游资源项目推介会”，邀请有投资意向的企业到县实地考察。8 月，始阳工业园区玄武岩项目签约。2018 年，组织参加省市投资促进活动。10 月 25 日，结合“二郎山红叶节”的举办，举行了“知名企业看天全”投资推介及项目签约仪式，签订了化成箔、智能终端制造、国家农业公园等 10 个项目，签约金额 87.8 亿元。

“十二五”时期，通过大力开展招商引资、对外开放，天全县域经济实现大发展。全县地区生产总值达到 48.4 亿元，年均增长 11%，固定资产投资累计完成 240 亿元，年均增长 20%，连续 4 年全市增速第一。规模以上工业增加值达到 12.4 亿元。经济社会发展取得重大成就，发展格局有了重大突破，天全经济建设、社会发展、生态文明进入了全新发展阶段。

2017 年 9 月，“二郎山红叶节”签约仪式

第五篇　复兴之路

第一章　县域经济社会发展

2012年11月，中国共产党第十八次全国代表大会召开。习近平总书记指出，坚持和发展中国特色社会主义，总任务是实现社会主义现代化和中华民族伟大复兴。党的十八大以后的五年，面对“4·20”芦山强烈地震的巨大考验，面对经济社会发展的巨大压力，天全干部群众顽强拼搏、攻坚克难，坚持“生态立县、工业强县、旅游兴县”的发展战略，实现“绿色崛起、重建跨越”，经济社会全面发展，全县综合经济实力进一步增强。

2018年，全县实现地区生产总值64.19亿元，公共预算收入2.01亿元，全社会固定资产投资完成48.2亿元，分别比2012年增长61.9%、32%、68.5%。2014—2016年，天全县连续三年被评为“全省县域经济发展先进县”，2015年获国务院督查表扬，进入全国2016年20个“免督查”和予以激励的县（市、区）行列。2018年1月，成为四川省委、省政府表彰的全省8个县域经济发展模范县（区）之一。

第一节　发展特色农业

一、产业基地和农旅融合

立足天全地形地貌、海拔落差、土壤气候条件，按照“建基地、强龙头、产业化、树品牌”的工作思路，坚持以农业供给侧改革为引领，坚持发展绿色生态特色农业，突出发展以茶叶、林竹、山药等为代表的特色种植产业和以冷水鱼、肉兔、生猪等为代表的特色养殖产业。

2013 年以来，为有力推进特色农业发展，县委县政府先后出台农业产业化发展激励和扶持政策，县财政多渠道筹集资金，对产业基地建设、土地流转、品牌创建、龙头培育等给予资金扶持。在此基础上，通过整合项目，对成片发展且具有旅游开发潜力的产业基地配套建设道路、观景台、旅游步道等设施。特色农业发展带动农民增收致富。2012 年农村居民人均可支配收入 6789 元，2018 年达到 12 145 元，增长 78.9%，第一产业增加值增长 4%。天全被认定为全省第四批农产品质量监管示范县。

坚持把农业品牌作为特色农业发展的重要支撑，不断推进品牌创建工作，大力开展有机产品认证示范创建区。2017 年 12 月天全县成为省级有机产品认证创建区，全县获得绿色食品认证 4 个，有机食品认证 6 个，地理标识认证 1 个。二郎山山药入选 2017 年度全国“名优特新”农产品名录，“二郎山”茶叶商标、“欣妙果酒”被认定为省级著名商标。着力打造“二郎山”公共区域品牌，“二郎山”山药、茶叶、竹笋、果酒等品牌的市场影响力不断扩大。2018 年顺利通过农产品质量安全监督检验检测“双认证”，完成有机品牌认证 3 个，新增绿色、有机食品获证企业 8 个。“天全竹笋”申报为国家农产品地理标志保护产品。

2018 年，设立农业特色产业发展资金 2000 万元，促进农业规模发展，适度规模经营初见成效。土地流转完成 1.5 万亩，高山生态茶在原有 1.3 万亩的基础上新发展 5000 余亩，玫瑰、土耳苕、李子等特色产业 1.15 万亩。在大坪、新华等乡（镇）新发展笋用竹 2.5 万亩；山药种植面积达到 1.2 万亩，其中老场乡禾林村连片发展 7000 亩，3

个万亩亿元示范带初步形成。累计发展改造和建成茶叶基地 10 万亩、草（木）本中药材基地 3.7 万亩、特色经济作物产业基地 22.16 万亩、林竹基地 50 余万亩。

城厢—老场—多功农旅融合、乐英—新场—兴业茶旅融合、思经—鱼泉竹海渔乡三条农旅融合环线加快建设，已完成规划编制。其中，城厢—老场—多功农旅融合环线建设基本完成，白石、六城入口等 5 个重要节点打造全面启动，沿线标识标牌、绿化工程基本完工。仁义乡红军村农旅融合综合体、乐英乡爱国村茶旅融合综合体、大坪山现代农业产业综合示范区建设初具规模。

老场乡山药种植基地（张术荣　摄）

截至 2018 年年底，全县形成乐英、始阳、鱼泉高山生态茶产业带。初步形成以茶叶、山药、笋用竹等特色产业为重点，以 318 国道、351 国道和 108 国道为主线的高山生态茶、百公里果药、笋用竹三条“农旅结合产业带”和四川省优质稻谷、优质冷水鱼产业基地，实现特色农业产业基地规模扩大、连点成线、连线成片，促进农业发展规模化、标准化、产业化。

二、农民专业合作社和龙头企业

坚持把培育农业新型经营主体作为现代农业发展的重点，通过培育、引进、扶持等途径，着力壮大龙头。围绕特色产业，推动农兴源、同善堂、青竹茶业、西蜀雅禾等龙头企业扩大规模、提档增效，培育省、市级农业产业化重点龙头企业。截至 2018 年年底，全县涉农龙头企业 20 家，其中国家级 1 家、省级 7 家、市级 12 家。

按照《中华人民共和国农民专业合作社法》，坚持围绕特色产业，大力发展产业型、服务型、营销型农民专业合作社。截至 2018 年年底，全县共有农民专业合作社 248 个，其中国家级 3 个、省级 9 个，辐射带动大批农户加入专业合作社，农民组织化程度显著提升。建立雅山药、油茶、乌茶等专家大院 3 个。

2013 年，中央将“大力培育家庭农场”写入 1 号文件。借此东风，全县家庭农场开始发展。至 2018 年年底，有注册家庭农场 152 家（其中省级 3 家）。

第二节　工业转型升级

一、工业发展

通过扩大开放，招商引资，全力以赴上项目、扩投入，加快转型升级，天全工业综合实力不断提升，产业结构逐步优化，发展后劲明显增强。水电产业稳步壮大。干溪坡、脚基坪、黎明桥等电站投产运营，投资 38 亿元装机 21 万千瓦的锅浪跷电站启动建设，装机 5.6 万千瓦的胜利电站技改扩容等水电工程全面实施。水电装机新投产 23 万千瓦。

建材基地巩固发展，推进建材产业向现代化、集团化方向迈进。二郎山、兆山、皓宇三大400万吨水泥生产企业完成并购重组，实现整合后并入中国建材集团成为中央企业。

在水电、建材等传统优势产业巩固提升的基础上，推进工业产业优化升级，全面启动闽川钢铁100万吨线材生产线迁建技改、长河冶金技改等一批重点技改项目。5年来，累计引进项目99个，总投资240亿元，其中亿元级重点项目25个、市级重大项目23个。规上企业达到31家，中央企业3家，产值过亿企业6家，工业对经济增长贡献率达60%以上。

安山钢铁总投资5.3亿元的83万吨短流程炼钢项目（冯黎　摄）

成功引进中药饮片加工、蓝刚玉等新型产业项目并建成投产。2017年，继续设立工业发展基金2000万元。设立1000万元项目工作专项资金，多渠道融资3.5亿元用于项目建设，总投资134亿元的重点项目加快推进，完成投资50.2亿元，其中30个市重点项目完成投资27亿元，集中开工项目26个，总投资30.2亿元。在此基础上，以壮士断腕的决心淘汰落后产能，关停“散、乱、污”企业 83 家、砂石厂 41 家、矿山 6 家、水电厂 2 家。淘汰落后钢铁冶炼、水泥产能 53.5 万吨。与此同时，积极促进传统产业转型提升，36 家工业企业经过整顿顺利复工。安山钢铁总投资 5.3 亿元的 83 万吨短流程炼钢项目建成试生产。尔润、晟鑫 2 个年产 9000 吨玄武岩项目加快建设。君力电子、农兴源 2 家企业被认定为国家高新技术企业。

2012—2016 年，固定资产投资累计完成 280 亿元，年均增长 23%，连续 4 年增速保持全市第一。2018 年，百亿产业集群加快培育，新增规模以上工业企业 6 家，工业投资完成 20.54 亿元、技改投资完成 11.02 亿元，全市排名均为第一。地区生产总值完成 64.19 亿元，增长 9%，规模以上工业增加值增长 127%，全社会固定资产投资完成 48.2 亿元，地方一般公共预算收入完成 2.01 亿元，增长 19.18%

二、园区建设

芦山“4·20”强烈地震发生后，针对县域工业体系灾后重建需要，县委、县政府坚持“工业园区化、园区产业化、产业集群化”的规划思路，加快工业园区建设，着力改善小、散、乱的工业布局，构建“三大园区”（新型工业园、生态农业园，现代物流园）。2017 年，《天全县工业集中发展区控制性详细规划》完成修编，《天全县始阳特色农产品加工园区规划》通过评审，《天全县始阳现代物流园区规划》启动编制。

在做好园区科学规划的同时，启动园区征地拆迁和基础设施建设。争取到位市级工业发展资金 256 万元，申报省级园区发展引导资金 800 万元。占地 1000 余亩的始阳工业园区新型建材园加快建设，筹资近 2 亿元，完成征地 550 余亩，拆迁农户 8 户、企业 3 家，改迁杆线 13.7 公里，小雅线 220 千伏输电线路启动搬迁，一期基础设施开工建设，新改建道路 1.9 公里，投资 1.2 亿元的二期 4 公里外环线道路完成设计。总投资 10 亿元、占地 800 余亩的川藏物流园实现招商落地，占地 500 余亩的特色农产品加工园征地拆迁加快推进。加快推进甘孜州共建产业园。小河工业园区基础设施加快建设，完成征地和场平 500 余亩。

按照国务院和四川省芦山地震灾后恢复重建专项规划要求，雅安市将四川省雅安经济开发区全域作为芦天宝飞地产业园区，建立共建共管共享的利益链接机制，为促进灾区经济社会发展和群众致富奔康提供异地发展平台。天全园中园位于名山区永兴片区，规划占地约 129.26 公顷，计划分两期完成，总投资 2.4 亿元。天全县于 2015 年 8 月入驻经开区，启动一期工程建设，主要包括技术服务中心和一幢多层厂房建设，项目占地约 80 亩，总建筑面积 7.5 万平方米，概算总投资 1.5 亿元。2017 年 7 月飞地园区一期 8100 平方米标准厂房和技术服务中心投入使用，众宏激光等 3 家新兴企业入驻，当年 10 月众宏晶体点火试运营。二期工程 3.3 万平方米标准厂房计划投资 8500 万元，已完成前期工作。

2018 年，天全经济开发区被省政府设立为省级开发区，新型工业园、生态农业园、现代物流园加快建设，新落户项目 9 个。

天全飞地产业园区一期项目竣工

第三节　旅游和服务业

一、全域旅游

天全有得天独厚的旅游资源，旅游是天全发展潜力最大、活力最旺的产业，是建设生态经济强县的“重头戏”。天全旅游从 20 世纪 90 年代喇叭河开发开始，逐步从单一景区景点建设向景、城、村联动转变，从单纯观光旅游向休闲度假、生态养生、文化体验、民俗体验等复合型旅游转变，从点状开发向全域开发转变。2013 年，县委十三届二次全会提出发展全域旅游的理念，坚持整合旅游资源，完善旅游发展规划，构建生态旅游产业发展新格局。全域科学规划，聘请专业规划团队编制《天全县全域旅游规划》《天全县乡村旅游发展规划》等专业规划，对县城旅游规划进行修编。明确天全旅游的发展目标是打造中国川藏游出发地、川滇生态旅游目的地、川西康养重要目的地的全域旅游“三张名片”。突出龙头带动。喇叭河景区通过灾后恢复重建，成功创建为国家 AAAA 级景区。着力推广乡村旅游，集中力量，重点打造县城—多功—老场—仁义农旅融合产业环线。

2017 年天全被评为全省林业生态旅游示范县、四川省生态康养旅游区、四川省生态体验教育基地。二郎山被列入《全国生态旅游发展规划》200 个重点旅游目的地，川藏线被列入 25 条国家生态风景大道。2011 年至 2016 年，全县累计接待游客 546.2 万人次，实现旅游综合收入 33.6 亿元。

通过几年的努力，“二郎山大品牌、中医大康养”的全域旅游发展格局逐步形成，中国川藏游出发地、川滇生态旅游目的地、川西康养重要目的地的全域旅游“三张名片”打造加快，影响力逐步加大。

喇叭河景区建设稳步推进，通过灾后恢复重建，景区基础设施进一步提升，海拔垂直攀升 820 米的景观索道完成建设，2016 年 9 月恢复对外营业，成功创建为国家 AAAA 级景区，成为环境宜人、生物多样性、人与自然和谐共处的国家级知名旅游度假目的地，并力争到 2020 年，创建成国家 5A 级景区。以慈朗湖、龙湾湖两个湿地公园为支撑，努力将天全县城建成国家 AAAA 级景区。多功南天新镇飞仙湖国家 AAAA 级景区完成整改提升，开始接待游客。紫石关 AAA 级景区、川藏房车露营项目落地建设。光头山、红灵山等一批重大旅游项目正在开展招商，中医康养综合体项目实现招商落地，二郎山森林康养基地跻身全省第三批森林康养基地。加强天全旅游宣传。多次举办“天全旅游资源推介会”“二郎山冰雪节”等节会活动，2017 年“四川红叶生态旅游节主会场暨首届二郎山红叶节”成功举办。2017 年 4 月 5 日，“神奇川藏游、相约二郎山——天全县旅游资源推介会”在成都举行，60 余家知名企业、旅游相关企业代表出席。推介会融旅游宣传、项目合作于一体，通过主题推介、视频展播、沙画表演、嘉宾演讲等多种形式，向参会人员展示了天全丰富的川藏旅游资源以及绿色跨越、生态发展的美好蓝图。在高速路设立旅游形象宣传广告，完善旅游路标路牌。天全二郎山旅游品牌的美誉度、知名度大大提升。

2018 年，旅游城市扩容提升。总投资 40.2 亿元的 17 个城市建设项目加快实施，总投资 1.2 亿元的雅康高速天全互通连接线开工建设，总投资 10 亿元的水韵天城商业综合体加快推进，国家森林城市加快创建，“围墙增彩、小区增绿、城市增美”三大绿化美化行动全面实施，12 公里“四溪”（太婆溪、两岔溪、桂花溪、洗脚溪）治理和景观打造基本完成，慈朗湖改造提升全面完成，慈郎驿文化主题酒店对外营业，城市旅游又添新亮点。

“中国川藏游，出发在天全”（张术荣　摄）

集中力量，重点打造县城—多功—老场—仁义农旅融合产业环线，配置 2000 万元产业培育资金、1000 万元基础设施建设资金、1000 万元重要节点旅游设施配套资金、500 万元沿线农家乐扶持资金。2017 年安排财政资金 200 万元扶持乡村旅游发展，建成森林康养人家 10 家、农家乐 110 家，其中四星级 5 家。318 国道沿线乡村特色旅游线路基本形成，“十八道水”农家乐被国家旅游局评为中国乡村旅游金牌农家乐。

2018 年紫石乡获评第二批省级森林小镇，入选全国最美森林小镇 100 例。思经乡团结村被列入全省首批 25 个“美丽渔村”创建名单，小河乡红星村入选第一批 40 个四川最美古村落名单。大坪乡等 5 个乡镇获评市级森林小镇。新创建省级 3 星级以上农家乐 9 家，新发展特色民宿 20 余家。全年接待游客近 280 万人次，增长 35.5%；旅游综合收入 23.1 亿元，增长 47.6%。

二、现代服务业

重视培育现代服务业，把发展服务业作为调整经济结构的重要抓手，促进服务业与工业化、城镇化、农业现代化的融合发展。突出发展现代物流业。总投资 23 亿元的川藏物流园落地建设，被列入全省服务业“三百工程”（建 100 个重大项目、培育 100 户重点企业、100 个重点品牌），依托成康铁路货运站，把始阳建成川西重要的进藏生活物资、应急储备、军需供应基地和服务藏区的大宗工业品集散地。重点发展康养产业，发挥县中医院优势，推动医养结合发展，依托南天新镇、紫石关生态民俗村、新沟打锣坪村等美丽新村，打造宜居宜养的康养胜地。2018 年，总投资 5 亿元的全市首个中医康养综合体落地建设。紫石乡康养基地入选全国第四批森林康养基地建设试点。

充分发挥电子商务在推动经济社会发展、促进产业结构调整和发展方式转变中的重要作用，进一步释放消费和流通对稳定增长的强大效力，大力开拓市场、扩大消费，餐饮、物流、电子商务等产业快速发展。引进五星级、四星级酒店项目各 1 个，新进入规以上服务企业 6 家，全县进入规模以上服务企业 29 家，全市排名第二。全县共有宝特电子商务、天全县天衡电子商务有限公司 2 家自建平台，雅安欣妙果酒、农耕时代、西蜀雅禾等经营主体入驻淘宝、天猫、京东等知名电商平台。至 2018 年年底，全县共建立 113 个农村电子商务服务网点，网络交易额超过 1300 万元，服务业增加值 8.5%，社会消费品零售总额增长 10.2%。

第四节　社 会 发 展

一、社会事业

教育质量稳步提升。通过芦山强烈地震灾后重建，全县学校面貌焕然一新。义务教育均衡发展，通过省级评估、国家认定，成果持续巩固。“三免一补”政策实现全覆盖，投入2200余万元资助7.2万人次，免除14 245名义务教育学生的各类学杂费，农村义务教育学生营养改善计划惠及7686名学生。“9+3”免费职业教育学生就业率100%。2018年，在全市率先试行课后服务，义务教育加快实现城乡一体化，天全中学学子高考勇夺全市文科状元，中、高考成绩持续排名全市前列。天全中学创建省二级示范高中通过初检。

新建的天全县第二初级中学（刘祯祥　摄）

文化事业蓬勃发展。二郎山艺术团组织开展各类文化活动演出2000余场次，2013年被中宣部、国家文化部评为“文化志愿服务年”

示范项目，2017 年再次被国家文化部表彰为全国“服务农民、服务基层”文化建设先进集体。全县有国家级文艺协会会长 2 人，省级文艺协会会员 33 人。二郎山作家群创作活跃，受到省作协表彰，本土作家李存刚成为巴金文学院签约作家。作为全省首个合作区县与省图书馆签订乡村文化振兴合作协议。新华乡文化站被评为全省先进文化站，孝廉村文化室被评为全省文化扶贫先进文化室。红军纪念馆被省政府命名为省级国防教育基地。广播电影电视事业进一步发展。

医疗卫生事业加快发展，以药品零加价为重点，启动县级公立医院综合改革。县医院患者次均医疗费用同比下降 9.47%，取消药品加成成果持续巩固，一年让利于民 640 余万元。2018 年，县医院沙坝院区投入使用，与雅安市人民医院建成医联体。妇幼保健院完成改造，危重孕产妇和新生儿急救中心正式成立。县中医院创建国家三级中医医院顺利通过专家评审，传统中药制剂中心完成主体建设。

二、社会保障

坚持改善民生，发展成果全民共享，把工作的立足点放在群众受益和满意上，切实增强群众幸福感。保险保障实现扩面提标。城乡居民医疗保险整合工作扎实推进，覆盖 13 万人，完成全民参保登记。发放低保金 1500 余万元，城乡低保实现应保尽保。2018 年，城乡医疗救助近 4700 人次，发放救助金 530 余万元。贫困人口县城住院和慢性病门诊自付费用控制在总费用的 10%以内，医疗卫生扶贫基金救助 5200 余人次，贫困人口免费参保率 100%。残疾人康复托养中心投入运营。

坚持把就业作为最大民生，持续狠抓“大众创业、万众创新”工作。2016 年新建天全创新创业孵化中心一个，城镇登记失业率始终控制在 4%以内。2018 年拨付各类创业就业补贴 1000 余万元，发放创业担保贷款300余万元，确保创业有扶持。新开发公益性岗位300个，退役军人安置工作有序推进，城镇新增就业2190人，确保就业有岗位。强化基层医疗服务配套工作，实现村卫生室乡村医疗配备率100%。

三、社会稳定

5年来，社会治理不断增强，社会大局和谐稳定。食品药品安全风险得到有效防控，全县没有发生较大以上安全生产事故。金融风险防范有力，未发生非法集资案件。不稳定因素排查化解深入开展，矛盾纠纷调解及时有力，多元化解机制基本建立。以318国道沿线乡镇为重点，集信息、协作、交管、打击、应急、服务于一体的民族走廊工作新机制成功建立。社会治安秩序良好，“网络—社区—乡镇—县”四级联动的网格化管理体系全面建立，扫黑除恶治乱强力实施，涉恶案件立案17起。“平安天全”建设深入开展，各类违法犯罪案件下降20.9%，群众安全感明显增强，社会治安平安满意度测评排名从2011年全省第156位，提升至2018年的第28位，获全省“平安先进县”称号，连续5年被市委、市政府表彰为维护社会稳定工作先进县。始阳社区被评为全国民主法制示范社区，多功乡成功创建省级安全社区。

第二章　抗震救灾和灾后重建

2013年4月20日，芦山发生7.0级强烈地震，这是2018年“5·12”地震后的又一次灾害。紧邻芦山的天全县15个乡镇、16.6万人（含外来人口）受灾，近3000人受伤，6人遇难。城乡住房、基础设施、三次产业、生态环境遭受重创。这是天全有明确记载以来破坏性最强、波及范围最广、损失最大的一次自然灾害，天全县被确定为国家重灾县。

强烈地震发生后，天全县委、县政府快速反应，紧急启动重大灾害应急预案，迅速成立天全县“4·20”抗震救灾指挥部。组织全县干部群众有力、有序、有效地开展抗震救灾和过渡安置工作。面对“4·20”芦山强烈地震的重创，认真践行“中央统筹指导、地方作为主体、灾区群众广泛参与”的恢复重建新路，把“抢抓机遇、超前谋划、奠定基础、绿色崛起”作为工作总基调，以重建项目建设为支撑，推进恢复振兴、跨越发展。

三年重建，调整后的358个重建项目全面完工，民生基础逐步夯实，城市功能、形象和品质进一步提升，城镇体系不断完善。老城区焕发新颜，沙坝新城、水城新区加快建设，一个布局合理、定位明确、特色鲜明的精品城市格局初步形成。天全灾前城镇建设水平相对滞后的情况彻底扭转，将县城打造为生态旅游目的地和康藏旅游出发地的目标正在实现。

第一节　抗震救灾

一、抢险救援

2013年4月20日地震当天，县委、县政府统筹协调各方面救援力量，坚持把救人放在第一位，组织干部职工、医护人员、民兵预备役等1100余人的救援队伍赶赴全县各乡（镇），组织群众自救互救，组织救援力量逐村逐户搜救被困群众，安全疏散转移群众，保护人民群众生命安全。

20日19时，县委领导在抗震救灾指挥部发出紧急动员，28名县级干部、300 多名科级干部组成 15 个工作组，连夜奔赴全县 15 个乡（镇），夜以继日地组织群众开展自救工作，安抚受灾群众情绪，鼓舞群众增强走出困境、重建家园的信心，使灾区社会秩序保持良好，社会稳定得到维护，群众安全、安稳、安心。

为了确保全县基本生活秩序，县委、县政府积极组织帐篷、食物、饮水等生活必需品的调配，公开、公平、规范发放救灾物资。相关部门干部职工全力抢修供水、供电、供气、通信等基础设施，稳定市场，保障群众正常生产生活。震后 2 天，各商业网点恢复营业。震后 8 天，通信、电力、供水、天然气等受损公共服务设施基本抢通。震后 10 天，全县中小学在全市率先复课，上千名高三学生圆满完成异地复课和异地高考。地震当年中高考成绩位居全市前列。

为预防次生灾害发生，县国土、交通、电力、水务等部门迅速开展危险山体、化工企业、电站、矿山、桥梁、水库的安全排查和险情处置，及时解决县内电站泄洪问题。卫生系统建立四级联动卫生防疫机制，对县城、场镇、车站及临时安置点等人口聚居区进行消毒，确保大灾之后无大疫。城建部门完成 10 149 户城乡住房安全应急评估鉴定，对确有倒塌危险的房屋建筑实施排危倒房。启动全县范围内重大地质灾害隐患排查，排查地质灾害隐患点 306 处，完成应急排危工程治理 21 处。

地震后，318 国道飞仙关段中断，天全境内多处路段垮塌。天全县立即组织人员和机具全力抢通受阻道路。第二天，318 国道及天全境内交通恢复正常。天全县交警大队全体民警紧急集结，通过设置管制点、实行 24 小时昼夜巡查巡逻、发生交通事故快速处置、为救灾车辆警卫开道等措施，保证荥天路、天老路、梨新路三条进入芦山、宝兴的重要生命通道安全畅通，保障了来自全国各地的抗震救灾车辆顺利抵达灾区，灾区受伤群众顺利转移到达安全地点接受救治。

在抢险救援攻坚战中，各级党员干部受命于艰险，战斗在最危难的地方。广大群众不等不靠、自救互救，与震魔抗争，展现出一幅幅绝地反击、抗灾自救的辉煌画卷。在地震灾害面前，天全人民万众一心、众志成城，在灾难中沉着应对、在废墟中坚强挺立、在大爱中感恩奋进。在全国人民、解放军部队和社会各界的关心支持下，天全县各级党委、政府和15万天全人民经受住了“4·20”芦山强烈地震的巨大考验，夺取了抢险救援的重大胜利。

肩膀扛起的生命通道（杨卫华　摄）

二、医疗防疫

“4·20”芦山强烈地震发生后，天全县迅速组织全县各级医疗卫生机构投入抗震救灾。全县医务人员以强烈的责任感和使命感坚守岗位，快速组织所在医院所有病员及家属疏散、转移、安置，确保住院病人无一人因地震发生二次伤害。全县各级医疗卫生机构迅速组织应急机构，整合队伍，快速做好急救药品、器械、血浆的供应、运送和调拨等应急准备，紧急搭建临时救助站点、病房和手术室，迅速开展地震伤员的接收和医疗救治工作。在全县医务人员和外来医疗救援队伍的共同努力下，截至 2013 年 7 月 30 日，全县共收治地震伤员 1793 人。

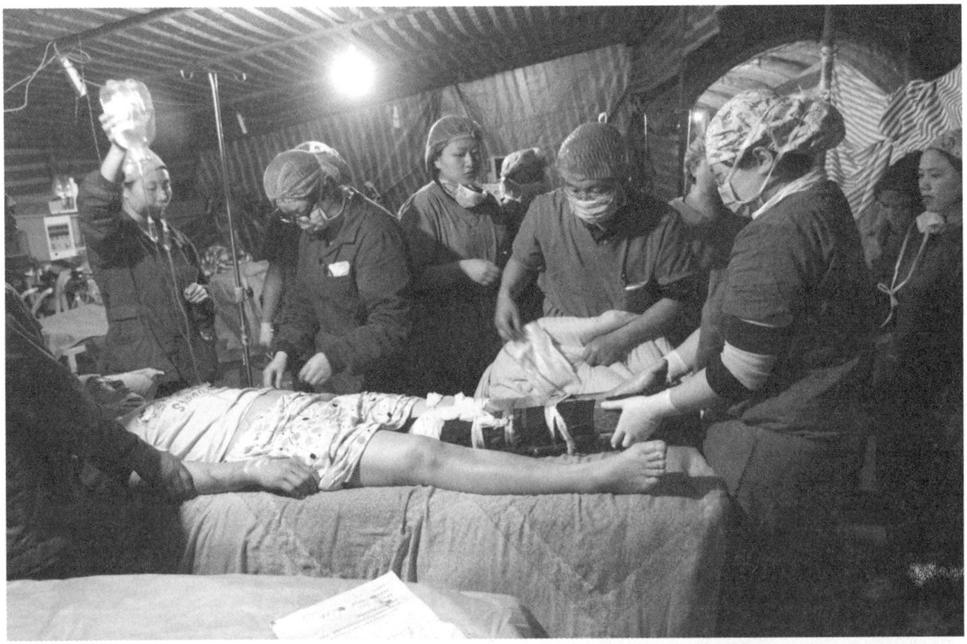

帐篷手术室紧急救治地震伤者

为防止大灾之后疫情的发生，天全县遵循“依法、科学、规范、有序”的防疫原则，以“重点人群、重点区域、重点环节、重点疾病”为工作重心，狠抓“传染源、传播途径、易感人群”关键环节，做到早启动、早宣传、早消杀、早整合、早覆盖。天全县卫生部门加强卫生监督和采样监测，加强对各乡镇的防疫技术指导；各乡镇建立卫生防疫队，坚持每天对居民集中安置点、集贸市场、垃圾堆放点等场所进行集中消毒，累计消杀面积 507.4 万平方米；县农业部门在川农大等高校专业志愿队伍的支持下，开展了动物疫情防治工作；县食品药品监督管理局和县工商部门加强了对餐饮行业、食品摊点、集中供水点的监督监测，实现城乡防疫无死角、全覆盖。在全县各级各部门的共同努力下，震后全县未发生疫情，未发生突发公共卫生事件，传染病例与往年同期相比略有下降，实现了“大灾之后无大疫”的工作目标。

三、过渡安置

地震发生后，天全大部分房屋内部结构严重受损，梁柱破裂，承重墙裂缝移位，被称为“站立的废墟”。为迅速把受灾群众转移到安全地带，城区主要在学校体育场、应急广场、宽广街道搭建帐篷和简易棚进行集中安置，农村乡镇主要以投亲靠友、搭建帐篷和简易棚进行分散安置。4 月 20 日至 4 月 30 日，全县共设置大小安置点 1375 个，后调整为相对集中的安置点 630 个，安置受灾群众 112 577 人。

5 月，抗震救灾转入受灾群众过渡安置阶段。面对大量群众无家可归、集中居住在临时安置点和帐篷里的实际情况，县委、县政府按照党中央、国务院和省委、省政府的安排部署，把妥善安置受灾群众作为抗震救灾工作的重中之重，确保受灾群众在夏季高温雨季来临之前尽快搬出帐篷和彩条布简易棚。县委、县政府成立天全县农村过渡安置工作领导小组，明确各乡（镇）人民政府是过渡安置工作主体，坚持公正、公平、公开原则，有针对性地收集受灾群众在过渡安置方式、安置点选择、有关政策补助、灾后重建规划等方面的意见和建议，认真对待、主动回应受灾群众安置中的各种问题，及时制定各种安置政策、措施和管理规定。引导广大党员干部主动作为，团结带领受灾群众坚定信心、自救互助、共渡难关，积极稳妥推进过渡安置工作。

为确保受灾群众达到“有饭吃、有衣穿、有临时住所、有干净水饮用、有病得到及时医治”的安置标准，天全县主要做好以下几项过渡安置工作：一是做到科学设置临时安置点，全县搭建帐篷 2.6 万顶，应急安置受灾群众 11.6 万人。按防火、防雷电、防疫、防次生灾害“四防”要求确保安置点安全。二是做好物资接收和发放工作，及时有序向受灾群众发放棉被、大米、饮用水等救灾物资，及时向“三无”人员发放“每天 1 斤粮食、10 元钱”临时生活救助，补足“三孤人员”临时生活救助金。全县发放生活救助金 1.16 亿元、过渡安置费 2811.6 万元。三是引导受灾群众采取投亲靠友、租房、借房、自建过渡房、外出务工等多种方式、多种途径实现就地、分散安置。农村修建过渡房，安置 32 000 户；城市筹措房源，过渡安置 7093 户。四是通过对受损住房维修加固，帮助全县受灾群众解决住房困难问题，恢复正常生产生活秩序，全县维修加固受损居民住房 24 491 户。五是抓紧修复受损电力、通信、供水、供气和广播电视设施，及时恢复商业网点和金融机构营业，改善受灾群众生活条件。6 月 10 日，全县全面完成过渡安置房建设，6 月 30 日完成过渡安置工作，保证了灾后社会和谐稳定，为顺利进入灾后重建奠定了基础。

第二节　赈　　灾

一、大爱无疆

“4 • 20”芦山强烈地震，牵动了全国人民的心。一方有难，八方支援，一切可以聚集的力量都聚集在一起。大爱，源源不断地涌向天全。

地震发生后，中共中央总书记、国家主席、中央军委主席习近平，中共中央政治局常委、国务院总理李克强先后深入震中地带，看望受灾群众、指挥抗震救灾。国家部委和省、市各级领导亲临天全受灾现场，安抚慰问灾区群众，各地爱心人士、志愿者纷纷进入灾区服务，为天全抗震救灾工作提供了强有力的保障和援助，坚定了全县干部群众夺取抗震救灾胜利的决心和信心。

地震发生后，按照灾情和灾区的实际需要，省、市民政、财政部门及时下拨基本生活救助资金，调运下拨大量救灾物资，粮食部门组织调运下发救灾粮油。县民政局、县慈善总会、县红十字会和相关医院、学校、乡镇接收大批来自全国社会各界的捐款捐物。一时间，来自全国各地的捐赠物资源源不断运抵天全，等待卸货的运送救援物资车辆排成长队。

救灾物资运抵天全

地震发生后，天全县民政局、县慈善会、县红十字会在县抗震救灾物资组的领导下，迅速成立接受赈灾工作机构，设立赈灾资金、物资接收服务点，并通过新闻媒体等多种方式公布接受捐赠账号、地点、电话，让社会公众、企业、慈善组织及时便捷地了解捐赠途径。社会各界弘扬中华民族“一方有难，八方支援”的优良传统，踊跃为天全灾区捐款捐物。截至 2013 年 12 月，天全县民政局、天全县慈善会接收社会各界人士、慈善组织、企业界捐款2314.08万元，接受捐赠赈灾物资折价总额1954.06万元。天全县红十字会接收社会各界非项目捐赠资金100.35万元，接收捐赠物资16万余件，折价近亿元，争取到中国红十字会、香港红十字会、澳门红十字会等援建天全31个灾后重建项目，援建协议资金1亿余元。

2013年4月28日，天全县百岁老红军韩沛凡在老伴张永珍的陪伴下，步履蹒跚地来到天全县慈善会，将准备筹办百岁生日宴的5000元全部捐给地震受灾人员。红军时期中共天全县委书记、已经98岁高龄的李中权将军也发来慰问信，并将自己积攒多年的10万元工资捐给天全地震灾区。

二、国家救济

地震发生后，天全县15余万受灾群众急需基本生活救助。按照灾情和灾区的实际需要，省、市民政、财政部门先后下拨基本生活救助资金（应急期、过渡期和2013—2014年冬春生活救助三个阶段）。自2013年6月25日至12月28日止，天全县民政局累计接收款项8笔，共计接收救助资金7.33亿元。

县慈善会自2013年4月20日至7月15日止，累计接收民政部、省民政厅、市民政局下拨调运救灾物资：帐篷1.72万顶、棉被4.14万床、折叠床1373张、衣物1.33万件、大米面粉136.48吨、方便面2.83万件、饼干5791件、火腿肠3028件、食用油4.91万公斤、其他食品4.02万件、药品3331件、矿泉水10.16万件、应急灯1.48万盏、彩条布1.58万米、活动板房17间、净水器44台、其他物资1.58万件。

截至2013年12月底，天全县粮食局累计接收救济粮5384.88吨，发放救济粮5384.88吨。救济粮共发放三期：第一期为农村居民12.84万人发放2567.62吨，第二期为城镇居民2.26万人发放452.18吨，第一期、第二期为应急期，救济粮为普发，发放标准为20公斤/人；第三期为过渡安置期，农村倒房户（重建户）3.38万人，发放2365.07吨，发放标准为70公斤/人。保质保量完成了国家“1斤粮”政策救济粮发放工作。

三、志愿者服务

地震发生当日，县工会、县妇联、团县委、县红十字会启动抗震救灾志愿服务工作，组织志愿者参加抢险救灾。截至6月3日，全县招募志愿者1.62万人，组织志愿者服务8.4万人次。在天全灾区，到处都有党员志愿者、青年志愿者、巾帼志愿者、职工志愿者、扶贫助残志愿者、社区志愿者和民间志愿者的身影，到处都有志愿者组织在行动。陕西曙光救援队、壹基金和各高校志愿服务组织以及各类深入灾区的志愿者服务队，广泛开展物资搬运、心理辅导、避难知识普及、卫生防疫、搭建临时安置帐篷、统计灾情等志愿服务，为灾区提供各种技术支持和人力帮助，协助乡（镇）政府和村组做好抢险救灾工作。

地震无情，人间有爱。党中央、国务院、解放军部队、海外华人、社会各界和全国人民给予天全地震灾区的关怀和帮助，天全人民将世世代代永远铭记。

第三节　灾后恢复重建

一、科学规划

天全县以党中央、国务院重大决策部署和要求为指导，坚持以人为本、尊重自然、统筹兼顾、立足当前、着眼长远的基本要求，突出绿色发展、可持续发展的理念，以优先解决民生问题为基本立足点，明确恢复重建基本定位：着力加快城乡居民住房恢复重建，提高群众生活质量；着力加强公共服务设施恢复重建，提升基本公共服务水平；着力加强基础设施恢复重建，强化支撑保障能力；着力加强生态修复，促进人与自然和谐发展；着力发展特色优势产业，增强自我发展能力。用 3 年时间完成恢复重建任务，实现全县经济社会跨越发展，使灾区生产生活条件和经济社会发展得以恢复并超过震前水平，为到 2020 年与全国同步建成小康社会目标奠定坚实基础。

在规划之初，认真做好灾害评估和地质地理条件、资源环境承载能力分析等基础工作；在规划时，对于灾区居住点、公共设施以及重要基础设施的建设，坚持科学选址，避让地震断裂带和易发滑坡、泥石流、山洪等地质灾害危险段，避开洪水淹没区和泄洪通道；在规划的实施中，从实际出发，尊重民意，注重实效。

为切实保障按时全面完成农房重建任务，农房重建由县上统一规划、统一设计，严格按图施工，确保重建房屋达到抗震设防强制性标准。在安置方式上，根据实际采取本村安置和跨村安置、“上楼”安置和“独栋”安置等多种方式，推进受灾农房分散重建和进入聚居点重建。坚持小规模、组团式、微田园、生态化建设理念，高起点规划建设 22 个新村聚居点。突出 318 国道、351 国道等重点，规划建设了多功乡南天新镇、始阳镇乐坝村和新民村、紫石乡紫石关村等重点新村，促进县域新村建设水平整体大幅提升。

天全在重建中通过科学规划，高起点实施城镇体系重建。依托天全县城水系丰富的特点，以建设生态旅游城市为目标，以“水韵”为魂，致力于打造“明珠水城”。通过城区河道整治、湿地打造来突显水墨如画的神韵，通过旧城改造、城市基础设施提升、一街一景来突显水映楼阁的意韵，通过开发文笔山、落夕山等周边山景来突显山水相依的风韵，使“明珠水城”形成特色和亮点。着力提升县城软实力，积极开展文明城市、卫生城市创建，推进县城建设从“小”到“精”的跨越。老城区焕发新颜，沙坝新城方兴未艾。龙湾湖和慈朗湖公园的湖光山色，使天全以亲水体验和康养休闲为主题的生态旅游型城市风格基本形成，将县城打造为生态旅游目的地和川藏旅游出发地的目标正在实现。

二、民生优先

天全县在灾后重建中坚持以民为本，把城乡居民住房恢复重建摆在突出和优先位置，加快恢复完善公共服务体系，提高群众生产生活水平。民生类项目重建资金累计投入 40.47 亿元。民生基础逐步夯实，政府主导、覆盖城乡、持续发展的基本公共服务体系基本完善，公共服务设施达到并超过震前水平，公共服务能力全面提升。震后一年半，9252 户农户乔迁新居，3896 户城镇居民住房全部分房到户；建成 46 所学校、7 个医疗卫生机构、152 处分散供水和 5 处集中供水设施。建成第一、第二敬老院，广播电视中心等一批服务设施。群众实现了安居乐业、县域经济得到恢复发展，党中央对灾区群众的关心关怀真正落到了实处。

基本完成县城“五大片区”的棚户区和旧城改造。灾后重建的 22 个新农村聚居点整洁美观、配套完善，既体现特色又富有现代气息，灾区群众居住条件实现根本性提升。依托 318 国道这条天然纽带，按照“环境优美、产业富美、管理和美、民风淳美”的要求，将灾后恢复重建与幸福美丽新村建设有机结合，打造出南天新镇、凤翔新民、紫石关村、新沟村等一批美丽新村聚居点，与 318 景观大道形成彩线穿珠的靓丽风景。灾区变景区，家园变花园，让群众住上好房子、过上好日子、养成好习惯、形成好风气开始变为现实。

三、产业发展

天全县认真践行“中央统筹指导，地方作为主体，灾区群众广泛参与”的恢复重建新路，围绕省委、省政府提出的“三年基本完成、五年整体跨越、七年同步小康”重建目标，把抢抓机遇、超前谋划、奠定基础、绿色崛起作为工作总基调，以重建项目建设为支撑，感恩奋进，克难赶考，打重建“硬仗”，补发展“欠账”，推进恢复振兴、跨越发展。调整后的358个重建项目全部完工，累计完成投资 83.46亿元。

三年灾后重建，灾区基础设施显著改善，抗灾能力明显增强。318国道改造、351 国道建设全面完成，天芦路、荥天路、梨三路等农村公路完成改造，雅康高速公路天全段建成通车。生态环境修复成效显著，曾经满目疮痍的灾区重现青山绿水、田园风光。生态旅游亮点纷呈，喇叭河景区、飞仙—多功景区成功创建国家 AAAA 级景区。以新村聚居点为支撑、以农旅融合为标志、以乡村休闲度假为特点的乡村旅游蓬勃发展。

生态产业转型升级，经济社会全面发展，经济总量明显壮大，发展后劲明显增强。2016 年，地区生产总值完成 52.9 亿元，比地震前的 2012 年增加 15.1 亿元，一般公共预算收入达到 1.53 亿元；固定资产投资累计完成 68.34 亿元，连续 4 年增速保持全市第一；规模以上工业增加值增长 12%；社会消费品零售总额实现 20 亿元，增长 12%；城镇、农村居民人均可支配收入分别达到 25 138 元、10 362 元，增长10%、11%。

第四节 对口援建

2013年7月19日，中共四川省委办公厅和省政府办公厅联合印发《芦山强烈地震灾后恢复重建省内对口援建工作方案》，安排南充市对口援建天全县，援建期限为3年，支援市对口援建实物总量为本市2012年地方公共财政收入的5‰。

南充市委、市政府把对口援建工作作为重要的政治任务，科学规划，积极推进，主要领导先后10次带领相关县（市）、市级部门和企业界代表赴天全县考察调研，对接援建工作。南充市结合天全县震后实际，坚持以规划为先导，按照“硬件”与“软件”相结合、“输血”与“造血”相结合、当前与长远相结合的原则，科学编制对口援建规划。援建内容包括产业扶持和人才技术、设备支持两大类，涉及城乡居民住房恢复重建、教育、医疗卫生事业发展等15个方面，落实援建资金6700万元。

“一镇一园一街”是南充市对口援建天全县的重点项目。沿江路街道整治提升工程于2014年4月28日全面竣工，是全省首个完工的援建项目。通过整治提升，沿江路整体风貌焕然一新，成为天全西大门独具汉藏文化特色的景观大道。现代农业科技园主体工程于2014年8月底完成，正逐步成为农业高科技成果展示区、有机绿色农业示范区，成为集休闲农业发展与现代农业、美丽乡村、生态文明、文化创意产业建设为一体的现代农业成效展示平台。南天新镇已成为318国道进入天全“东大门”的一颗闪亮明珠，成为“产村相融”幸福美丽新村的样板，成为以文化体验和休闲度假为核心，集生态观光、乡村游憩、养生度假于一体的复合型景区，成功创建了国家级水利风景区。2016 年，南天新镇、飞仙关一体化景区成功创建为国家 AAAA 景区。

2013 年 8 月 5 日，南充市与天全县对口援建签约仪式

南充市积极做好技术援建，先后派出 78 名监理、造价、质量监督、城市规划、土木工程、教育卫生等专业人才支援天全灾后重建。一是派出专业设计团队专项帮助天全县城旧城改造规划设计工作。二是派出农业专家团队，结合天全县灾后恢复重建实施的农业项目，编制完成受损农田、茶叶产业基地、果蔬产业基地恢复重建的专项规划，指导产业发展，助推灾后重建。三是协助天全县编制完成有机农业发展专项规划，利用南充有机农产品销售平台，帮助天全县销售特色农产品。此外，南充、天全两地还探索启动“地校合作”，与西华师范大学、南充职业技术学院、川北医学院签订合作协议，在南天新镇挂牌成立南充职业技术学院大学生实习训练和创业基地，在项目、人才、技术等方面深入开展对口合作。在南充市卫生和计划生育委员会的大

力支持下，县疾控中心成功创建国家二级乙等疾控机构。

中国红十字会、红十字基金会、中华慈善总会、港澳红十字会和社会各界、壹基金等社会组织、企业及个人，也纷纷进入天全，援建教育、卫生和民生项目，为重建美丽新天全做出了重大贡献。

无私援建情深似海，大爱无疆恩重如山！每一个援建项目都是一座无言的丰碑，让天全人民常怀感恩之心。天全人民将永远铭记南充人民和所有援建者的深情厚谊和无私大爱。

南天新镇（李林　摄）

第三章　脱贫攻坚

为全面落实习近平总书记关于扶贫开发工作的一系列重要指示，中共中央办公厅和国务院办公厅2013年12月印发了《关于创新机制扎实推进农村扶贫开发工作的意见》。2014年四川省委、省政府制定下发了实施方案，要求各级党委、政府进一步增强责任感和紧迫感，切实将扶贫开发工作放在更加重要、更为突出的位置，加大扶贫力度，集中力量解决突出问题，加快贫困群众脱贫致富、贫困地区全面建成小康社会的步伐。

县委、县政府认真落实党中央、国务院和省委、省政府的安排部署，县、乡分别成立以县委书记、县长和乡（镇）党委书记、乡（镇）长为“双组长”的脱贫攻坚领导小组，加强领导，创新扶贫工作机制，健全扶贫工作措施，脱贫攻坚取得新成效。至2018年年底，全县36个贫困村退出，3467户共11 622名贫困人口稳定脱贫，贫困发生率从9.5%降至0.1%，脱贫攻坚实现决战决胜。

第一节　组织领导和目标任务

一、组织领导

2014年，为了进一步加强对全县脱贫攻坚工作领导，按照省、市统一要求，县、乡分别成立了脱贫攻坚领导小组，加强了工作领导。2015年，认真贯彻落实《中共中央国务院关于打赢脱贫攻坚战的决定》和省委王东明书记“唯此为大、念兹在兹、全力以赴、不胜不休”的重要指示，调整充实脱贫攻坚领导小组，落实县委书记、县长“双组长”负责制。在乡村两级成立脱贫攻坚作战室，悬挂“作战图”，明确标注贫困户信息、帮扶计划、帮扶措施、脱贫进度、帮扶责任人，精准明确任务到组、到户，让工作流程、完成情况、最新进展等通过图表清单一目了然，切实加强脱贫攻坚组织领导，建立以上率下、合力攻坚、分线负责的工作体系。

2017 年 9 月 7 日，天全县召开“百日脱贫攻坚”大会

充分发挥县委总揽全局、协调各方的领导核心作用，坚持定期召开领导小组会议，重点从年度目标、专项任务、工作保障、资金筹措等方面进行安排部署，及时研究破解难题。充分发挥目标任务“正向”引领与“反向”倒逼驱动作用，县级领导坚持以上率下示范带动，带队开展督导调研，督查考核部门和行业主管部门开展督查暗访，联动推动，实现对全县 15 个乡（镇）、36 个贫困村、1.1 万建档立卡贫困人口的督查督导全覆盖，并坚持以发现问题为导向，将督查发现问题点对点反馈至相关乡（镇）和部门整改。印发《天全县脱贫攻坚督查巡查实施办法》《天全县脱贫攻坚责任制实施办法》，构建责任清晰、各负其责、合力攻坚的责任体系，确保脱贫攻坚各项任务有力有序有效推进。

进一步明确县级联系领导、帮扶部门、乡（镇）、村两委和“第一书记”工作职责，形成更大合力，高效推进脱贫攻坚工作。县委书记、县长与县级联系领导签订了责任书，县分管领导与各乡（镇）和帮扶部门签订责任书，县委组织部与“第一书记”签订责任书，各乡（镇）与各村签订责任书，形成了工作责任落实到人、到部门、到乡（镇）和村的管理机制。及时调整县级领导充实到重点贫困村，对帮扶部门进行调整，使帮扶力量的作用发挥到最大化。

二、驻村帮扶

2015 年，县组织部制定下发《关于县级领导同志及县级部门（单位）、驻县企业联系指导贫困村精准扶贫工作的通知》，落实每一个贫困村“一名县级领导联系、一个县级部门对口帮扶、一家企业定点帮扶、一个驻村工作组、一个‘第一书记’、一个农业科技人员开展帮扶”的“六个一”工作机制。全县 36 个贫困村落实联系领导 32 人（其中市级联系领导 4 人），市县帮扶部门（单位）62 个，组建驻村工作组 36 支，派出第一书记 36 名、驻村农技员 36 名，安排帮扶干部 1000 余名，实现贫困村“五个一”帮扶力量全覆盖。在做到一个贫困村一个帮扶工作组的基础上，对全县所有建档立卡贫困户，按照“1+1”“1+N”结对帮扶方式，明确了千名干部下基层帮扶，结对帮扶到全县 3114 户贫困户。对贫困户数较多的非贫困村——仁义乡永兴村，按照“三个一”要求，落实“第一书记”，明确帮扶责任人，派出农业服务巡回小组。对非贫困村贫困户和已脱贫贫困户全部落实帮扶责任人，实现贫困户帮扶责任人全覆盖。

在帮扶工作中，各级帮扶部门和帮扶责任人及时深入贫困村、贫困户，了解掌握村情民情，与村两委一道制订贫困村帮扶方案和贫困户脱贫计划，积极协调解决群众最迫切的困难和问题，采取有效措施促进贫困村早日“摘帽”和贫困群众脱贫致富。2014 年以来，通过有效措施，整合灾后重建项目资金和农业、林业、水务、国土、教育、卫生等部门常规项目资金共1.3亿元落实到全县36个贫困村，用于贫困村交通、饮水、环境卫生改造等基础设施建设和发展茶叶、生姜、竹笋、山葵、金银花等产业，有力促进了贫困村的发展和贫困群众的增收。

按照市上统一安排，市委办、市委宣传部、市委党研室、市烟草专卖局、市委老干局、市委编办、市农业园区、市科协、市医院、民建、市农业局、市文体广新局、雅职院、大唐雅安电力开发有限公司、中国联通雅安分公司等15个市级部门（单位）及驻雅企事业，分别联系指导天全县爱国、群山、徐家、龙尾、孝廉、下冷、志同、铜山、劳动和半沟等10个贫困村精准扶贫工作。市级联系部门及时与联系村所在的乡（镇）对接，深入调研，了解掌握联系村情况，与村两委和驻村工作组一道制定帮扶方案，积极协调解决群众最迫切的困难和问题，采取有效措施促进贫困村早日“摘帽”和贫困群众脱贫致富。2015年，通过市级联系帮扶部门协调和落实到以上10个贫困村的项目和资金近1000万元，用于改善贫困村人畜饮水、桥梁、道路建设、产业发展等方面，有力促进了贫困村发展。

三、目标任务

2015年9月9日，天全县委十三届十四次常委扩大会专题讨论并通过了《关于集中力量打赢扶贫开发攻坚战的实施方案》，明确提出了实施交通建设扶贫、供水保障扶贫、住房改善扶贫、农网改造扶贫、生态产业扶贫和金融扶贫、教育扶贫、医疗卫生扶贫、文化惠民扶贫和社会保障扶贫等十大扶贫工程（后增加到19个），提出了产业扶持一批、培训转移就业一批、移民搬迁一批、低保政策兜底一批、医疗救助一批和教育资助一批的“六个一批”，同时明确了各牵头领导、牵头单位和责任单位，提出了具体工作措施。

按照市委“四年集中攻坚，两年巩固提升”的目标要求，天全县在认真分析各贫困村和贫困户具体情况后，将现有贫困对象3014户9984人和36个贫困村脱贫“摘帽”任务分别分解到2015年至2018年。其中2015年完成3800人脱贫，6个村“摘帽”；2016年完成2184人脱贫，12个村“摘帽”；2017年完成2000人脱贫，12个村“摘帽”；2018年完成2000人脱贫，12个村“摘帽”。将总的目标任务分解下达到各乡（镇），要求各乡（镇）采取有力措施，确保任务完成。

第二节　工 作 措 施

一、落实“六个精准”

严格落实扶贫对象、项目安排、资金使用、措施到户、因村派人、脱贫成效“六个精准”要求。

扶持对象精准。2014年，按照《四川省扶贫开发建档立卡工作实施方案》，全县识别出贫困村36个、贫困人口11 662人。在规定时间内完成了识别、录入、上报工作。

项目安排及资金使用精准。按照全县涉农资金整合机制要求，精准整合各涉农资金有效对接到贫困村具体项目。2014年争取贫困村灾后恢复重建资金6800万元，将项目资金分解发放到34个贫困村，确保每村200万元项目资金及时到位。2015年县财政投入800万元，整合各类项目资金11 906万元用于脱贫攻坚工作。2016年县政府本级财政预算安排专项扶贫资金2000万元，部门预算安排36个贫困村“第一书记”经费72万元，筹集其他资金1032万元，用于贫困户“4+1”农房改造工作，整合涉农资金3000余万元，改善基础设施，助推产业发展。2017 年和 2018 年分别投入财政专项扶贫资金 2550.9 万元和 2918 万元。

措施到户精准。一是落实结对帮扶到户。按照“单位到村、干部到户、责任到人、措施到位”的要求，确保了每户贫困户至少有 1 名帮扶干部。二是产业扶持到户。通过项目整合和部门具体帮扶，根据贫困户主观意愿和客观实际，因地制宜，因户施策，帮助贫困户发展产业。三是教育培训到户。针对有劳动能力的贫困户，开展各种技能技术培训，结合自身发展需求掌握实用技能技术。四是基础设施到村到户。在整合资金完善贫困村公共设施的基础上，通过贫困农村危旧房改造、住房改造提升，使每户贫困户住房安全得到改造，人居环境得到改善。

因村派人精准。县委组织部和各帮扶部门采取个人自荐、单位推荐的办法，在各帮扶部门中择优选配贫困村“第一书记”和驻村帮扶干部。根据平时检查和考核，对未履职尽责到位、驻村工作时间未达到要求、工作不在状态、相关机制建立不完善、群众反映强烈、不能胜任工作的驻村干部及时进行撤换和调整，确保下派干部选得准、蹲得牢、帮得上、干得好。对职能弱化、帮扶能力不足的帮扶部门进行及时调整，确保了驻村帮扶工作取得实效。

脱贫成效精准。一是落实台账管理，逐村逐户销号。根据贫困村和贫困户退出指标要求，各责任部门和结对帮扶干部分月、分季度倒排工期，对全县 36 个贫困村的贫困户实行台账管理，完成一项消一项，达标一村消一村，落实一户消一户，确保脱贫目标任务完成。二是细化“一户一策”，重点体现干部帮扶过程和每一户贫困户增收情况，算好贫困群众收入账，确保收入结果真实具体，群众认可，从而体现脱贫成效精准。

2017 年 6 月 22 日，四川省副省长、雅安市委书记叶壮（左四）调研老场乡脱贫攻坚工作

二、“四个一批”帮扶

通过全省大数据平台，贫困户按照扶持生产和就业发展一批、低保政策兜底一批、医疗救助扶持一批、灾后重建扶持一批“四个一批”进行分类帮扶，推进工作落实。

扶持生产和就业发展一批。一是整合各类产业项目和资金投入贫困村，全县建设猕猴桃种植基地、中药材基地、茶叶基地、林竹基地、冷水鱼、山药、山葵、有机蔬菜等八大农业产业，形成了特色生态产业带，实现一产业一龙头企业带动，促进贫困村产业发展，带动贫困农户增收。二是帮扶部门从产业上分户进行扶持，并注重长短产业结合。通过向各贫困户无偿提供鸡苗、仔猪、能繁母猪、茶苗、猕猴桃种苗、金银花种苗、茨笆竹种苗、生姜种子等方式，扶持贫困户发展种养殖业增收，确保每一户贫困户都得到扶持，收入得到提高。在大坪乡大坪村探索了“资金变股金，贫民变股民”的产业发展新路子，在不改变资金使用性质及用途的前提下，将财政专项扶贫资金 107 万元转变为贫困户持有的资金本金，投入本村专业合作社，贫困户参与管理，按股分红，形成财政扶贫资金的长期收益机制，确保贫困农户稳定增收。此模式得到省市扶贫移民局认可、推广，成为天全县脱贫攻坚工作的亮点。三是采取帮扶企业吸纳、帮扶干部联系、帮扶单位介绍、就业部门组织等多种方式，帮助有劳动能力的贫困群众通过到企业务工、公益性岗位解决就业、发放岗位补贴等多种渠道，增加家庭收入。

低保政策兜底一批。一是对贫困户中现有低保对象收入情况进行全面跟踪、了解和掌握，同时对现有贫困人口中因病因残无法通过生产扶持和其他方式脱贫的对象，按照低保政策将其纳入保障范围，截至 2018 年 12 月，政策兜底 1031 户、1772 人，月发放救助金 57.88 万元；全年累计保障 13 312 人次，发放救助金 685.99 万元。二是县民政部门积极筹措资金，整合社会资源，助力脱贫攻坚。2016 年 10 月份以前实现了低保线与贫困线两线合一，切实保障贫困人口的基本生活。三是依据省、市、县相关政策文件，及时落实残疾人补助和扶持政策，向困难残疾人发放生活补贴 16 048 人次，补贴资金 128.4 万元，确保符合条件的贫困残疾人全部享受到政策。

医疗救助扶持一批。针对需医疗救助扶持的贫困对象，将其全部纳入重特大疾病救助范围，确保随时得到救助。累计救助支出 496.83 万元，救助 37 064 人次，贫困户县域医疗机构住院自付费用控制在 10%以内。对贫困人口城乡医疗保险进行全额补助，贫困人口参保率 100%。

灾后重建扶持一批。继续完善和落实灾后重建资产管理机制，量化灾后重建在农村形成的各项资产，明确管理责任主体，落实管理措施。对形成的基础设施项目通过租赁、有偿使用等各种形式使之发挥出更大的效益，壮大村级集体经济，促进贫困村发展；对通过灾后重建扶持起来的专业合作项目，积极纳入贫困户参与管理和投资分红，扶持贫困群众增收致富；对直接扶持到贫困户的项目，通过干部结对帮扶，加强项目跟踪和服务，帮助贫困户解决在项目管理过程中出现的困难和问题，确保项目壮大、增产、增效，支撑贫困群众如期脱贫。加强与各社会组织和爱心企业的沟通和联系，完善大扶贫格局，搭建大扶贫平台，争取更多的资金和项目投入贫困村、帮扶贫困户。

三、专项政策扶贫

扶贫政策落实到位。产业扶贫：通过新建改造提升，调整壮大基地产业规模。贫困村茶叶面积达到 10 783 亩，藤椒 880 亩，李子 1616 亩。同时培育产业发展龙头企业，贫困村农民专业合作社累计达到 54 个，家庭农场累计达到 27 个，发展种养大户达到 201 个。全县累积培育省级示范家庭农场 7 个，国家级示范合作社 3 个，省级示范合作社 9 个。就业帮扶：截至目前，组织各类培训 625 人次，组织招聘活动 24 次，提供职介服务 4150 人次，促进就业 3100 余人，公益性岗位托底帮扶贫困人口 799 人。教育扶贫：对城乡义务教育阶段在校学生实行“三免一补”；落实对普通高中贫困户子女减免学费、对中职教育贫困户子女减免学费并给予国家助学金和生活补助、对高等教育的贫困户子女给予学费资助等帮扶政策；对贫困家庭子女在享受“普惠政策”后，仍存在与就学直接相关的特殊困难的再给予教育扶贫基金救助；发放教育扶贫基金 312.8 万元，资助学生 5030 人次，1167 名建档立卡贫困学生全部入学。医疗扶贫：落实“先诊疗后结算”制度和“十免四补助”医疗扶持政策；整合人社、卫计、民政等部门政策，实行健康扶贫医疗政策“一站式”结算，切实为群众提供方便，确保县域内个人自付医疗费用控制在费用总额的10%以内；贫困人口的医保参合率达100%，贫困人口电子健康档案建档率100%，贫困孕龄夫妇婚检率、孕检率及贫困人口健康教育、优生优育普及率达100%，贫困人口进行健康体检、家庭医生签约服务达到100%。科技扶贫：开展“二郎山科技大讲堂”，开展科技下乡宣传活动7次；打造科技扶贫示范引领，以“面选点、点带片”的发展模式，在老场乡六城村和新场乡志同村分别建立重楼和猕猴桃产业示范基地；以项目实施为助推，在新场乡志同村建设金银花和刺黑竹产业示范基地。安全饮水：新建、改造农村安全饮水工程64处，27个贫困村、76个非贫困村饮水安全得到解决，受益人口3.426万人。住房安全：实施贫困户农村危旧房改造、住房提升改造，着力保障住房安全和提升贫困群众生活幸福感。政策兜底：认真执行“两线合一”政策，积极开展低保兜底“回头看”专项行动，按照农村低保的申请审批程序，及时将无劳动能力、无法通过产业扶持和就业帮助实现脱贫的农村建档立卡贫困户纳入低保兜底范围，重点清理“脱贫即脱保”等突出问题。目前已将符合条件的孤寡老人、无劳动能力人、丧失劳动能力残疾人等对象纳入农村低保保障范围。金融扶贫：制定《天全县扶贫小额信贷和贴息办法（产业扶持贷款）》。截至2018年12月31日，扶贫小额信用贷款累计向560户贫困户发放贷款1632.6万元，2018年新增发放20户，发放贷款40万元；2018年，全县新增发放产业扶持贷款9户，发放贷款5520万元，新增项目扶贫贷款11 000万元；完成3378户贫困户投保工作，保费总额141 876元。

四、其他扶贫措施

构建大扶贫格局。深化“扶贫品牌”创建，引导各级机关企事业单位、社会团体、民营企业和个人参与脱贫攻坚，向脱贫攻坚主战场集聚。深入开展人大“扶贫攻坚——人大代表再行动”、政协“我为扶贫做件事”等活动，有效动员县乡人大代表、民主人士等力量参与脱贫攻坚。实施企业对口帮扶“进千家”行动，动员企业通过“助农”“助工”对口帮扶贫困村，全面推进政府、市场、社会互动和行业扶贫、专项扶贫、社会扶贫联动。

创新群众收益保障机制。探索资产收益、股权量化的现金收益机制，将财政专项扶贫资金量化给贫困户形成股权，入股农业龙头公司，享受“入股保底分红+二次返利分红”带来的现金收益。探索“村集体主导、合作社组织、贫困户入股”的村级产业发展机制，全县在贫困村培育扶持合作社 48 个。探索“特色产品+小额信贷+‘互联网＋’”的电商扶贫机制，依托县邮政公司在全县乡村建设了 23 个“邮乐购”购销网点，发展特色农产品网上交易，促进贫困农户增收。

推进农旅融合发展。依托浓厚的农耕文化，实施农旅融合“11133”工程，推动田园变花园、道路变景观、住房变客房、乡村变景区的形成。以红军村为代表的田园综合体已开工建设，初具雏形；1 个大坪山生态农业公园综合体项目已签约落地并初步完成规划；1 个特色农产品加工园区已完成规划设计；高山有机茶、天全山药、熊猫竹笋等 3 条“万亩亿元”特色产业示范带正在形成；七彩乡村、红色体验、乡愁记忆等 3 条农旅融合产业环线正加快形成。专门制定了《天全县农业特色产业发展奖励办法》，安排奖励资金 2000 万元，已建成楠竹基地、猕猴桃基地、茶叶基地、山药基地、中药材基地，特色产业发展带动贫困村、贫困户发展的效应逐步显现。

发挥工业园区的引擎作用。培育发展龙头企业 18 家，其中省级龙头企业 3 家、市级龙头企业 6 家、县级龙头企业 9 家，形成了“一产业一龙头多基地”的良好格局。加快产业建设和企业发展，为贫困人口就业提供平台支持。引导本土企业优先聘用贫困家庭劳动力，鼓励具有职业技能的贫困劳动力就近就业，让贫困户拥有一份稳定的打工收入。开展贫困户技能技术培训，对有劳动能力和就业意愿的贫困人员，纳入就业援助范围，提供免费的就业失业登记、职业指导、职业介绍等服务。

实现“企业+贫困村”联动发展。积极培育壮大农业龙头企业，打造了以西蜀雅禾山药、农兴源欣妙猕猴桃酒、青竹茶叶、同善堂中药材、润兆渔业鱼子酱等为代表的农业龙头企业、农民专业合作社、家庭农场。结合“龙头企业帮扶贫困村”，积极探索股份合作、劳务合作、订单帮扶等多种形式，通过技术指导、资金帮扶、市场开拓等多种方式，连接 36 个贫困村，为群众提供就业岗位和解决农产品销路问题。

激发贫困户内生动力。坚持把扶贫与扶志、扶智相结合，补齐贫困户“精神短板”，实现扶贫对象从“要我脱贫”向“我要脱贫”转变。一是以感恩奋进为主题，因村挖掘植入“红军文化”“土司文化”“茶马文化”“农耕文化”“孝廉文化”等特色文化元素。组织开展广场舞大赛、农民读书节等文化扶贫活动。常态化对“村规民约”宣讲，营造“村比村、户比户”“我脱贫、我致富”的比学赶超氛围，激发了群众的内生动力。二是技能培训扶智力。依托农民夜校、就业技能培训、新型职业农民培养等平台，大力开展种养殖、竹编、家政服务等技术培训，着力提升贫困群众产业发展能力和就业技能。三是法治教育扶正气。加强普法宣传教育，改善不良风气，进一步提升贫困群众法治观念，纯正社会风气。2014 年以来，开展法治宣传教育 60 余场，排查处理不孝敬、不赡养老人纠纷 36 起。

第三节 脱贫成效

通过4年集中攻坚，截至2018年年底，实现36个贫困村如期退出，其中：2016年退出贫困村6个，2017年退出贫困村15个，2018年退出贫困村15个。累计实现3467户11 622名贫困人口脱贫，其中：2014年减少贫困人口437户1761人，2015年实现2026户7113名贫困人口脱贫，2016年实现368户1068人脱贫的目标任务，2017年全面完成266户720名贫困人口脱贫目标任务，2018年全面完成370户960名贫困人口脱贫目标任务。全县贫困发生率从2014年年底的9.5%下降至2018年年底的0.1%。

贫困村村级集体经济全部超过人均6元标准，贫困村均实现有通村硬化路，宽带互联网覆盖，村文化室有广播器材、图书等器具，具备党员远程教育服务功能，室外文化活动场地有宣传栏、健身器材，村卫生室配备有1名以上乡村医生或执业（助理）医师，设备设施能够满足基本医疗卫生服务需要。脱贫贫困人口均实现吃穿不愁，住房安全、基本医疗、义务教育有保障，有安全饮用水、有生活用电、有广播电视。

基础设施明显改善。2014年以来，天全县以水、电、路、信、房等基础设施建设为突破口，大力开展乡村道路、农田水利、人畜饮水、农村危房改造等工程建设，进一步破除贫困地区发展瓶颈，增强贫困村发展后劲，群众出行难、吃水难、用电难等问题得到明显改善。累计投入170余万元，实施200户贫困户危房改造、700户“四类重点对象”及特殊困难群体住房改造。投入1.65亿元，建设贫困村通村公路61.4公里。投入1.42亿元，完成64处安全饮水工程建设，27个贫困村、76个非贫困村饮水安全得到保障和提升。自2016年起，投入

3723.32 万元，新改建农村电网 296.55 公里。投入 697.8 余万元，建成 36 个贫困村卫生室、文化室。

特色产业发展取得成果。天全县始终坚持把产业扶贫作为脱贫攻坚的重中之重，建成以鱼泉、思经等乡镇为重点的茶叶产业示范带，以老场、仁义等乡镇为重点的山药产业示范带，以始阳、乐英等乡镇为重点的果蔬产业示范带，形成“万亩亿元”产业示范，有效提升全县特色产业发展规模。2014 年以来，新发展农业特色产业 6.7 万亩，其中笋用竹 3 万亩、茶叶 2.7 万亩、山药 0.67 万亩、中药材 0.325 万亩，带动 2300 余户贫困户稳定脱贫，户均增收 5700 元。累计培育国家级农民专业合作社 9 家、省级农民专业合作社 9 家，带动全县 1200 余户贫困户因地制宜发展适宜产业。

生态扶贫提升贫困群众收入。通过生态公益性岗位提供工资性收入。聘用 25 名符合条件的建卡立档贫困户为季节性生态护林员，每名生态护林员管护期限 5 个月，每月管护费用 800 元，每人年稳定工资性收入 4000 元。全县成立 4 家脱贫攻坚造林专业合作社，吸纳贫困人口 94 人直接参与林业生态建设，合作社直接支付劳务报酬，带动贫困户增收 38.6 万元。通过生态效益补偿增加转移性收入。积极争取天然林保护、新一轮退耕还林等国家重点生态工程补偿资金，及时足额兑付给贫困户。近两年完成巩固提升退耕还林面积 6.5 万亩，兑现补助资金 812.5 万元；核实集体和个人天然商品林面积 30.73 万亩，兑现停伐补助资金 379.78 万元。共覆盖贫困户 2900 余户 8000 余人，户均年收入 240 元、人均 87.5 元。通过生态产业发展提高经营性收入。支持贫困地区发展农家乐、林家乐、森林人家、康养人家等森林观光旅游项目，吸收贫困群众参与森林旅游经营活动，扩大就业，增加收入。

创新电商扶贫“三个结合”模式。通过利用“线上+线下”的模式，实现电子商务与脱贫产业有机融合。引进红土微元公司建设“天全县农业电商产业园”，构建“实体展厅＋电子商务＋物流配送＋创业社区”于一体的电商孵化平台，协助电商创业者注册店铺 13 家。通过搭建“基础+平台”的模式，推动电子商务向贫困村深度拓展。雅安农耕时代生态农业有限公司通过“网络销售+实体店体验”模式，带动 113 个村级益农信息社销售贫困村农特产品。仅 2018 年该公司通过扶贫超市电商配送中心就实现农产品销售 1600 余万元。通过开展“人才+培训”的模式，夯实电子商务发展根基。开展 6 期 300 人次的新型职业农民电子商务培训，对电子商务运作、电子支付、网络交易、网络营销、物流配送、诚信经营、淘宝及微信开店的实际操作等内容进行全方位培训，为脱贫攻坚提供人才支撑。

创新就业扶贫“一条龙”全程服务模式。开设“订单扶贫专班”，按照“免费培训+定向输出+企业接收”模式，对全县有就业意愿的建档立卡贫困户实行培训、就业全程跟踪，实现培训到就业“一条龙”全程服务。成立全省首个县级职业生涯规划工作室，对建档立卡贫困户进行职业生涯规划，并推荐适宜岗位，实现从职业生涯规划到稳定就业“一条龙”全程服务。采用“1 个创业项目+1 笔创业奖补资金+1 名创业导师指导”的模式，设立“创业扶贫工坊”，为贫困户从创业培训、项目选定、启动资金支持到创业过程，安排创业导师进行全程跟踪指导，跟进落实各项创业扶持政策，实现从创业项目选定到创业成功“一条龙”全程服务。对县内企业用工情况进行摸底，引导企业拿出一部分劳动强度低、就业环境好、工资待遇高的岗位，由县就业部门组织贫困户对岗位进行承接，实现从岗位开发到贫困户安置“一条龙”全程服务。

大坪乡大坪村野林合作社对贫困户进行股金分红

巩固脱贫成果。全面落实“回头看”“回头帮”工作，成立以县委副书记为组长、县政府副县长为副组长、县级相关领导任成员的核查小组，制定下发《天全县脱贫攻坚“回头看、回头帮”实施方案》，坚持以乡（镇）为主体、县级部门负责的原则落实开展工作。对2014年以来已脱贫建档立卡贫困人口、已退出贫困村，重点围绕“脱贫指标是否达标、问题整改是否到位、帮扶力量是否尽责、项目资金是否落实、贫困群众造血能力是否具备”等5个方面进村入户开展“回头看”核查甄别；对识别出的“回头帮”对象，建立问题、责任、效果三张清单，实行定期通报制度，确保“回头帮”对象达到当年脱贫标准。持续开展好贫困群众技能培训，多途径促进贫困群众就地就近就业。建立36个贫困村村级集体经济发展工作台账，充分利用村级闲置集体资产，积极探索入股分红、发展产业等多种方式，实现产业发展、集体增收。开展低保兜底“回头看”专项行动，重点清理“脱贫即脱保”等突出问题，切实巩固提升脱贫成效。

第四章　生态建设和环境保护

党的十八大提出大力推进生态文明建设，树立尊重自然、顺应自然、保护自然的生态文明理念，把生态文明建设放在突出地位，融入经济建设、政治建设、文化建设、社会建设各方面和全过程，努力建设美丽中国，实现中华民族永续发展。

天全具有得天独厚的生态优势，森林覆盖率达到 73.48%。天全是国家主体功能区建设试点示范县、全国重点生态功能区、全国退耕还林试点示范县，也是大熊猫国家公园的核心区。县委、县政府把建设生态经济强县作为发展目标、发展理念，持之以恒守护绿水青山，保护和改善环境质量，坚持把推进绿色发展作为经济发展的最强竞争力，让天更蓝、山更绿、水更清、环境更优美，努力走出一条资源循环化、产业融合化、产品绿色化、生态优美化、效益最大化的发展新路。2017 年，天全县被四川省人社厅、环保厅评为四川省“十二五”主要污染物总量减排工作先进集体，国家重点生态功能区县域生态环境质量考核名列全省第四。2018 年全县环境空气质量排名多次进入成都平原经济区前五名，天全河出境断面水质达到国家Ⅱ类水质标准，集中式饮用水水源地水质达标率持续保持 100%。全县新增营造林 64 万亩，林地保有量达 304 万亩，为建立长江上游生态屏障做出了贡献。

第一节 生 态 建 设

一、生态文明创建

天全历届县委、县政府都十分重视生态建设。2011 年 10 月，天全县第十三次党代会提出建设生态经济强县的目标思路，提出打生态牌、走生态路，大力推进产业经济生态化、生态经济产业化。提出产业绿色化、资源循环化、生产生活低碳化、民居与环境生态化的“四化”要求，要求加快转变经济发展方式，培育可持续发展的生态环境，建设文明和谐的生态文化，发展高效低耗的生态产业，建立人与自然和谐共处的生态区域，实现生态建设、环境保护、资源利用、经济社会发展有机结合，实现经济效益、社会效益、生态效益的全面共赢。

2014 年，天全县被列为国家生态文明试点示范区和国家主体功能区建设试点示范县，全国仅有 74 个县（市、区）以及生态功能重点区进入试点。国家主体功能区建设试点示范工作以国家重点生态功能区为重点，旨在探索限制开发区域科学发展的新模式、新途径，建设人与自然和谐相处的示范区和推进生态文明建设的先行区。县委、县政府以“两个示范”建设为契机，以《芦山地震灾区生态文明示范区建设规划（2014—2020 年）》和《天全县国家主体功能区建设试点示范实施方案》为依据，坚持以“生态保护优先”为原则，把保护和修复生态环境、改善生态环境质量、增强生态服务功能作为首要任务，把工作重点放在生态农业、生态旅游、生态文化、生态城镇、生态宣传等建设上，走绿色低碳发展之路，努力推进县域生态文明建设，建设一个“山青、水秀、天蓝”的绿色新天全。

2016 年 10 月，天全县第十四次党代会第一次会议以“坚持绿色发展、特色发展、转型发展，为全面建成小康社会而努力奋斗”为主题，要求坚持“绿水青山就是金山银山”的理念，坚持绿色发展，构建绿色空间，将生态建设融入经济社会发展的各方面、全过程。着力构建绿美城镇，着力建设绿美乡村，着力打造绿美山川，着力提升绿美产业，着力建设绿美通道，谱写“美丽中国”天全新篇章。

2018 年，扎实开展环保问题整治专项行动，对中央环保督察反馈的 5 大类 22 项问题完成阶段性整改，18 件群众投诉案件全部办结，顺利通过中央、省环保督察“回头看”。蓝天保卫战顺利实施，有效开展秸秆全域禁烧和县城禁放烟花爆竹工作。治污设施不断完善，始阳污水处理厂竣工，总投资 4 亿元的 15 个乡镇污水处理和 5 个乡垃圾收运项目纳入全市 PPP 项目统一实施。实施环卫作业市场化运作，在全市率先实现城乡生活垃圾处理一体化。全县城市、集镇、农村、新村“四位一体”全域绿化美化有序实施。

二、生态保护

天全集喇叭河自然保护区、二郎山省级风景名胜区、二郎山森林公园、世界自然遗产——四川大熊猫栖息地、天全河珍稀鱼类省级自然保护区和中国大熊猫国家公园“六大保护区”于一身，地处全国旅游规划的 50 条跨省和省域精品生态旅游线以及 25 条国家生态风景大道之一的“川藏国际黄金旅游线”的重要节点。辖区内的二郎山进入全国 200 个重点生态旅游目的地之列，生态优势明显。

近年来，天全县坚守生态红线，严格实施生态保护，持续实施天然林保护工程，巩固退耕还林成果，强化生态脆弱区保护，深化山水林田湖一体化生态保护和修复，加强地质灾害防治和水土流失治理，取得了显著效果。加大造林和森林资源保护力度，生态红利逐步显现，

2014年成功跻身国家主体功能区示范试点县，累计争取转移支付资金1.24亿元。生态细胞创建工作成效显著，累计创建市级生态村14个。2017年，成为首批“全省林业生态旅游示范县”。

着力构建绿美城镇，完成县城控制性详细规划、城市绿地系统专项规划、海绵城市专项规划、消防专项规划编制。实施城区生态绿地系统治理，做好慈朗湖省级湿地公园申报。以美丽家园、美丽田园为载体，建设绿美乡村，有序推进旧村落改造提升和传统村落民居保护，做到房前屋后“瓜果梨桃、鸟语花香”。按照“一村一品”“一村一特色”的原则和基地景观化的要求，建成以茶叶、山药、竹笋为主的三个产业带。开展水溪、水渠、水库综合整治，开展水、气、土源头综合治理，形成山水林田靓丽的生态景观。进一步巩固退耕还林成果，持续实施造林增绿和天然林保护工程。

三、生态修复

在“4・20”芦山强烈地震中，天全生态环境遭到严重破坏。在灾后恢复重建中，天全县树立尊重自然、顺应自然、保护自然的生态文明理念，持续推进生态修复。2016年，完成生态环境修复项目29个，总投资45 091万元。重点完成24 552亩直播造林，82.9公里林区公路、作业道路，47 012亩生态环境保护培育的恢复重建，以及10个农村饮用水源地的环境保护，15个乡镇进行村庄连片环境污染综合治理和畜禽养殖污染整治。

震损林地恢复。地震造成天全林地受损6855.33公顷，加剧了自然灾害和次生灾害的发生。灾后重建中，天全县把退化地段植被功能恢复放在首位，最大限度地将震损林地恢复成涵养水源、保持水土的有林地，通过震损林地、大熊猫栖息地、大熊猫基因交流走廊带的建设，恢复森林植被 5.2 万亩，恢复大熊猫栖息地 5.1 万亩，建设大熊猫走廊带 37 公里、5.5 万亩。森林植被恢复投入资金 1.5324 亿元（其中，中央资金 1.1284 亿元、劳务折抵 4040 万元）。

森林种苗基地恢复。地震引起的泥石流、山体滑坡等次生地质灾害以及随后不断的余震，造成林木良种基地和苗木基础设施受损严重。天全县以恢复林业苗木原生产能力为重点，按照产业基地规模化的要求，以“以奖代补”或自建队伍等方式号召全县林农大户、国有林场集中成片打造竹林基地 8000 亩、木本药材基地 1060 亩、木质工业原料林基地 23 100 亩、林下种植山葵基地 3142 亩、珍稀树种示范基地 3500 亩。项目投入资金 7285 万元（其中，中央资金 3368 万元、企业自筹及劳务折抵 3917 万元）。

天全县城（高建平　摄）

灾毁农用地复垦。天全县地震毁损农用地复垦项目分为严重毁损农用地复垦和轻微毁损农用地复垦，规划建设规模 6601 公顷，包干资金 6414 万元。严重农用地复垦涉及 6 个乡（镇），复垦面积 15.3 公顷（229.5 亩）。按照由当地农村集体经济组织和农户自行开展复垦的原则，完成复垦15.3公顷，114.75万元复垦资金按时拨付到项目涉及乡镇农户。轻微毁损农用地复垦项目包含10个子项目，涉及10个乡（镇）、46个行政村，复垦规模6585.82公顷，划分为5个标段实施，中标价合计4317.2万元。2015年7月，修建田间道48.29公里、生产路82.7公里、排灌堰渠30.2公里，新建蓄水池5口，整治砖砌田埂4242米，整治山坪塘5座等5个标段10个子项目的施工任务全面完成。2015年10月，项目通过雅安市土地整理储备中心的技术核查。

第二节 环境保护

一、源头管理

天全县认真落实项目建设环境影响评价工作要求，严把产业项目准入关口，建设项目按照分级审批管理的有关规定严格执行环评审批制度，坚持以环境影响评价为工作重点，严控“两高一资”项目，进一步完善产业准入负面清单，从源头上控制、防止新增污染源。2013—2018年，共完成环评审批239个。

坚持以工业集中区规划为依托，从发展源头注重环境影响、控制污染、保护生态环境。着力推进产业向园区集聚，按照“两园区一飞地”布局，加快推进以特色农产品加工和藏仓储物流为主的始阳工业园区建设，加快推进小河工业园转型升级，持续推进以高端装备制造、轻工制造和电子信息为主的飞地园区建设。通过产业集中进园区来提高资源利用率，规范污染源和企业污染物排放管理。

关闭淘汰落后产能。淘汰和关停污染企业，对违法违规建设项目加大处罚力度，并按照“破产处理一批，去产能重组一批、招商嫁接一批”的思路，妥善处置“僵尸”企业，不断促进工业企业向绿色、科技转型。积极推进总量减排工作，加强日常监管，通过现场检查和督促水泥企业按月上报相关的生产运行记录、氨水使用记录和自动监测数据来核实水泥厂运行情况，确保全县氮氧化物减排量。加强4家医疗单位的医疗废物处理监管工作，对全县6个加油站完成了油气回收治理环保验收工作。建立污染源台账，规范污染源管理，实行排污申报和日常现场检查制度，保证治理设施正常运行，确保实现污染减排。

2017年，天全县全面实行“河长制”，28名四大班子副县级以上领导成员、15个乡（镇）长和流域村村级负责人，分别担任64个县、乡、村三级河、库长，涵盖17条、流域面积50平方公里以上的河流，“一河一策”方案编制完成44个，85家水电站全部按规范下泄生态流量。

二、环境治理

天全县以“蓝天保卫战、碧水保卫战、净土保卫战”三大战役为抓手，不断加大生态环境治理力度，确保大气环境质量达到上级下达的目标任务，天全河出境断面水质达到国家Ⅲ类水质标准，集中式饮用水水源地水质达标率保持100%。

在灾后重建中，天全县把环保建设作为灾后恢复重建的重要任务，由县林业局牵头负责天全县水土保持设施、天全县村庄连片环境污染综合治理、天全县震损林地恢复、天全县二郎山国家森林公园4个项目的总体设计与总体实施，安排包干资金1.1091亿元。伴随多轮次城乡环境综合治理的不断深入，灾后基础设施建设项目的全面竣工，以及创建国家卫生县城的辐射带动，天全的城乡建设规划逐步健全，空间功能布局更趋合理，配套基础设施及公共服务设施逐步齐全，“脏乱差”现象得到有效整治，城乡环境得到全面改善。

县城一角（李林　摄）

2017 年，天全接受省级环保督察并代表雅安市接受中央第五环保督察组专项督查。中央环保督察组反馈天全 5 大类 22 个问题，县委、县政府高度重视，把反馈问题整改作为重中之重，建立责任清单，层层传导压力，高标准、硬碰硬抓好排查整改。县委、县政府主要领导加大现场协调力度，组织投入机械和人力，在确保安全的前提下加班加点进行整改。重点解决了雅康高速建设工程、天全河珍稀鱼类省级自然保护区等一批环境突出问题，18 起中央第五环保督察组交办群众投诉案件、64 个省级环保督察反馈问题全部完成整改，停产整顿规上工业企业 19 家、矿山 56 家、水电站 7 家，强力推进砂石资源专项整治，整顿规范砂场 64 家，新（改）建沼气池 114 口，取缔私屠乱宰 60 余户，整改规范畜禽养殖场 1600 余家，封闭排污口 2500 余处。对全县保护区内电站建立在线监控系统，对下泄生态流量进行实时监控，同时对全县范围内“散乱污”治理进行全面核查。通过集中整治，督查反馈的问题得到全面有效整改，天全环境质量得到显著提升。

三、环境监察和监测

加强环境监测执法，设立12369环保监督举报电话，及时处理举报投诉案件。党的十八大以来，先后组织开展了饮用水源保护专项行动、“整治违法排污企业保障群众健康”环保专项行动、中高考禁噪专项行动，对全县化工企业、水泥行业、高耗能、污水处理厂等重点企业开展了专项检查，严厉打击环境违法行为，确保县域环境安全。强化日常巡查监管，结合环境保护大检查和“双随机”工作，采取例行检查、突击检查、重点抽查、明察暗访、节假日巡查等形式，对重点企业进行了重点检查，进一步加大了巡查频次，确保巡查效果，并根据现场检查发现存在的环境问题，及时向企业提出整改要求，适时对企业整改情况开展后续督察工作，确保整改要求落到实处。

加大对涉及违反环保法律法规行为依法立案查处力度。2016年，检查工业企业235家次，出动人员570人次，责令限期整改企业16家，查处非法企业2家，责令限期拆除生产设备1家，责令停产整治企业1家，实施查封扣押企业1家，实施限制生产企业1家，处罚企业5家，处罚金额47.52万元，立案查处企业1家。2018年处罚企业3家，处罚金额318.93万元，查封1家，限产、停产21家，移送行政拘留案件1起。严格实施排污收费制度，依法开展征收工作，2013—2017年征收排污费近2000万元。

依据环境监测标准规范要求，开展国家重点生态功能区县域生态环境质量监测、国家农村环境质量监测、流域生态环境质量补偿监测、污染源监督性监测、环境影响评价和“三同时”验收等监测工作。全县有1个城区环境空气自动站和1个农村环境空气自动监测站，在日常管理中，严格按照《四川省环境空气质量自动监测系统管理办法（试行）》要求巡查维护，保障了自动站的正常运行。2018年，出具监测报告 103 份。通过监测及时掌握全县环境质量现状及变化趋势，为政府经济建设和环境保护决策提供了科学准确的依据，为国家重点生态功能区转移支付资金的拨付及流域水环境生态补偿资金的核算提供了依据。加强环境质量变化规律分析、环境质量变化原因分析和总量分析，编制完成《2018 年度天全县环境质量报告书》《十二五天全县环境质量报告书》。

2011 年，天全县作为川滇森林及生物多样性保护区域，被列为全省 42 个国家重点生态功能区县之一。省财政厅 2016 年下达转移支付资金 3090 万元，比上一年度增加了 197 万元，增幅 6.8%。至 2018 年，上级累计下达天全转移支付资金 2.34 亿元。

2018 年 9 月 1 日，天全县省环保督察“回头看”反馈问题整改工作推进会

第五章　全面深化改革

2013 年 11 月，党的十八届三中全会做出全面深化改革的战略部署。天全县高度重视全面深化改革工作，严格按照中央、省委、市委关于全面深化改革的安排部署，坚持以改革为动力、以法治为保障，加快关键性改革步伐，推动政府职能转变，进一步激发市场活力和社会创造力。至 2018 年年底，召开全县性的改革工作会议 26 次，研究出台专项改革方案 128 个，落实改革任务 650 余项，改革红利不断释放，体制机制更加健全，为全面建成小康社会提供了源源不断的改革动能。

第一节　目标任务和组织体系

全面深化改革是“四个全面”战略部署的重要组成部分，是我国经济社会经过高速度发展进入新的历史阶段后因问题倒逼而采取的国家战略。天全县认真贯彻落实中央、省委、市委全面深化改革各项工作要求，坚持把改革工作列为“一把手”工作。2014 年 5 月 26 日，县委成立了以县委书记为组长的县委全面深化改革领导小组。2014 年 6 月 2 日，县委全面深化改革领导小组相继印发了《县委全面深化改革领导小组专项小组组成人员名单的通知》《天全县全面深化改革领导小组工作规则》《天全县全面深化改革领导小组专项小组工作规则》《天全县全面深化改革领导小组办公室工作细则》，成立了经济体制改革专项小组、国有企业和科技体制改革专项小组、农业和农村体制改革专项小组等9个专项小组，明确了相应的规则程序。随着改革进程的推进，及时调整充实县委深化改革领导小组，建立“双常委”主抓主推制度，由县委副书记担任领导小组办公室主任，增配一名县委常委为领导小组办公室常务副主任，实行办公室主任亲自抓部署抓协调、常务副主任具体抓把关抓督察的工作制度。同时，充实成立了改革督察工作专项小组，形成“县委深改组统筹决策、专项小组分块抓总、牵头部门主责实施、参与部门各尽其职、改革办协调督促”的改革工作格局。

县委深化改革领导小组严格履行“总体设计、统筹协调、整体推进、督促落实”职能，对接出台《县委全面深化改革重要举措实施规划（2014—2020年）》，对天全承接的214项改革任务从改革举措内容、协调和牵头单位、启动和完成年度、改革路径、主要成果及出台时间做了明确规定。制定出台《中共天全县委关于进一步全面加强改革落实工作的实施意见》《关于进一步完善改革工作机制推进改革举措落地见效的实施意见》，建立起上下联动、合力抓落实的改革工作机制和全面深化改革专项改革方案对接提醒制度、专项改革方案印发和台账管理制度、年度重大改革任务清单制度、改革点位督察制度、改革试点示范制度等横向到边、纵向到底的改革落实制度，规范组织召开深化改革领导小组会议，科学设置会议议题，让中央、省委和市委的会议精神和改革部署在天全有承接、有影响、有体现，使全面深化改革与全面依法治县、全面从严治党相互作用、螺旋递进，贯穿天全全面建成小康社会的全过程。

第二节　重点领域改革

一、农业农村改革

天全县以农业供给侧结构性改革为主线，扎实推进农业农村改革。落实乡村振兴战略，大力推进农旅融合“11133”工程，入围全市唯一全省城乡融合发展综合改革试点县，紧紧围绕全县六大特色优势产业，聚焦聚力发展“七大全产业链”，调整完善全县产业发展规划，推进传统县域产业布局向全县全域带状和乡镇点状片状结合布局转变。大力推动绿色（有机）食品和农产品地理标志产品认证，持续壮大“二郎山”农产品品牌体系，巩固提升全县绿色（有机）农业建设成果。完成全县 15 个乡镇农村集体土地所有权 994 宗、集体建设用地使用权 181 宗的确权登记发证工作，发证率 100%。累计完成 15 个乡镇 131 个村 33259 宗农村宅基地的外业测绘工作，颁证 3096 本，并通过检查验收合格。全面开展土地承包经营权确权登记工作，累计完成 15.3 万亩农村土地承包经营权确权并公示确认。累计完成小型水利工程确权登记颁证 348 处，集体林权改革 99.8 万亩。

二、经济体制改革

天全县稳步推进经济体制改革，以改革创新引领经济发展新常态。以夯实实体经济为着力点，以提高供给体系质量为主攻方向，落实“三去一降一补”“一提一创一培”。深化“放管服”改革，大力推进“多证合一”“证照分离”，深化投资审批和职业资格改革，激发各类市场主体活力。项目工作取得重大突破，储备项目动态投资保持在 1400 亿元以上，争取到位无偿资金 2.43 亿元，引进亿元以上项目10个，总投资60亿元，其中川藏物流园等10亿元及以上项目3个。深化“天全政务事、最多跑一次”改革，推广“互联网+政务服务”，实现“一号申请、一窗办理、一网通办”，推进线上线下融合发展、政务信息资源共享应用。建立健全“马上就办、受办分离、首问负责、限时办结”等制度，分别梳理“最多跑一次”“一小时办结”服务事项529项和191项，带动一大批重大民营项目快速落地。积极构建创新平台体系，加快构建园区创新平台，进一步优化园区布局，加快园区内特色农产品加工、电冶等产业建设，加速培育百亿工业产业集群。

三、国有企业和科技体制改革

天全县扎实推进国有企业和科技体制改革，完善国有企业治理机制。推进国有企业建立现代企业制度，出台《天全县推进县属国有企业领导人员聘任制和契约化管理的指导意见（试行）》，启动企业董事会选聘高级管理人员、契约化管理企业高管人员改革试点工作。成立天全县农林投资开发有限责任公司、天全县水韵旅游经营开发有限公司、天全县保安服务有限公司等县级国有资本投资、运营公司，探索有效的管理运营模式，推动产业集聚和转型升级，实现国有资产保值增值。深入推进县国资办职能转变，强化投资、产权、考核分配等重点领域和关键环节监管，强化外派监事会监督。优化国企运营模式，规范城市公交运营，通过改革运营线路站点、加快基础设施建设、改革并完善公交运营方式等工作，扎实推进公交管理体制改革。扎实推进科协所属学会有序承接政府转移职能，四川农兴源公司获得“国家高新技术企业”称号，天全润兆鲟鱼公司虹鳟三倍体高效养殖及加工技术研究与示范成为四川省科学技术成果之一。

四、生态文明体制改革

天全县坚持以“绿色”为本底，扎实推进生态文明体制改革。高位推进国家主体功能区建设，按照“尊重自然、顺应自然、保护自然”的生态文明理念，坚持“绿色、特色、转型”发展思路，突出“整体谋划、产业转型、城乡提升、齐抓攻坚”四个重点，探索限制开发区域科学发展的新模式、新途径。实施“绿美天全行动”，开展全域绿化美化，持续巩固退耕还林、天保工程成果，森林覆盖率持续增长，单位 GDP 能耗和污染物排放标准连续三年达到市级下达标准，累计发展绿色、特色产业如茶叶、山药、猕猴桃、笋用竹等 11 万亩，第三产业增长 8%，旅游综合收入达 11.8 亿元，生态产业体系加快形成。全面落实“河长制”，建立环境监管网格化管理机制，不断加强河流监管，加强对全县沿河化工企业、水泥企业、污水处理厂等重点企业的环境监管巡查力度。2017 年，发出督办函 9 件，责令限期整改企业 5 家，查处非法企业 1 家，处罚金额 23.97 万元；对全县集中式饮用水源地进行定期与不定期监察、检查，加强水源保护区环境安全隐患排查工作；完善水源地标识标牌、围栏，推进水源地保护规范化建设；实行严格的环境准入制度，河流周边的新建、改建、扩建项目，严格按照相关程序进行手续办理。开展“绿美天全”行动，制定行动方案，创新发展机制，落实扶持政策。2017 年参加植树人数 10.28 万人次，义务植树株数 50.4 万株；共新建义务植树基地 10 处，面积 450 亩；共完成营造林 6.92 万亩，其中人工植苗造林 3.12 万亩、封山育林 1 万亩、中幼林抚育 2.3 万亩、低效低产林改造 0.5 万亩；完成城厢镇综合治理项目——干田子城市绿化 18.5 万平方米。加快大熊猫国家公园建设，成立工作推进领导小组，严格控制、严格审批区域内矿山、水电等开发项目，加大生态保护力度，严厉打击破坏生态环境行为。全面完成对熊猫公园拟建范围内资源状况的清查和功能区划的调整。

五、民主法制领域改革

积极稳妥推进民主法制领域改革，依法治理深入人心。坚持“法治天全、法治政府、法治社会”一体建设，法治良序有力构建，基层法治示范创建逐见成效。始阳镇社区于 2018 年被国家司法部、民政部表彰为第七批“全国民主法治示范村（社区）”。深化民族团结进步教育，落实工会、妇联、科协等群团改革方案，在全县范围内招募妇联干部、三八红旗手、创业致富带头人、文明新风带头人、法律工作者、医务工作者、科技工作者、巾帼志愿者及各界妇女先进代表加入服务脱贫攻坚的幸福使者宣讲员队伍，在脱贫攻坚战役中充分发挥了巾帼作用。全面落实习近平总体国家安全观，深入开展反渗透、反分裂、反恐怖、反邪教斗争，强化社会治安防控和公共安全体系建设，全面落实信访工作责任制，强化社会稳定风险评估，切实有效化解了各类社会矛盾纠纷。

六、文化教育卫生体制改革

全面落实文化教育卫生体制改革利民惠民政策。县医院沙坝院区投入使用，沙坝新区幼儿园启动建设，天全中学创建省二级示范高中加快推进，学校体育艺术教育逐年加强。教育队伍活力逐年提升，全县 1000 余名老师竞聘上岗工作于 2018 年年底全面完成。文化事业大踏步前进，构建了天全县文化体制改革工作体系，累计 15 个乡镇综合文化站、8 个社会福利项目、9 个文化项目全面完工，文化惠民服务软硬件水平逐年提升。文体基础设施建设进一步完善，各类协会发展壮大，图书馆、文化馆、乡镇文化站等实现全面免费开放，群众文化生活不断丰富，文艺创作进一步繁荣，全民健身运动深入开展。全县微信、微博等网络平台活跃度明显提高，累计 15 个乡镇开通了政务微信公众号。

七、社会体制改革

扎实推进社会体制改革，社会治理成效明显。整合公安天网工程、农村“雪亮工程”和部门公共大数据与信息源平台，构建一体化的“1+N”资源共享、融合联动的社会治理模式。完善绩效考核奖惩制度，加强案件监督管理，有效约束和规范司法自由裁量权。加快推进失信被执行人信用监督、警示和惩戒机制建设，建立健全网格化查找被执行人和控制被执行人财产的执行工作机制。积极探索试点刑事庭审实质化，促进以审判为中心的诉讼制度改革，保证庭审在查明事实、认定证据、保护诉权、公正裁判中发挥决定性作用，最大限度防范冤假错案。深入推进公益诉讼制度改革。构建职务犯罪举报人保护、奖励机制。深化公安改革和司法行政改革，稳妥推进大部门大警种制改革，建设县级公安机关警务运行新机制，县公安局获 2018 年“四川省优秀公安局”称号。全面推进公共法律服务体系建设，巩固提升法治扶贫“五个一”工作机制。构建涉藏矛盾纠纷多元化解体系，有效化解各类涉藏矛盾纠纷，筑牢涉藏稳定防线。

八、党建纪检体制改革

有力有序推进党的建设制度改革和纪律检查体制改革，严格执行新形势下党内政治生活若干准则，持续深化干部选拔任用、考核评价，党的组织建设制度和人才发展体制机制等改革，政治方向更加坚定。累计从一线提拔使用干部 200 余人，选拔 15 名“四类人员”进入乡镇领导班子，“重实干、重实绩”的导向得到进一步鲜明。有计划分批次累计安排 200 余名干部到项目建设、征地拆迁、脱贫攻坚、产业发展等重点工作一线锻炼，不断提高干部队伍应对复杂局面的本领。强化干部教育监管，深入开展三超两乱、“裸官”“庸懒散浮拖”和“为官不为”等专项治理，定期开展督导巡察，不断拓宽干部监督渠道。深入推进国家监察体制改革，深化构建“不敢腐、不能腐、不想腐”机制，建立完善派驻机构领导体制和工作机制，有效提升派驻机构监督执纪问责的独立性、权威性、针对性和实效性。全县党风廉政建设和反腐败斗争各项工作有序衔接、有效落实。

第六章　全面从严治党和全面依法治县

党的十八大以来，天全县把全面从严治党贯彻始终，加强思想政治建设、作风建设和队伍建设，推进民主政治，强化监督执纪问责，全县党风廉政建设和反腐败工作取得新成效。党风政风和社会风气明显好转，风清气政的政治生态基本形成。党风廉政建设社会评价满意度大幅提升，从 2011 年全省的第 171 位持续上升到 2015 年的第 10 位，为天全“绿色崛起、重建跨越”提供了坚强的纪律保障。

坚持依法治县、依法执政、依法行政共同推进，法治天全、法治政府、法治社会一体建设。法治政府加快建设，行政权力清单、公正文明执法、政务公开等工作有序推进。公正司法深入落实，司法公开、立案登记等改革措施扎实推进，积案清理、破解执行难等为民行动有力落实，法律“八进”各有特色。

第一节　全面从严治党

党的十八大以来，天全县委深刻领会和把握全面从严治党的新要求，切实担当起从严管党治吏的政治责任，以严的要求、实的举措，扎实开展创先争优、“中国梦”主题实践、党的群众路线教育、“三严三实”专题教育和领导班子思想政治建设等一系列主题活动，不断引导广大党员干部牢固树立“四个意识”、坚定“四个自信”，在思想上、政治上和行动上时刻与党中央保持高度一致，进一步激发党员干部干事创业的责任担当，大力弘扬伟大抗震救灾精神和“苦干、实干、拼命干”的天全干劲，确保中央、省委、市委和县委的各项重大决策部署有力落实，为加快建设生态经济强县提供了坚强的组织保障。

坚持抓基层、打基础，牵住基层党建责任人这个“牛鼻子”，分类理清了县委书记、县委常委班子、县级部门党组（党委）书记等 9 个党建责任主体 69 类 210 项具体任务清单，各级责任压紧压实；扎实开展“三分类三升级”活动，累计整顿转化软弱涣散基层党组织 61 个，以换届为契机及时优化调整基层党组织书记，党的执政基础持续夯实；全面推行农村党建“七本纪实手册”、探索小区党建、打造机关“一支部一品牌、一单位一特色”等，各领域基层组织建设整体提升；狠抓基层干部队伍和党员发展教育管理，持续实施党员“双向培养”发展计划，新发展党员 488 名，全覆盖培训乡村干部和机关党务工作者，基本队伍素质整体提升。坚持围绕中心、服务大局，紧扣脱贫攻坚、乡村振兴等重点，严格落实 “联乡包村”“联村帮户”“结对帮扶”等联系服务基层和群众制度，选派 1900 余名党员干部投身一线，投入 129.5 万元实施“党建扶贫·双百示范”项目 26 个、示范户 36 个，党建示范作用进一步彰显。

坚持党管干部原则和坚守从严治吏要求，严格按照“五好干部”标准，坚持“三个结合”，从严从实抓班子、带队伍，严格操作程序，切实把人民满意的好干部选出来、用起来。以脱贫攻坚、乡村振兴、经济建设为主战场，一线提拔使用干部200余人，选拔15名“四类人员”进入乡镇领导班子，“重实干、重实绩”的导向得到进一步鲜明。坚持一线锤炼干部，有计划分批次安排200余名干部到项目建设、征地拆迁、脱贫攻坚、产业发展等重点工作一线锻炼，不断提高干部队伍应对复杂局面的本领。强化干部教育监管，深入开展“三超两乱”“裸官”“庸懒散浮拖”和“为官不为”等专项治理，定期开展督导巡察，不断拓宽干部监督渠道。持续开展干部谈心谈话活动，加大对干部的提醒、函询、诫勉力度，对情节较重的2名干部进行了诫勉谈话，进一步严肃了干部人事纪律。

分年制定全面从严治党、党风廉政建设和反腐败工作意见，以说明书、任务书、责任书、承诺书的“四书”方式明责、履责、负责、问责，层层压实“两个责任”，着力构建各负其责、各履其职、各尽其力、齐抓共管的责任体系。全县有5个党委（党组）因落实全面从严治党主体责任不力、31名党员干部因履行“两个责任”不力受到追责问责；在5个重大案件案发单位召开专题民主生活会，向14个党委通报查处的重大案件。

坚决防止“四风”问题反弹回潮，以“零容忍”态度严肃查处“四风”突出问题，切实整治群众身边不正之风和腐败问题。查处违反中央“八项规定”精神问题140件153人，查处党员涉恶案件1件1人，查处扶贫领域腐败和作风问题34件41人；深入开展惠民惠农财政补贴“一卡通”管理问题专项治理，追缴退赔资金202.84万元，19人在限期内主动说清，40人受到纪律处分、组织处理。党风廉政建设社会评价指数保持在全省第一方阵。

积极实践监督执纪“四种形态”，严肃查处了一批违反“六项纪律”和群众身边“微腐败”问题，减少存量、遏制增量，实现政治效果、社会效果、法纪效果的有机统一。共立案查处违纪违法案件523件，给予党纪政务处分505人，移送司法机关28人，上缴违纪款1051.85万元；开办《阳光问廉》《廉政同期声》等廉政电视节目，制作《不忘初心　砥砺前行》专题片，拍摄首部廉政微电影《一念》，开展“廉政大家”系列活动，建成红色廉政文化教育基地和家风家训教育基地各1个。

稳步推进监察体制改革，顺利完成县监委组建和挂牌运行，划转编制8名、转隶干部5名，监督对象由0.7万余人扩展至1.2万余人，增长71%，实现对所有行使公权力的公职人员监察全覆盖。有序推进国家监察向乡镇延伸，向乡镇派出监察室15个，覆盖率达100%。扎实推进派驻机构改革，成立15个派驻纪检监察组，实现对51家县一级党和国家机关派驻监督全覆盖，“前哨”“探头”作用初步发挥。

2016年7月，天全县委成立了以县委书记为组长，县纪委书记、县委组织部长为副组长的巡察工作领导小组。2017年3月，设立县委巡察办和3个巡察组。根据巡察工作要求和特点，结合天全实际，制定《巡察工作流程（试行）》《巡察成果运用办法（试行）》等巡察工作制度12个，确保巡察工作有章可循、有规可依。按照一届任期内常规巡察全覆盖要求，2017年6月，印发了《中共天全县第十四届委员会巡察工作规划（2017—2021年）》，2018年9月对规划进行修改完善。县委把巡察坚守职责定位，对标中央、省委巡视和市委巡察工作要求，坚持常规巡察与专项巡察相结合，统筹推进巡察工作。截至2018年12月，组织开展常规巡察2轮、专项巡察4轮，对12个乡镇、18个村和43个单位进行了巡察，发现问题669个，移交问题线索64件，立案19件25人，给予党政纪处分25人，组织处理24

人。巡察的震慑作用开始显现，推进全面从严治党向基层延伸。

第二节　全面依法治县

一、依法执政

天全县委认真贯彻《中国共产党地方委员会工作条例》，完善地方党委运行机制，不断改进完善县委领导运行机制，支持人大及其常委会行使职权，完善支持人民政协履行职能制度，严格贯彻落实《关于新形势下进一步加强和改进人民政协工作的意见》《关于进一步加强人大工作和建设的实施意见》等制度。抓住领导干部带头示范这个关键，2018 年，依法治县领导小组分别与乡镇、部门党委（党组）签订依法治县目标责任书 66 份。完善和落实县委常委会会前学习制度，制定印发了《天全县委中心组学法制度》，中心组学法 40 余次。全面落实依法决策、民主决策、科学决策各项规定。制定印发《中共天全县委工作规则》，改进和加强了党对依法治县工作的领导，制定印发了《天全县党政主要负责人履行推进法治建设第一责任人职责清单》，切实推动全县各级党政主要负责人积极履行推进法治建设第一责任人职责。截至 2018 年年底，召开依法治县领导小组会 8 次，依法治县工作推进会 5 次，常委会专题研究依法治县工作会 10 次。

推进党内法规和党务公开工作。严格执行《县委规范性文件合法性审查办法（试行）》，对规范性文件的制定、审查、清理等列出流程图。截至 2018 年年底，组织开展规范性文件专项清理 1 次，完成规范性文件合法性审查 61 件，上报市委规范性文件 62 件。按照《中国共产党党内监督条例（试行）》《天全县委党务公开工作实施办法（试行）》和其他党内法规要求，通过党内文件、电视台、报纸、微信公众号等渠道及时向党员和社会公开重大事项决策执行情况、干部选拔任用和管理情况、反腐倡廉建设情况等信息。

二、法治政府建设

推进“放管服”重点工作。加强放管结合，积极做好上级取消、下放和调整行政审批事项的落实和承接工作，出台推进行政权力清单工作实施方案，对行政权力清单进行调整优化，完成 6203 项责任清单编制工作，并在“天全之窗”门户网站进行公布。大力推进简政放权，进一步简化程序、优化流程、创新服务，稳步推进行政审批“三并联”、工商登记“三证合一”制度，不断优化发展环境，服务“大众创业、万众创新”。不断规范行政审批行为，推进电子政务大厅与实体政务服务中心同步运行，加快办事制度、服务方式、办公场地和设施标准化建设，将土地、矿产、国有资产交易等重点交易事项全部纳入公共资源交易平台。截至 2018 年年底，县政务服务中心共办理事项 49.3 万余件，按时办结率 100%。

完善依法决策机制。全面执行行政决策法定程序，在《天全县人民政府重大行政决策程序规定》的基础上，将社会稳定风险评估机制纳入重大行政决策程序，完善重大事项行政决策风险分析的评判标准、指标体系和分析方法，结合部门论证、公众参与、成本效益分析、合法性审查和政府常务会集体讨论等一系列必经程序，将决策行为置于法治框架范围内。各乡镇及部门普遍建立健全了本部门重大行政决策法定程序规定，在重大事项决策中充分发挥了法律顾问作用。

公正文明规范执法。全面落实行政执法与刑事司法工作的衔接，针对食品药品安全、生态保护等领域，深入开展“两个专项监督活动”。充分运用“双随机一公开”开展市场监管执法，编制了 177 项随机抽查清单，建立了“两库一单一细则”和检查结果公开机制，实行阳光执法、文明执法，促进市场主体自觉守法。积极开展行政执法案卷评查工作，建立健全行政执法案件办理制度，规范行政执法文书制作。行政执法部门普遍落实重大行政处罚备案制度，并积极探索构建行政执法制度。截至2018年年底，完成54件重大行政处罚、行政强制案件审查，提出5条审查意见，公开公示各类执法信息5402条，开展重大执法决定法制审核326次。

落实《天全县法治政府建设实施方案（2017—2020年）》。积极推进县政府工作部门和依法承担行政职责的事业单位权力清单公布工作。落实省政府依法行政“十项规定”，贯彻落实省上出台的关于建立各类事业单位统一登记管理制度、机构编制标准体系建设意见。落实行政执法人员资格管理和持证上岗制度，重点清除工勤人员、临时工及非执法区域范围人员持有执法证情况。全县持执法证件人员592名，其中持省政府统一执法证件的366名、持国务院部委执法证的226名。严格按照《政府信息公开条例》，大力推进政务公开和信息公开工作，制定印发《天全县全面推进政务公开工作实施方案》。

三、司法公正

推进司法体制改革。健全司法人员分类管理，将法院、检察院人员分为法官（检察官）、辅助人员和司法行政人员三类管理。对16名入额法官、12名入额检察官工资进行套改，司法人员职业保障逐步落实。加强对检察官、法官的绩效考核管理，制定《检察官、检察辅助人员绩效考核细则（试行）》《天全县法院员额法官、审判辅助人员绩效考核实施细则（试行）》等制度，完成司法体制改革单独职务序列晋升。加强办案流程监督，实行谁办案谁负责审查原则，实行检察官联席会议制度，成立刑事和民事法官专业会议，制定《天全县人民法院专业法官会议工作规则（试行）》。制定印发《关于完善法律援助制度的实施意见》，贯彻落实公职律师改革相关制度。

维护公平正义。严格执行《领导干部干预司法活动、插手具体案件处理的记录、通报和责任追究规定》《司法机关内部人员过问案件和责任追究规定》，未发现违反规定的案件。出台《司法不公专项整治活动实施方案》《涉案财物专项清理工作方案》，开展涉案财物专项清理行动。积极配合行政案件相对集中管辖试点工作，健全落实行政机关负责人出庭应诉制度，制定《天全县行政应诉工作规定》。深入推进廉洁司法，完善司法机关依法接受监督机制，健全执法司法廉洁制度，全面推行司法活动实时监控和全程留痕。

实践司法为民。深入推进“阳光司法”，县法院开通了集诉讼咨询、案件查询、信访投诉、联系法官等多项功能于一体的12368电话语音系统，在中国裁判文书网公开裁判文书6487份。推进庭审实质化改革，对简易程序案件快速立案、分案、办理，最快的案件办理周期提升为2天。深入破解“执行难”，开展“执行大会战”集中攻坚统一行动，建立执行联席会议制度。制作专题片《老赖，你别想赖》在四川新闻频道《黄金三十分》栏目播出，制作两集执行专题片在县电视台播出，逐步形成了党委领导、人大监督、政府支持、部门配合、社会参与的基本解决“执行难”工作的大格局。截至2018年年底，共办理执行案件2697件，结案率99.55%；已结案件申请执行标的5.46亿元，执行到位标的2.51亿元，到位率46.06%；共对1181人采取限制消费措施，司法拘留7人，纳入失信“黑名单”700人。

四、社会法治

构建基层治理架构。推进网格化和特殊人群服务管理。2014—2018年年底，全县网格员为群众办理各种民生事项4.94万件（其中：民生服务2.61万件，政策法规宣传1.56万件，矛盾纠纷调解1.21万件，社情民意收集 3437 件，参与治安防控 449 次，报告和参与处置突发事件 658 件，参与特殊人群管理 158 件，其他事件 974 件），排除治安安全隐患 596 处。

开展法治宣传教育。建立法治宣传教育联席会议制度，构建起依法治县办牵头抓总，县委宣传部、县司法局具体负责，全县各级各部门各负其责的“1+2+N”法制宣传教育工作体系。突出春节、“三月法制宣传月”等重要节点，在车站、广场、学校等通过设立法制宣传咨询台、发放宣传资料等形式进行宣传。在全县各部门办公场所和车站、广场、文化馆等公共场所通过悬挂横幅、LED 显示屏滚动播放等形式，营造浓厚的宣传氛围。在天全县电视台等县内媒体开设法治专栏，制作播发贴近群众生活的《检察官说法》等法治节目。结合“法律七进”活动，全县各部门按照“谁执法谁普法”“谁主管谁普法”的原则，围绕自身职责职能开展法制宣传。全县共有法治公园（广场）3 个（凤翔新民、南天新镇、茶马广场），法治教育示范基地 3 个（天全县人民法院第一审判庭、始阳镇凤翔新民小区、多功乡南天新镇），法治宣传栏（电子显示屏）5 个，法律图书室（角）15 个。

社会治安综合治理。全面推进社会治安防控体系建设，制定印发了《关于天全县加强社会治安防控体系建设实施方案的通知》，建立健全社会治安防控网络、社会治安防控体系基础、社会治安防控运行机制，初步形成了齐抓共管的社会治安防控体系工作格局。深入开展“平安天全”整治行动，深入开展禁毒防艾综合整治，严厉打击娱乐场所涉毒犯罪，惩治毒品违法犯罪行为。深入开展扫黑除恶专项斗争，深挖黑恶势力背后的“保护伞”，2018 年对实名举报已办结 70 条，侦破恶势力团伙犯罪案件 1 个；破获九类涉恶案件 10 起，刑拘 19 人，取保候审 5 人，逮捕 8 人，移送起诉涉恶人员 20 人，已判刑 17 人。建立健全寄递物流行业安全管理长效工作机制，制定并下发全县集中开展寄递物流及危爆物品清理整顿专项行动工作方案，所有营业网点均规范建立实名收寄台账，严格执行收寄验视等安全管理制度。

依法解决社会治理突出问题。深入推进“雪亮工程”建设，抓实矛盾纠纷多元化解工作，完善涉藏纠纷调解室建设和调解机构建设，明确全县调解机构部门责任和任务分工。全县共有1个“大调解”协调中心，3个调解指导中心，其中：行政调解指导中心涵盖县级22个调解机构部门，人民调解指导中心涵盖163个调解机构（包括乡镇人民调委会15个、村人民调委会138个、社区人民调委会6个，专业性人民调解委员会4个），司法调解指导中心包括2个调解机构部门（法院、检察院）。全县共有专、兼职调解员778名。深入推进不稳定因素常态排查化解工作，完善调解机构体系，对全县矛盾纠纷类型、等级实行分类分级，加强重点领域、重点人群矛盾纠纷的排查、化解、稳控力度，切实做好特殊利益群体矛盾化解稳控工作。到2018年年底，全县排查矛盾纠纷4670件，调解成功4341件；调处各类涉藏矛盾纠纷64件，涉及藏族群众150人，涉及金额20.51万元。全县无因矛盾纠纷调处不及时引发“民转刑”案件及群体性案件发生。

第七章　老促会工作

2009年6月17日，天全县老区建设促进会（以下简称老促会）成立。天全县老促会成立后，大力宣传革命老区人民的重大历史贡献、弘扬老区精神，认真贯彻落实党和国家支持革命老区加快发展的方针、政策，营造支持革命老区加快发展的舆论氛围，充分发挥老促会“宣传、调研、协调、服务”功能作用，动员社会各界关心、支持、参与革命老区建设，积极开展工作，帮助老区人民脱贫致富，推进老区社会主义新农村建设，促进革命老区全面建设和谐小康社会。

第一节　传承红色基因

老促会重视天全红色文化的整理和挖掘，以多种形式开展老区精神宣传教育，宣传老区的光荣传统，传承红色基因，弘扬老区精神。大力宣传天全发展和老区建设取得的丰硕成果，尤其是天全改革开放40年丰硕成果。积极向省市老促会联系和汇报，争取工作支持、项目支持、资金支持。加强同新闻媒体的对接，大力宣传天全、推荐天全、提升天全美誉度。积极引导营造共抓发展、共建老区的浓厚氛围，倡导社会各界“饮水思源，不忘老区”，为社会各界了解老区、关心老区、支持老区，共同努力汇聚推动天全发展的强大力量。抓好通讯员队伍建设，积极为《中国老区建设》《四川老区》和其他宣传媒体投稿，加大天全老区的宣传力度。2016年和2017年在《四川老区》杂志发表《激战老船头》等6篇文章。2017年6月，中国老促会在井冈山召开全国老区宣传工作会议，天全县老促会获三等奖。

2017年中国老促会井冈山会议和市老促会宝兴会议召开后，县老促会认真进行学习贯彻，扎实推进史书编撰，确定了丛书编撰计划。根据天全县实际情况，在编撰《天全县革命老区发展史》一书的同时，与相关部门共同修编《红军长征在天全》一书，并于2018年6月出版。

加强老区转移支付资金项目宣传。2009年至2017年，上级拨付天全县老区转移支付资金5771万元，这是中央专项用于支持老区建设、发展，特别是改善民生、奠定发展基础的专项资金。县老促会加强对中央关注、关心、支持老区建设发展的宣传，做好项目标识标志，让群众知晓项目资金来源渠道，加强对项目实施目的意义的宣传，帮助群众准确理解中央的大政方针，调动群众参与项目的积极性，营造项目实施的良好环境，引导群众珍惜当下、感恩奋进。

天全县老区建设促进会成立大会（刘祯祥　摄）

2015 年是中国人民抗日战争暨世界反法西斯战争胜利 70 周年，也是中国工农红军长征进入天全 80 周年，天全县开展了一系列纪念活动：5 月 22—25 日，国内知名作家和成都、自贡、宜宾、江油、雅安等地 31 名作家，共赴天全县开展走灾区暨纪念红军长征 80 周年采风活动；4 月 14 日，在天全中学举行专题报告会，纪念红军长征经过天全 80 周年；组织全县广大干部群众和青少年学生开展参观革命遗址和纪念馆活动；9 月“红后”（红色后代）艺术团到天全举行“中国人民抗日战争暨世界反法西斯战争胜利 70 周年和中国工农红军入川 80 周年”为主题的大型演出等。通过各种各样的纪念活动，让红军精神在天全这块红色的土地上代代薪火相传，时刻激励勤劳勇敢、智慧坚强的天全人民。

第二节　调查研究

一、脱贫攻坚调研

县老促会围绕老区在经济发展中存在的重大问题，深入开展老区调查研究工作，倾听群众诉求心声，关注老区民生特别是脱贫攻坚工作，发现特色亮点、捕捉苗头隐患问题，及时把调查了解的情况和对策建议反映给党委、政府和有关部门，为天全老区建设出谋划策，为县委、县政府科学决策提供依据。

2012 年，在天全县十年扶贫开发规划完成之后，老促会与县扶贫移民局的同志一道深入贫困村和因灾返贫村调研，了解扶贫开发效果，项目实施中的经验、教训、困难和问题，向县委、县政府提出了“以林竹产业发展为支撑，实施连片开发”的扶贫开发新思路，为贫困区域发展规划奠定了基础。

2014 年，围绕如何利用自身资源，借灾后重建之力，使全县扶贫开发工作上一个新的台阶，加强贫困区域基础建设，增加贫困群体收入的课题，县老促会对全县扶贫开发情况进行了深入调研，形成了《创新工作模式，全力推进扶贫开发工作》的调研报告，为全县扶贫开发工作建言献策，为领导决策提供了参考。

2016 年，县老促会与扶贫移民局同志深入基层，对全县金融扶贫、医疗扶贫、养老扶贫等问题进行深入调研，对如何利用自身资源，借重建脱贫双攻坚之力，加强贫困区域基础设施建设，增加贫困群体收入，使全县扶贫开发工作迈上新台阶提出了建议。

在助力脱贫攻坚中，县老促会盯准“村级集体经济发展”这一难点展开调研，为贫困村如何盘活闲置的资产资源，增加集体经济收入，消除“空壳村”献计出力。2017 年 3 月 15 日，在陪同市老促会领导在天全检查指导工作时，县老促会得知仁义乡张家村是贫困村，是村级集体经济收入为零的“空壳村”，并在调研中了解到张家村有一处水塘，经营承包后未兑现承包金，群众意见很大。经县老促会领导和仁义乡党委、政府领导一起做工作，面向社会公开招标租赁水塘经营权，实现了村级集体经济收入“零”的突破。针对张家村的问题，县老促会先后对大坪、城厢、鱼泉、乐英等乡镇村级资产进行了专题调研，在此基础上，形成了《仁义乡张家村消坝水库的启示和建议》调研报告，对尽快盘活村级资产资源，增加村级集体经济收入提出了建议，并得到县委、县政府的重视。2018年，按照县委、县政府的统一要求，全县138个行政村普遍对村集体资源、资产、资金“三资”情况进行了全面摸底，较为全面地掌握了村集体资源资产情况，特别是一部分村在摸底过程中，查清了集体茶山、鱼塘未经村民会议讨论决定便对外承包等历史遗留问题，提出了解决方案，为今后的发展打好了基础。

二、村级集体经济发展情况调研

2018年，县老促会将天全县村级集体经济发展情况调研作为年度工作重点，对全县村级集体经济发展情况进行了专题调研。专题调研从3月份开始研究方案，到8月份完成调研，历时6个月。

将全县15个乡镇分为三种类型进行调研，即：高山乡，也就是林地资源富集的乡，有两路乡、鱼泉乡、兴业乡；城郊型乡镇，也就是三次产业发展好的镇，有城厢镇、始阳镇；以农业为主的乡，也就是以粮食生产为主、大农业比较明显的乡，有老场乡、新华乡、新场乡。调研的8个乡镇占全县乡镇总数的53%；对82个村进行了调查了解，占全县138个村总数的59.4；随机确定了17个村，深入农户进行专题调研，占调查了解村的20.7%。

调研过程中，召开座谈会、院坝会25场次，近400人次参加。查阅乡镇村有关发展村级集体经济的资料30余卷，访问农户40户、70余人次。通过调研，大体摸清了全县村级集体经济发展的现状，总结了一些成功的经验，发现了需要解决的问题，2018年9月形成了《关于村级集体经济发展情况的调研报告》，有针对性地提出了切实加强村“两委”班子和村“四职”干部队伍建设、强化村级集体经济发展帮扶措施、研究探讨促进村级集体经济发展的政策机制、加强村级集体经济发展资金管理、营造发展村级集体经济的浓厚氛围等具体的建议和意见，得到县委、县政府和相关部门的重视。

三、其他专题调研

2017年8月，县老促会会同县财政局、县交通运输局、县扶贫移民局等相关部门，组成专题调研组，通过实地查看工程建设进展、进村入户了解群众意见建议、与部门召开专题座谈会、查阅相关档案资料等方式，对近三年来天全县老区转移支付资金使用情况进行了调研，形成了《天全县老区建设专项转移支付资金使用情况调研报告》，报送县委、县政府。调研报告总结了天全县老区转移支付支持农村公路建设的主要做法，查找了老区建设转移支付支持公路建设存在的困难问题，提出了加强项目宣传、拓宽资金融通渠道、加强项目管护、加大转移支付支持力度、加强项目档案管理等工作建议。

2017年，县老促会对全县红色资源情况进行了调研，形成了《关于天全县红色文化融入文旅、农旅发展的思考》的调研报告。调研报告立足将天全的红色资源融入旅游、融入现代农业，助推“绿美天全，幸福天全，实力天全”建设进程，对天全红色文化资源和红色文化融入产业发展面临的机遇和条件、存在的困难和问题进行了全面分析，就红色文化融入文旅、农旅等产业领域提出了有针对性的建议意见。

第三节　争取项目资金

2009—2013 年，上级共下拨天全县老区转移支付项目资金 2969 万元，安排实施教育、卫生、民生及农村基础设施项目 27 个。2015 年至 2017 年，争取到位老区转移支付资金 2802 万元，实施项目 20 个，主要用于改善农村交通条件和少量排污设施。

县老促会重点抓好革命老区建设转移支付专项资金项目的实施，确保老区专项资金使用规范、效果彰显。关注县域旅游公路、乡村道路建设，助推县域基础设施不断改善。协助相关部门和资金使用单位拓宽资金融通渠道。发挥转移支付资金的杠杆作用，撬动更多资金投入农村基础建设。将同类型项目资金打捆使用，重点用于农村道路、环境保护、产业发展等重点领域项目。拓宽社会投入渠道，吸引更多的社会援建、社团捐赠、社会投资，为老区发展贡献了巨大力量。

通过项目资金使用，改善了老区群众出行条件。老场乡牛子坎村民进出主要依靠一条不足 3 米宽的机耕道，弯急坡陡，农耕三轮通过都很困难。小河乡武安村 9 个组及清江河沿岸职工 1500 余人想要到青江河对岸，只能绕远路走下游人行吊桥过河，群众期盼武安村青江大桥的建设。根据“十三五”交通大会战实施的调查统计，全县农村公路建设需求达 390 多公里。近三年老区转移支付资金重点用于乡村公路和桥梁建设，打通了断头路，极大地方便了群众出行。

夯实老区产业发展交通基础。农业产业结构调整和产业布局出现显著变化，带动山药种植新增 1500 亩、茶叶新增 3000 余亩、土耳苕新增 800 亩。老场乡至仁义乡产业环线公路项目建设完成后，将打通老场乡禾林村农业公园、尖峰顶农业风景观光平台、苗溪水库、大坪山山药产业园区和旅游景点的连接通道，不仅有利于提升当地群众生产生活交通条件，带动农业产业多样化发展，而且有利于吸引游客观光体验，促进农业向旅游产业深度融合，实现“一三互动”、融合发展。

助推老区脱贫攻坚同步小康步伐。“要想富，先修路。”老区转移支付专项资金支持农村公路建设，有效破解了区域发展瓶颈，助推了全县精准扶贫、精准脱贫工作，加快了农民群众致富的步伐。乐英乡群山村、王家营村，新华乡下冷村，兴业乡复兴村，新场乡志同村都是天全县贫困村，根据老区转移支付支持公路建设安排，上述贫困村被纳入公路建设规划。公路的建设助推了脱贫攻坚工作进度，2016年，乐英乡群山村率先实现整村脱贫摘帽。

增强了老区群众幸福获得感。随着一批老区转移支付资金支持建设的农村公路投入使用，农村公路建设里程增加了，公路标准提高了，路面干净整洁了，群众出行难问题得到了解决，沿线群众无不欢欣鼓舞，纷纷称赞。小河乡沙坪村至曙光村公路损毁严重，群众出行极不方便。当群众听说用老区建设资金新改建公路时，主动协调工程中遇到的困难问题，确保了工程顺利推进，如期完工。

县老促会会同扶贫移民局，积极向上争取扶贫开发项目，支持贫困村基础设施建设。会长、理事多次深入乡镇、村组开展调研，参与规划，以实际行动融入脱贫攻坚工作。2012 年协调争取到整村连片扶贫开发项目资金 400 万元，主要用于贫困村基础设施建设和支柱增收产业发展。

县老促会主动联系省定贫困村——天全县思经乡劳动村的脱贫工作，尽力做好联系帮扶工作。县老促会深入劳动村调查走访，与村“两委”一起研究基础设施建设和产业发展，帮助协调落实基础设施和产业发展项目。争取到大唐雅安公司落实帮扶资金 120 万元，帮助劳动村修建了一座过河大桥，实现了硬化路通到行政村，弥补了贫困村退出标准的一大短板。协调农业部门落实 80 万元基本口粮田建设项目，修建 300 米通村硬化公路；启动林业部门 57 万元防火通道项目建设，对 1、2、3 组 1.6 公里泥结石路面进行了硬化；争取到财政扶贫新村建设资金 56.7 万元，启动修建通组公路 2.8 公里（泥结石路面）。同时，指导村上用好 62 万元扶贫新村建设专项资金，对全村饮水管道进行了全面升级改造。对村活动室周边环境进行了全面改造，扩建了村活动室广场，美化了周边环境。通过多次调研，与村上一起确定了以茶叶、笋用竹、黄檗种植为主的产业发展思路。在 1、5 组高山区发展种植了 400 亩刺巴竹（笋用竹），落实有机茶叶种植基地 50 亩。县老促会投入帮扶资金 16 200 元，帮助发展优质良种金银花 54 亩，覆盖贫困户 16 户，2016 年已经开花试产，预计 3 年达到丰产期。全村 21 户脱贫户“一超六有”和村退出“一低五有”基本达标。

使用革命老区转移支付资金修建的小河乡青江大桥（刘祯祥　摄）

第六篇　展望新时代

第一章　目标和布局

2017 年 10 月，党的十九大胜利召开。习近平总书记在报告中指出，经过长期努力，中国特色社会主义进入了新时代，这是我国发展的新的历史方位。走进新时代，开启新征程。天全县委、县政府组织全县党员干部深入贯彻习近平新时代中国特色社会主义思想，认真落实党的十九大精神和习近平对四川工作、雅安发展系列重要指示精神，全面落实省委十一届三次、四次全会、市委四届四次、五次全会决策部署，以市委建设绿色发展示范市为统揽，将发展方向的明确作为最核心的任务来抓，将政治生态的巩固作为最根本的工作来抓，将发展基础的夯实作为最紧迫的事情来抓。通过持续努力，全县上下呈现出人心思干谋发展、齐心协力促发展的新景象。天全县连续 4 年被省委、省政府评定为重点生态功能区县域经济发展先进县，获评国家卫生县城，被列为全省 3 个国家森林城市创建县之一、全省城乡融合发展综合改革试点县、全省林业生态旅游示范县、全市促进民营经济发展先进县。

不忘初心，牢记使命。天全人民在县委、县政府的坚强领导下，弘扬红军精神，发扬革命老区传统，正在为实现中国特色社会主义新时代的历史使命，同步全面建成小康社会、高质量建设生态经济强县而努力奋斗！

第一节　实施“三步走”战略

党的十九大报告在对决胜全面建成小康社会做出部署的同时，明确了从 2020 年到 21 世纪中叶分两步走、全面建设社会主义现代化国家的新目标。县第十四次党代会第二次会议以十九大绘就的宏伟蓝图为指引，加快实施“三步走”战略，奋力书写新时代伟大“中国梦”的天全篇章。

第一步，全面同步，实现小康。从现在到 2020 年，是全面建成小康社会的决胜期。要紧扣社会主要矛盾变化，打好防范重大风险、精准脱贫、污染防治攻坚战，建成绿美天全、实力天全、小康天全，确保与全国、全省、全市同步建成小康社会，为实现社会主义现代化打下坚实基础。

第二步，全面提升，实现崛起。从 2020 年到 2035 年，在全面建成小康社会的基础上，再奋斗 15 年，经济总量、质量全面提升，人民平等参与、平等发展的权利得到充分保障，治理体系和治理能力现代化基本实现，人民生活更为宽裕，长江上游生态屏障坚实稳固，基本实现社会主义现代化。

第三步，全面振兴，实现赶超。从 2035 年到 21 世纪中叶，在基本实现社会主义现代化的基础上，再奋斗 15 年，社会生产力高度发达，全县经济实力、综合实力迈上更高台阶，实现治理体系和治理能力现代化，人与自然和谐共生，全县人民基本实现共同富裕，生态文明建设走在全国前列。全面实现社会主义现代化，建成生态经济强县。

第二节　建设生态经济强县

习近平新时代中国特色社会主义思想是我们党必须长期坚持的指导思想，是当代中国的马克思主义，是引领中国特色社会主义新时代的纲领、旗帜和灵魂，为解决当代中国前途命运问题提供了科学理论指引。习近平对四川工作的系列重要指示，来源于习近平新时代中国特色社会主义思想的宏大理论体系，根植于习近平新时代中国特色社会主义思想在四川的生动实践，科学回答了新时代四川“怎么看、怎么办、怎么干”等一系列重大问题，是做好新时代四川工作的行动指南。习近平对雅安抗震救灾、灾后重建及发展振兴做出的系列重要指示精神，特别是“雅安是长江上游重要的生态屏障，素有‘天府之肺’‘动植物基因库’之称”“生态优势是雅安最突出的优势”等重要指示，为雅安推动绿色发展振兴提供了根本遵循原则。市委四届四次全会紧紧围绕习近平新时代中国特色社会主义思想和习近平对四川工作、雅安发展系列重要指示精神，认真贯彻落实省委十一届三次全会精神，对雅安未来五年建设发展做出全面谋划和部署，通过了《中共雅安市委关于深入贯彻省委十一届三次全会精神加快建设绿色发展示范市的决定》，既谋划全局、完善思路，又明确目标、细化举措，系统回答了什么是绿色发展示范市、为什么要建绿色发展示范市、怎样建设绿色发展示范市等一系列重大问题，是雅安未来五年转型发展、创新发展、跨越发展的指导性文件。市委明确指出，支持天全县建设生态经济强县、服务藏区发展桥头堡，对天全做出了明确定位，指明了天全实现高质量发展的方向路径。2018 年 9 月 26 日，中共天全县委十四届委员会第八次全体会议通过《中共天全县委关于推进高质量发展建设生态经济强县的决定》，结合新时代新任务新要求，对建设生态经济强县做出新部署，奋力开启现代化建设新征程，推动全县经济社会发展实现追赶跨越。

绿美天全（刘祯祥　摄）

第三节　总体要求和目标

坚持以习近平新时代中国特色社会主义思想为指导，深入学习贯彻习近平对四川工作、雅安发展系列重要指示精神，统筹推进“五位一体”总体布局，协调推进“四个全面”战略布局，全面贯彻省委十一届三次全会决策部署，认真贯彻落实市委四届四次全会精神，以建设绿色发展示范市为统揽，坚持绿色发展、特色发展、转型发展，高质量推进绿美生态环境、生态产业体系、城乡融合示范、生态颐养胜地、服务藏区发展、改革创新机制、社会民生事业“七大建设”，加快建设生态经济强县。

到 2022 年，生态经济强县建设取得重大突破。经济总量迈上 100 亿元台阶，继续保持在“全省县域经济先进县”行列，力争在全省山区县排位中进入前 10 位，人均地区生产总值进入全市前列，力争实现撤县设市。生态保护全市领先。国家主体功能区建设试点示范取得显著成效：森林覆盖率达到 73%以上；空气优良天数比例≥93%，PM2.5 年平均浓度 < $35ug/m^3$；出境断面水环境质量达到国家Ⅱ类标准；县城及乡镇集中式饮用水水源地水质达标率持续保持 100%；生态保护指数位居全省前列。生态产业全市领先。农业农村“11133”工程圆满完成，林竹、高山有机茶、中药材、雅山药等生态特色产业长足发展，产值达到 15 亿元以上，占农业总产值 80%。建成新材料、绿色载能、特色农产品加工、清洁能源“四大特色产业”集群，全县实现工业总产值 150 亿元以上，规上工业增加值年均增长 12%以上，规上工业企业达到 50 家以上，高新技术产业产值占工业总产值比重达到 40%以上。基本建成中国川藏游出发地、川滇生态旅游目的地、川西康养重要目的地，生态旅游产业综合收入达到 50 亿元。建成全省军民融合物流园、服务藏区发展桥头堡。三次产业结构调整为 8：50：42。绿美城乡建设全市领先。城区常住人口力争达到 8 万人，城镇化率达到全省平均水平，城镇规划面积达到 9.5 平方公里，持续巩固国家卫生县城成果，成功创建国家森林城市、省级文明城市、省级韧性示范城市。脱贫攻坚成果持续巩固，全域建成幸福美丽新村、“四好村”和“五美乡村”，实现民居秀美、产业富美、环境优美、生活甜美、乡风淳美，农村居民人均可支配收入年均增长 9.5%以上。

构建“一城三园三区”的县域发展新格局。“一城”，即以县城为中心，实现城厢、始阳同城化发展。立足“一体两翼三山四溪”城市布局，以“水韵天全、颐养胜地”的定位建设县城；以“镇园一体”的定位建设始阳镇。“三园”，即建设以新型材料、绿色载能为主导的新型工业园，建设以特色农产品加工为主导的生态农业园，建设以物流、仓储、战略储备为主导的现代物流园。“三区”，即建设以始阳、小河、大坪、思经为重点的省级绿色特色载能产业聚集区。支持小河乡建设生态工业经济园、绿色载能示范乡。建设以紫石、两路、小河、思经、鱼泉为重点的生态旅游示范区。支持紫石乡、两路乡建设特色森林康养小镇，支持思经乡、鱼泉乡建设“云雾仙茶、竹海渔乡”。建设以多功、新华、仁义、老场、大坪、乐英、新场、兴业为重点的农旅融合和生态农业产业示范区。支持多功乡、新华乡、仁义乡、老场乡建设农旅融合精品旅游线，支持乐英乡、新场乡、兴业乡建设生态竹海、果药茶园生态农业产业示范区，支持大坪乡建设“花香大坪、诗意栖居”田园综合体。

第二章　重点任务和工作举措

天全县把建设生态经济强县作为全面推进高质量发展的重要战略，坚持县第十四次党代会第二次会议确立的发展愿景、做出的战略谋划，对事关天全发展全局的重大思路和举措进行再梳理、再谋划、再落实，大力推进绿美生态环境、生态产业体系、城乡融合示范、生态颐养胜地、服务藏区发展、改革创新机制、社会民生事业“七大建设”，加快实现生态保护、生态产业、绿美城乡建设“三个全市领先”，坚持一张蓝图绘到底、一茬接着一茬干，朝着建设生态经济强县目标阔步前进。

第一节　推进绿美生态环境建设

持续强化生态保护。积极践行习近平生态文明思想，坚持以国家主体功能区建设试点示范和大熊猫国家公园体制试点建设为主线，构建人与自然和谐共生的生态安全格局。加强空间分类管控，强化功能分担，严格落实生态保护红线、环境质量底线、资源利用上线和环境准入负面清单的“三线一单”制度，促进经济社会发展格局、城镇空间布局、产业结构调整与资源环境承载能力相适应。推进全域增绿，深入实施以绿美城镇、绿美乡村、绿美山川、绿美产业、绿美通道为主要内容的“绿美天全”行动，持续巩固退耕还林成果，到2022年，全县林地保有量达到301.5万亩，森林蓄积达到1720万立方米，成功创建国家森林城市。

打好污染防治攻坚战。整体提升水环境质量，落实好“河（湖）长制”，加快水污染治理、水生态修复，加快城乡污水处理设施建设，到2022年，全县管网覆盖率、污水收集率大幅提高，县城生活污水处理率达到95%。持续提升空气环境质量，大力推进减排、抑尘、压煤、治车、控秸“五大工程”，做好大气污染防治各项工作。全面改善土壤环境质量，强化土壤污染防治，实施土壤污染分类管控，加快城乡生活垃圾处理设施建设，到2022年，城乡生活垃圾无害化处理率达到100%。持之以恒抓好中央、省环保督察问题整改。

倡导绿色健康生活方式。积极培育和践行绿色文化理念，提高全社会生态环境保护意识，开展绿色企业、绿色商场、绿色家庭、绿色学校、绿色社区等单元评星评级相关创建活动，推动绿色低碳发展深入人心。鼓励绿色产品消费，加强对绿色产品的市场准入和质量监督管理，建立和完善绿色产品信息发布与查询平台，积极引导消费者购买节能环保低碳产品。提高公众绿色出行率，大力发展公共交通，逐步开辟、运营城乡公交路线，实现县城到始阳镇公交线路全覆盖。大力推行绿色办公与绿色采购，建设节约型公共机构。

天全县城向阳新区（李林　摄）

第二节　推进生态产业体系建设

增强项目招商实效。坚持以项目工作引领天全高质量发展，着眼加快建设生态经济强县、服务藏区发展桥头堡目标定位，围绕产业转型、乡村振兴、园区建设、全域旅游、生态环保、民生补短等领域，有针对性地编制储备和上报项目。主动向上争项目，积极与省发改、财政、住建、交通等部门沟通汇报，争取更多项目纳入中央、省投资计划“盘子”。不断增强招商引资实效，树立产业链招商、生态圈招商理念，实施定向、定位、定点精准化招商，到 2022 年，力争引进亿元以上项目不少于 40 个，招商引资到位资金年均增长 9%，五年累计招商引资到位资金 275 亿元。

培育四大特色产业。对标市委“千亿产业”行动，加快建设“百亿产业”集群。着力培育以玄武岩纤维、晶体材料、林竹综合加工等为代表的新型材料产业，重点加强50万亩林竹资源的综合利用加工，使“林业产业强县”名副其实；着力培育以短流程炼钢、超高功率石墨电极、铁合金产业重组提升等为代表的绿色载能产业，建设全省绿色载能产业发展示范基地；着力培育以润兆鱼子酱加工、西蜀雅禾山药加工、汇美竹笋加工、欣妙酒业加工等为代表的特色农产品加工产业，重点将润兆渔业打造为全市出口创汇重点企业；着力培育以装机22万千瓦的锅浪跷水电站、装机5.6万千瓦的胜利电站等为代表的清洁能源产业。到2022年，四大特色产业产值突破150亿元。

建设三大产业园区。建设新型工业园。以飞地园区为主要载体，主要发展高端装备制造、轻工制造产业，打造全市对外合作示范窗口。在始阳园区规划布局以林竹加工、玄武岩纤维加工、特种水泥为代表的新型建材产业；在小河园区发展以水电为能源支撑的超高功率石墨电极、先进有色金属材料为主的绿色载能产业。全面加快配套工程建设，全力推进省级特色产业园区创建，建设绿色载能产业发展示范区，建好四川天全经济开发区。同时，努力整治“僵尸企业”，盘活闲置土地。到2022年，入园规上企业45家以上，园区年产值突破120亿元，年税收突破6亿元。建设生态农业园。加快推进始阳现代农业特色产业园区规划建设，使本地特色优质农产品就地加工，全面带动本地资源优势转化，全县农产品初加工率达到80%以上。建设现代物流园。主动承接疏解成都向西物流功能，加快推进始阳川藏物流园规划建设，到2022年，入驻省级以上物流企业达到10家，物流业产值达到20亿元以上。

建成生态旅游目的地。围绕“二郎山大品牌、中医大康养”发展思路和“成渝后花园、康藏桥头堡”区域定位，持续强化“中国川藏游、出发在天全”旅游定位，推动精品旅游全域化发展，重点抓好六大旅游。抓好“风光游”。立足“大二郎山景区”构建，创建喇叭河国家AAAAA级景区，打造人与自然和谐相处的旅游胜地；高质量规划和建设光头山、红灵山等景区，打造云层之上的最佳观光平台和川藏线上小峨眉特色景区，推进紫石、两路森林康养小镇建设；做足“国家水利风景区”文章，完善多功乡南天新镇旅游业态。抓好“文化游”。以土司、茶马、农耕、红色等文化为基础，打造破磷石头寨、甘溪坡茶马古道、新华孝廉村、仁义红军村等特色文化旅游点，提炼文化符号，创新表现形式，形成具有鲜明地方特色的文化旅游品牌。抓好“民俗游”。以禾林山药村、红岩玫瑰村、团结鲟鱼村、大坪荷花村等为代表，加快基地提升、旅游道路、乡村酒店、精品民宿等配套建设，打造一批主题鲜明的田园综合体和特色民俗村落。抓好“养生游”。着力发展中医康养产业，延展“陈氏中医”品牌，打造中医康养城；着力发展森林康养产业，打造一批森林康养小镇。重点推出养老、健身、休闲、疗养等系列产品，让游居和居游成为生态旅游重要形态。抓好“美食游”。着力培养当地餐饮人才，充分利用雅山药、冷水鱼、竹笋、森林蔬菜等本土食材，推广和开发以“桥头堡鸡肉”为代表的口味独特、品种多样的系列美食，打响二郎山特色美食品牌。抓好“会节游”。继续举办好红叶节、冰雪节、杜鹃花节、美食节和风筝节等二郎山特色会节，深入推进文创旅游节，创新推出环湖马拉松、自行车赛、汽车拉力赛等特色节会活动，持续提升天全旅游知名度、美誉度，打响“神奇二郎山、绿美新天全”旅游品牌。

第三节　推进城乡融合示范建设

发展特色农业，推动产业振兴。重点支持茶叶（油茶）、雅山药、笋用竹、冷水鱼等特色产业发展，壮大产业基地。到2022年，累计发展特色产业30万余亩，其中茶叶种植12万亩、雅山药3万亩、笋用竹 15 万亩。大力培育新型农业经营主体，助推农业特色产业高效发展。到 2022 年，培育龙头企业 25 家，其中省级龙头企业 8 家；农民专业合作社 230 家，其中国家级 4 家、省级 10 家。深入推进农业农村“11133”工程，加快建设仁义红军村农旅融合、思经鱼泉竹海渔乡、乐英新场茶旅融合、老场山药产业园、白石蔬菜产业体验观光园等一批田园综合体，加快建设大坪山生态农业公园、特色农产品加工园，加快打造农旅融合发展产业环线，进一步壮大高山有机茶（油茶）、天全山药、食用竹笋 3 条万亩亿元示范带。以“互联网+”、创意农业为重点，加快培育涉农产业新业态，形成多产业互动融合、竞相发展的新格局。

深化环境综合整治，推动生态振兴。落实《农村人居环境整治三年行动方案》，统筹推进新村建设和农村人居环境、生态环境整治，打造干净整洁、美丽宜居的农村生活环境。深入推进农村厕所革命、垃圾革命和污水革命。推广建设农村公共厕所，推进粪污治理和畜禽养殖废弃物资源化利用；学习借鉴农村垃圾分类处理“高岗村模式”，加快生活垃圾无害化处理设施建设，推进生活垃圾就地分类和资源化利用；实施农村生活污水治理“千村示范工程”，建设以红军村、白石村等为主的农村生活污水治理示范区。到 2022 年，力争户用卫生厕所普及率达 80%，90%以上的行政村生活垃圾实现分类处理，70%以上的行政村生活污水得到有效处理。

倡导乡风文明，推动文化振兴。深化群众性精神文明创建活动，开展乡镇公共文明指数测评，推进“天全好人”“道德模范评选”“文明家庭创建”等评选活动，到 2022 年，县级文明村镇（社区）覆盖面达到 60%。深入挖掘传统乡土文化，推进移风易俗，塑造文明乡风、良好家风、淳朴民风，让文明有礼、崇德向善成为群众的自觉行为。推进城乡公共文化服务均等化，加快幸福美丽新村文化院坝建设。实施乡村文脉保护和传承行动，加强乡村文化品牌培育，支持创新创办各类农村文化节庆活动。加强农村法治宣传教育，全面推进平安乡（镇）、平安村（社）建设。

强化智力支撑，推动人才振兴。实施乡村人才培育集聚工程，打造一支懂农业、爱农村、爱农民的“三农”工作队伍。建立县域专业人才统筹使用制度，支持各类人才流向乡村创业就业。通过岗编适度分离和相应激励，引导教育、卫生、农业、文化等行业科技人员、专业技术人员向基层流动。加强校地合作，发挥好油茶、乌茶、猕猴桃“专家大院”作用。强化本土人才培养，支持农民工返乡创业，积极挖掘培养“土专家”“田秀才”。扶持培养一批农业职业经理人、经纪人、职业农民、乡村工匠、文化能人等。研究引导和支持退休干部、知识分子和工商界人士等新乡贤返乡的扶持政策。统筹选配专业人才和优秀干部充实到乡镇和涉农部门。

创新基层治理，推动组织振兴。加强农村基层党建，强化社会组织建设，健全党组织领导下的自治、法治、德治相结合的“一核三治一监督”乡村治理体系。深化“领头雁”队伍建设，培育一批能带富、善治理的农村基层组织带头人。大力推进村级党群服务中心建设，培育农村各类社会服务组织。加强新村聚居点管理，贯彻好《雅安市新村聚居点管理条例》。深入实施“四议两公开一监督”等议事决策制度，探索民选、民议、民建、民管的农村项目建设新模式。推行村级组织“小微权力清单”制度，规范村级权力运行。

实施乡村振兴，推动城乡融合发展。深入推进城乡融合发展综合改革试点工作，全面落实《天全县开展城乡融合发展综合改革试点方案》，围绕实施乡村振兴战略，建立和完善乡村振兴制度基础，激发乡村振兴动力活力，形成整体工作合力。争取用三年时间，建立健全城乡融合发展体制机制和政策体系，把城乡融合发展、农业农村优先发展等要求落到实处。

第四节　推进生态颐养胜地建设

按照景区标准建设县城，大力推进“四城同创”。创建省级文明城市。全力实施思想道德教育、经济社会发展环境达标、城市建设管理、城市人文形象打造、城市文明风尚塑造、城市幸福指数提升、长效常态机制建立、全域创建“八大行动”，大力培育和践行社会主义核心价值观，不断提高县城文明程度和公民文明素质，有效提高城市建设和城市管理水平，全面提升群众生活水平、道德水平和文明程度，力争在 2020 年实现成功创建。巩固提升国家卫生县城创建成果。整合城市管理资源，打造信息化管理平台，建立信息共享、高效便捷、规范有序的城市管理新模式，全面提升城市管理水平。创建国家森林城市。以国家森林城市评价指标体系为引领，以主题鲜明的森林康养小镇为特色，力争在 2020 年全域创成国家森林城市，努力打造地震灾区、革命老区、生态保护区和欠发达地区推进森林城市建设样板。创建省级韧性示范城市。深入实施生态修复，提升城市生态系统韧性；以“水韵天全”为特色，综合治理城市水系，推进海绵城市建设，增强城市基础设施韧性；大力推进智慧城市建设，建设智慧交通系统、智慧安防系统、智慧照明系统以及灾害应急管理系统，使城市基础设施运行更加智能、绿色，提升城市服务管理系统韧性，建成人与自然和谐共生、生态绿色与城市共融发展的典范。

按照景区标准提升县城。坚持“一街一景、一水一色”，吸引游人前往，全力推进“四大提升”，努力实现“既见人流，又见客留”。实施四溪提升。加快实施“四溪”综合治理、城市漂流等项目，做足水文化，依托水上景观、水上娱乐、水上漂流，打造“水在城中、城在林中、山水相映”的全新格局。实施“两湖”提升。提升慈朗湖自然景观，打造主题酒店，建成游客接待中心。实施龙湾湖西岸景观打造，建成闭合骑游环线，大力开发水上运动项目。实施绿美提升。探索城市园艺管家模式和城市公园苗圃化模式，对县城进行彩化提升，深入实施“围墙增彩”“小区增绿”“城市增美”三大城市绿化美化行动和国家战略储备林项目，对县城周边“三山”进行彩化提升和景观打造，持续推进“森林进城、森林围城”。加快县城大型生态停车场（自驾营地）及车辆检修服务保障基地规划建设。实施旧城提升。切实抓好中心城区棚户区改造和沙坝新区征地拆迁工作，为绿色发展提供支撑。快速推进黄铜街等老城区旅游商业街建设，开发和建设一批游娱项目，为吸引外来客商创造条件。

按照景区标准打造新区。推进中心城区扩容，突出山水城一体、居业游相融，不断优化城市空间布局、提升城市品位，培育以再建两个新区为构架的城市形态。加快慈朗湖康养新区建设。以慈朗湖公园为基础，以中医康养综合体为核心，加快实施水韵天城、欣妙酒庄等一批城市商业综合体建设，启动实施慈朗寺禅修文化中心建设和公墓搬迁项目，加快推进大岗山山地森林公园等项目建设，着力建设养眼、养性、养心、养身的康养立体大格局的康养新区。加快沙坝康居新区建设。围绕提升城市新功能、注入城市新动力，提升龙湾湖设施建设，配套城市功能，加快建设汽车站、幼儿园和中学、县医院、群众文化演艺广场、雅康高速入城大桥、8 条市政道路等项目，将西康文化、茶马文化等融入康居新区肌理，打造城市新亮点、新名片，大力宣传“成渝打拼，天全养生；康藏工作，天全生活”，定向吸引一批外地群众到天全购房安居。

第五节　推进服务藏区发展“桥头堡”建设

承接环成都经济圈产业转移。精准对接“四向拓展、全域开放”立体全面开放格局，抢抓雅康高速、成康铁路交通优势，大力推进与乐山、眉山等环成都经济圈城市在绿色载能产业发展方面和电子商务、数字经济等高新技术产业领域的协作交流，积极承接新一轮产业转移。依托喇叭河、红灵山、白沙河等特色旅游资源，主动融入成渝森林康养市场；大力发展特色冷水鱼养殖、高山有机茶等生态特色产业，建设成渝绿色有机食品基地；积极承担成都大都市区发展所需的生态旅游、医养康养等功能，主动融合大香格里拉旅游环线，发展观光体验、养生养老等旅游服务项目，培育服务成渝的旅游康养高端业态，让“在成渝康藏工作、在天全享受生活”成为新时尚。

建设对藏服务桥头堡。坚持“加强东融西联，扩展南下北上”思路，主动对接融入国家铁路网、国家高速公路网。到 2022 年年底，以 1 条铁路、2 条高速公路、4 条国省干线为骨干，构建青山绿水间的对藏服务桥头堡。推动川藏铁路天全段建设，助推天雅高速规划建设；建成 318 国道锅浪跷还建公路和始阳绕城路，升级改造 308 省道天全至荥经龙苍沟段、106 省道天全县城至 351 国道段，加速形成“贯通南北、连接东西”的现代化对外交通网络体系。

打造协同康藏的综合物流交易中心。加强与甘孜藏区沟通联系，促进在能源利用、矿产资源开发、旅游、医疗、教育、飞地经济等方面的合作发展，推进对藏产品加工项目建设，引进和培育特色对藏产品加工企业 10 家以上，推动川藏物流园项目实施，着力打造川西重要的进藏生活物资、应急储备、军需供应基地和服务藏区的大宗工业品集散地。引进一批具有较强竞争力的现代物流企业，大力推进绿色运输、绿色仓储、智能配送，积极培育大宗商品运输、仓储、电子商务、汽修汽贸、客货运服务等业态，加快建设现代物流产业集群。

第六节　推进改革创新机制建设

抓好重点领域和关键环节改革。深化供给侧结构性改革，以夯实实体经济为着力点，落实“三去一降一补”。全面推行市场准入负面清单制度，落实重点生态功能区产业准入负面清单。深化机构和行政体制改革，加快政府职能转变。抢抓全省城乡融合发展综合改革试点县机遇，深入推进农业供给侧结构性改革，深化农村土地制度改革，加强乡村振兴人才队伍培养，创新政府投资支持方式，建立城乡融合民生共享机制。推动深化医药卫生体制综合改革示范县改革试点，打造“天全名中医”工程。深化国资国企改革，加快国资监管体制改革，积极推进国资监管机构职能转变，落实经营性国有资源集中统一监管，不断优化国有资本布局。深化商事制度改革，大力推进“多证合一”“证照分离”，深化投资审批和职业资格改革，激发各类市场主体活力。推动社会征信体系建设，建立企业资信、个人信用、行业诚信数据库，建设统一的社会信用信息平台，探索建立诚信激励和失信惩戒机制。不断深化“放管服”改革，提升行政效能和服务水平。

深化依法治县。坚持法治天全、法治政府、法治社会一体建设，加快法治政府建设，持续提升依法行政水平，严格规范公正文明执法，全面强化司法公正，积极推进社会法治。坚持法治和德治有机结合，实现法律和道德相辅相成、相得益彰，努力构建法治良序。推进基层依法治理常态化，深化“法律七进”和基层法治示范创建活动，打造法治天全品牌。

第七节　推进社会民生事业建设

打好精准脱贫攻坚战。坚持把脱贫攻坚作为最大的政治责任、最大的民生工程、最大的发展机遇，把提高脱贫质量放在首位，强化党政“一把手”负总责的责任制，坚持大扶贫格局，压紧压实脱贫攻坚主体责任，全面实施脱贫攻坚战三年行动，在全面巩固往年脱贫成果基础上，坚持把抓产业、抓就业、抓创业贯穿脱贫攻坚始终，下足“绣花”功夫，确保全县36个贫困村全部退出、所有贫困人口全部脱贫，确保到2020年与全国全省同步全面建成小康社会。统筹做好贫困村和非贫困村、贫困户和非贫困户帮扶，在人力、财力、项目、资金等方面通盘考虑。坚持扶贫同扶志扶智相结合，持续深化“感恩奋进”主题教育活动，深化“四好村”创建，建好用好“农民夜校”，引导贫困群众崇尚科学文明，养成健康生活方式，不断激发贫困群众内生动力。

办好急难愁盼民生实事。优先发展教育。坚持教育公平，推动教育从规模增长向质量提升转变，促进城乡义务教育均衡发展，落实学前教育行动计划、高中阶段教育普及计划。保持天全中学教育民生名片，力争在2020年成功创建成四川省二级示范高中。提升医疗卫生水平。加快推进城乡卫生医疗一体化发展，构建县域医疗资源远程协作网。加强紧密型医共体建设，推动优质医疗资源下沉。发展中医药健康服务，延展“陈氏中医”品牌，创新推进“医疗、预防、康复、旅游、养生”一体化健康养老养生产业发展模式，建设以县医院为主的医养中心、以中医院为主的中医骨伤康养中心。强化食品药品安全和农产品质量安全监管，推进食品药品监管机构体制改革。强化基础设施建设。以“四好农村路”建设为引领，以县乡道为主骨架，村组及旅游公路为次干架，促进县域交通互联互通。推进喇叭河旅游还建公路、始新路、结柳路等县乡道路建设，打造绿美通道；实施村道、林区道路改建200公里以上，打通交通便民惠民“最后一公里”；建设县城至始阳、县城至思经快速通道，乐英到新场茶旅融合环线等产业路100公里以上，构建产业公路网。加快实施堤防工程、土地整理项目、农村电网改造、农村天然气管道建设等民生工程建设。重点推进小型集中和分散式供水工程建设和改造提升，到2022年，消除农村群众季节性缺水问题，农村居民安全饮水保障水平显著提升。

推进文化繁荣发展。自觉承担起新形势下宣传思想工作中举旗帜、聚民心、育新人、兴文化、展形象的使命任务。牢牢掌握意识形态工作领导权、管理权和话语权，深化舆论导向，营造清朗的网络空间，坚决维护意识形态安全。大力培育和践行社会主义核心价值观，深化公民道德建设工程，提高公民素质和社会文明程度。加快建设文化强县，深度推进茶马文化、土司文化、生态文化、红色文化、农耕文化等资源与旅游的有效融合。深度挖掘天全人文特色，培育提炼城市精神和印记。办好二郎山大讲坛，传承优秀中华传统文化。规划建设集二郎山美术馆、历史博物馆、生态博物馆为一体的文化艺术中心，提升公共文化服务水平。推进陈氏骨科、桥头堡鸡肉、天全乌茶等具有本土特色的非遗传统技艺的申报和传承。发现和培养一批本土文艺人才，以“发现天全、表达天全、弘扬天全”为导向，鼓励和支持创作具有天全特色的文艺精品。深入挖掘天全历史文化资源，创作本土文化精品剧目。积极培育文化支柱企业，充分展现天全文化软实力。积极争取申办省级以上大型体育赛事，大力发展体育服务业和休闲体育产业。

构建多层次社会保障体系。实现覆盖全民、城乡统筹、权责清晰、保障适度、可持续的多层次社会保障体系，坚持就业优先战略和积极就业政策。2022 年实现城镇新增就业 1 万人以上，全面实施全民参保计划，精准扩面，基本实现 2022 年法定人群全覆盖，完善基本养老保险、基本医疗保险、工伤、生育、失业保险制度。加大社会救助、社会福利、慈善事业、优抚安置等工作力度，建立健全农村留守儿童和妇女关爱体系，大力发展老龄、残疾人事业，积极完善住房和供应保障体系，不断提升社会保障水平。

防范化解重大风险。有效防范金融风险，加快信用体系建设，严厉打击非法集资、网络传销等涉众型经济犯罪，营造良好金融生态环境。扎实推进平安天全建设，建设立体化治安防控体系，全面推动县、乡（镇）、村（社）三级综治中心规范化建设和“雪亮”工程建设，强化网格化服务管理，完善社会稳定风险评估机制建设。深入开展扫黑除恶专项斗争，严厉打击各类违法犯罪行为，切实抓好“打非治违”“亮剑”执法等专项整治行动，坚决守住社会稳定、安全生产、食品药品安全“三条底线”。坚决打击破坏天全发展环境、危害全县人民共同利益的行为，从严从重从快打击强揽工程、强买强卖、吃拿卡要、阻工闹事等不法行为，不断优化发展环境。

附　　录

大事记
（1935 年—2018 年）

1935 年

春季，中共地下党员席懋昭任灵关小学副校长，与地下党员观音寺小学魏守端一道，组织游击队。6 月，席懋昭率游击队到天全，迎接北上红军。继后席懋昭受党组织派遣护送党中央派往上海领导地下党斗争的陈云出川，胜利完成任务。

6 月 3 日，红军先头部队经荥经县的泡通岗，翻越青山垭进入天全县境。另一路红军经荥经县的泗坪、荥河翻垭子口进入天全县境。红五军团经新庙子、水子地向天全前进。

6 月 4 日，红一军团一部进入天全县境，经陈家坝、大深溪、柳家沟，7 日到达始阳沙漩村，在三谷桩与敌杨森之一个营争夺渡口。另一部从荥经与天全南侧交界的青山垭入境，经干河、思经场，于晚间进抵天全县城南侧的沙坝村，与固守县城的国民党川军杨森部之杨杰生旅隔河对射。

6 月 9 日，毛泽东、周恩来等军委纵队领导进驻天全县城邱家大院。

11 月，红四方面军总部设在仁义乡陈家窝，保卫局设在天全县城正西街，红军总医院设在老场乡白土坎。

11 月，红军在攻占天全后，建立中共天全县委，县委领导成员由部队选派。在中共天全县委领导下，建立“少共”组织。全县相继建立县、区、乡、村苏维埃政府 107 个，选出各级干部 552 人。

12 月 5 日，红军大学进驻天全县老场乡红岩坝。

12 月下旬，红军在天全扩军，群众踊跃报名。天全县各乡参加红军的有 2000 余人（已查清姓名的近 150 人）。

12 月末，在天全县范围内组建了游击队。县建独立团、区建营、乡建连、村建排，全县参加游击队的达 1519 人。

1936 年

1 月 6 日，红四方面军召开四川省第一次苏维埃代表会议预备会议。参加会议的有天全、芦山、宝兴、雅安、太平、名山等县的县、区、乡苏维埃代表 300 余人。会议的主要内容是动员群众参军参战，以扩大红军为中心，完成包括地方建设在内的各项工作任务。

1 月，由刘伯承任校长的红四方面军红军大学在天全增设学制半年的“政治连”，同时，红军大学还设有高级指挥科、上级指挥科、上级政治科，培训各级红军干部，学制均为 3 个月。红军大学还增办附属步兵学校，校长仍由刘伯承兼任。红军大学和附属步兵学校在校总人数曾达 1500 余人。

2 月 15 日，红四方面军开始执行“康（定）、道（孚）、炉（霍）战役计划”，陆续撤离天全、芦山、宝兴地区，在隆冬季节第二次翻越雪山夹金山。

2 月 23 日，红四方面军撤离天全、芦山，向康区北部转移结束。至此，张国焘南下方针完全失败。

1948 年

秋，川康特委领导下的中共成都市委派遣一批大学、中学在校学生党员和民协成员到雅安，唐开德（灵关人）回到家乡天全开展统战工作，发动群众迎接解放。

1949 年

12 月，经川东特委驻雅安负责人杨正南的批准，建立中共川东特委天全支部委员会。

1950 年

2 月 8 日，天全和平解放。中共天全县委、天全县人民政府成立。

3 月中旬，天全县人民政府号召生产自救，恢复边茶生产，支援藏族人民，并在私营茶商中发动集资入股，合资经营茶业，成立天全县私营联合茶厂。

4 月，为支援解放军进军西藏，中国人民解放军 18 军 54 师 162 团和天全县民工抢修桥梁，整修、拓宽两河口至二郎山的公路。5 月 30 日公路通车至泸定。音乐家洛水、时乐蒙谱写的《歌唱二郎山》在全国传唱，二郎山闻名全国。

5 月 11 日，天全县首届各界人民代表会议正式召开。

6 月中旬，中国人民解放军 18 军进军西藏，受到天全人民的热烈欢迎和大力支援。天全县在始阳、城厢、大仁烟、两路口等处为进军部队设立柴草站、茶水站，共供给进藏部队烧柴 65 万公斤、军马饲料 52 万公斤、地方支援柴草费用 28.5 万元、民工资米 7611 公斤。

1951 年

4 月 17 日，天全县开始民主建政工作，划 5 个区、29 个乡、224 个村。

4 月上旬，天全县在重点乡进行土地改革工作试点，11 月基本结束。在土改中分到土地的农户 10 967 户、42 844 人，分别占农户的66%、总人口的 51%。

6 月 5 日，天全县属一、二、三区土改工作委员会成立，梅岭、大河等 15 个土改普推乡全面展开土地改革工作。

6 月，天全县按省政府决定，对建政时划分的 29 个乡调整为 23 个乡。

1952 年

1952 年，天全县人民政府组织力量和驻军、公安部门配合，修整县城东门到西门的主要大街，将高低不平的石条挖掉，铺成平整的碎石路面。

5 月 9 日，开展以反行贿、受贿，反偷税漏税，反偷工减料，反盗窃国家财务、反盗窃经济情报为内容的“五反”运动。

7 月 5 日，雅安专属决定将天全第五区所辖灵关等十个乡划归宝兴县。

1953 年

2 月 20 日，天全县委加强抗美援朝工作，动员青年积极参军。全县参军 170 人。

11 月，天全县、区、乡分别召开干部会议，部署粮食统购统销任务。

1954 年

3 月 5 日，天全县委召开扩大会议，贯彻党在过渡时期的总路线。

4 月 29 日，天全县第一届人民代表大会第一次会议召开，出席代表 85 人，列席代表 8 人。

6 月 5 日，开展以反官僚主义、反强迫命令、反违法乱纪为内容的“新三反”运动。

1955 年

1 月上旬，天全县进行户口调查工作，普查结果全县 20 109 户、87 368 人，男性 42 124 人、女性 45 244 人。

12 月 31 日，经雅安地委审查决定，将县与县交界的花插地区的天全县铜头乡的全心、全意、大房、香炉、西河 5 个村划归芦山，四区兴业乡的甘田、营盘、罗家、罗李 4 个村划归荥经县。

1956 年

1 月，对农业、个体手工业、私营工商业的社会主义改造基本结束。

5 月 10 日—14 日，天全县委召开第一届党员代表大会，出席代表 156 人。

1957 年

2 月，开工修建宁康堰，先后从始阳、安乐、和源等乡抽调民工 3000 多人投入施工。1958 年建成，灌溉面积 4539 亩。

7 月 16 日，天全县委制定《关于执行省、地委整风运动计划的意见》。县级机关开展以克服官僚主义、主观主义、宗派主义为内容的整风运动。

1958 年

7 月 25 日，雅安专区授予天全县“基本无血吸虫县”称号。

8 月，天全县农村开办公共食堂。

9 月，天全县 411 个农业社组成 17 个人民公社，实现人民公社化。

12 月下旬，天全县开展群众性的技术革新运动。创造改革的各种工具和农具 7897 种，其中模型图纸 4292 张。

1959 年

9 月 10 日，天全县召开县、区、乡三干会，反对右倾思想，继续开展“大跃进”。

12 月 30 日，天全县委、县人委除健全原有的“文化革命”指挥部，恢复正常工作外，各区、公社、厂矿等成立“文化革命”指挥部，负责扫盲和培训教师工作。

1960 年

3 月 18 日，中共四川省委调派南充农村劳动力 3000 余人支援天全建设，分配到沙坪铁厂、思经、鱼泉公路、马渡炼焦厂。

10 月 24 日，天全县召开全县人民公社社员代表大会，出席代表 669 人，县社、队干部 1026 人列席。会议对实行“三兼顾、四落实、四共管”分配制度进行了讨论；同时开展反瞒产私分自查，自报出隐瞒私分粮食 5.9 万公斤。

1961 年

1 月，天全县贯彻党中央“调整、巩固、充实、提高”的国民经济方针，各项工作开始出现新局面。

2 月上旬，天全县委决定天全县商业局、粮食局、税务局、供销社、人民银行、派出所、工商联合会等 7 个单位组成天全市场管理委员会，加强市场的管理工作，制止投机、稳定物价、调剂供应、促进税收。

1962 年

7 月，天全县开始解散农村公共食堂。

是年，天全中学恢复办学。

1964 年

4 月，分配成都当年下放到天全县插队落户的知青 180 名，分别下放到老场乡 70 名、大寨乡 40 名、仁义乡（原永兴）70 名。

由国家拨款和地方财政投资，扩建和新建国营工业企业。相继扩建水电厂、伐木场，新建自来水厂、水泥厂、农机修理厂等地方国营工业企业。

1965 年

8 月下旬，天全县自来水厂建成并供水，每日可供水 400 吨。城关镇人民饮用上了符合卫生标准的自来水。

1966 年

2 月 11 日—20 日，天全县人委组织 800 余人的参观团前往全国大寨式单位——汉源大树公社学习取经，推动天全县“农业学大寨”运动。

12 月，“文化大革命”在天全县全面展开，学校停课、工厂停工、机关停止工作，普遍搞大鸣、大放、大字报、大辩论和大串联。机关单位、厂矿、学校、居民和农民，纷纷成立各种各样的造反组织，层层揪斗所谓的“走资派”，各级领导干部一律“靠边站”。

1967 年

1 月 24 日，天全县委、人委领导被群众组织夺权，随后，夺权之风刮向全县。一大批干部（基层群众）被揪斗、游行、抄家，党政机关几乎瘫痪。

10 月，天全县人武部党委成立“天全县抓革命促生产委员会”，设立办公室，行使政府管理职能，负责各行各业的工作和生产、生活事务。

11 月 4 日，天全县人武部党委撤销抓革命促生产委员会，建立天全县生产指挥部，下设多个办公室，履行政府职能。

1968 年

4 月 11 日，天全县革命委员会成立。

6 月 22 日，天全县革委会成立平反办公室，为“文化大革命”初期被打成右派和“反革命”的干部、群众平反。

10 月，天全县动工修建龙岗堰。

1969 年

5 月 24 日，天全县筹建昂州煤矿，总投资 381 万元，当年投产，生产原煤供应县内部分工业用煤和人民生活之需。

1970 年

8 月 17 日，天全县革委会决定成立天全县革委会农田基本建设会战指挥部。

同年 11 月 1 日，天全县革委会批准各区、公社成立农田基本建设大会战指挥部，加强农田基本建设工作的领导。

1971 年

1 月 8 日—15 日，天全县在新场区召开“农业学大寨”会议。参加会议的各级干部、相关部门负责人和下乡知青代表共 850 人。

1972 年

3 月 10 日，天（全）荥（经）公路起点两河口公路大桥修建指挥部成立。

4 月 1 日，天全县委召开扩大会议，开展“批林整风”运动。

1974 年

11 月 8 日，成立胜利堰指挥部，12 日成立天全县峡口水利工程指挥部。

是年，天全县选派干部下派到农村，促进农业生产。

1976 年

10 月中旬，中共天全县委在城关公安广场召开万人大会，庆祝粉碎“四人帮”。

1977 年

4 月，天全县电视差转台建成。

7 月，国家恢复统一高考升学制度，县考场统一设在天全中学，参加高考人数 200 余人。

10 月 19 日—11 月 2 日，天全县委批准召开天全县社队企业工作会议，研究发展社队企业的路线、方针、政策，讨论 1977 年到 1980 年发展社队企业的计划。

1978 年

8 月 5 日—10 月底，开展农村整党整风工作，肃清“四人帮”流毒和影响。同时，围绕党在新时期的总任务，总结农业学大寨的经验，解放思想、干劲、作风等问题。

11 月上旬，落夕山电视差转台转播四川省电视台二频道节目成功，全县群众可以收看当天的全国新闻和文艺节目。

1978 年，天全县委组建落实政策办公室，对历次政治运动中发生的冤假错案进行复查，对直接受害人员进行平反、改正和妥善安置。同时，对起义投诚人员的遗留问题做妥善解决。

1979 年

1 月 3 日，天全县委发出《关于农田基本建设安排意见》，围绕建设“双纲田”“千斤田”，狠抓以治水为中心的山、水、田、林、路、气、血防的综合治理。

2 月下旬，天全县委召开五级干部会，贯彻党的十一届三中全会精神，开始全面纠正“文化大革命”中及以前的“左”倾路线。

是年，天全县试行生产责任制、包产到组、小段包工和定额计酬责任制，逐步发展到包产到户的农业生产责任制。

1981 年

3 月 13 日，天全县委发出《关于进一步完善联产到户责任制的五条规定》：一、必须坚持统一收割；二、必须坚持劳动力的统一调配和使用；三、必须坚持统一的增产措施；四、必须坚持工副业生产的统一经营；五、必须坚持统一签订合同。

9—10 月，天全县推行联产承包责任制。

1982 年

2 月 15 日—22 日，天全县委召开县、公社、大队、生产队干部会议，贯彻中共中央批转《全国农村工作会议纪要》精神，稳定完善农业生产责任制。

是年，在农村以家庭为主的联产承包责任制全面实施。

1983 年

8 月 5 日，天全县委、县政府发出《关于计划生育工作的几条补充规定》，明确提出要建立健全计划生育工作网、技术网。

8 月，天全县实施严厉打击刑事犯罪活动。

1984 年

是年，人民公社改为乡（镇），建立乡（镇）人民政府；大队改为村民委员会；生产队改为村民小组。全县设 1 个镇，23 个乡，139 个村民委员会和 979 个村民小组。

是年，天全县开展人才引进工作，引进科技等人才 10 人。

1985 年

4 月 29 日，天全县委、县政府制定对外开放优惠政策，凡来天全开发资源、进行技术合作的，可任意选择开发项目，县上提供可靠资源、能源、场地，并在税收方面给予优惠。

1986 年

9 月 15 日，雅安地区行政公署批准天全县为老革命根据地县。

1987 年

2 月 19 日，天全县成立天全县城市规划领导小组。

是年，省政府审批通过《天全县城市建设总体规划》。

是年，天全县实施专业技术人员职称改革。

1988 年

2 月 4 日，天全县委成立天全县经济体制改革委员会。

8 月 2 日，天全县委发布《关于完善双层经营稳定家庭联产承包制的意见》，在坚持“五不变”的前提下，完善农村双层经营。

1989 年

1 月 1 日，天全县委通过《关于 1989 年政治体制改革工作意见》，提出以转变观念为先导，以党政分开为关键，以建立民主政治为主题，配合经济体制改革，促进社会主义生产力的发展，逐步建立社会主义商品经济秩序。

1 月 10 日，天全县完善农村双层经营体制工作结束。

1990 年

2 月 19 日，天全县农村初级电气化建设经省、地专家验收达标，天全县成为全国第一批 100 个农村初级电气化县之一。

4 月 18 日，天全县成立工业生产领导小组。

1992 年

3 月 24 日，天全县恢复县乡镇企业领导小组。

5 月 30 日，天全县委、县政府制定关于大力解放思想、加快改革开放和经济发展的决定 15 条。

8 月 12 日，天全县委、县政府通过《关于抓好“一条线”，建设好两个开发区的决定》。

是年，成立天全县开发区大道指挥部。

1993 年

8 月，向阳大道主体工程完工。

12 月 2 日，天全县老场乡至芦山县思延乡横跨芦山河的铜头大桥建成。

1994 年

11 月 25 日，天全县委、县政府成立天全县城沿江路工程指挥部。

12 月，天全县按照建立现代企业制度的要求，结合企业内部改革，组建白沙河林业集团公司、二郎山集团公司、飞仙水泥集团公司、长河综合开发有限公司四大集团公司。

1995 年

5 月 4 日，天全县委、县政府决定成立天全县企业改革工作领导小组。

5 月 28 日，天全县举办规模盛大的天全大桥暨向阳经济技术开发区主干道通车典礼。

1996 年

10 月 1 日，天全县委、县政府制定的《招商引资优惠政策和奖励办法（试行）》实施。

11 月 28 日，天全县被四川省文化厅、人事厅评为四川省文化模范先进县。

1997 年

4 月 17 日，为加快天全县农村奔小康步伐，天全县委、县政府成立天全县农村小康建设领导小组。

5 月 23 日，天全县委、县政府印发《天全县农村小康建设实施意见》。

1998 年

3 月 22 日，天全县委、县政府做出《关于进一步稳定完善农村土地承包关系的通知》，在第一轮土地承包到期后，开展延长土地承包期工作，土地承包再延长 30 年不变。“四荒”地的承包期延长 50～70 年不变。

4 月 12 日，天全县开展第二轮土地承包续签合同，完全兑现合同

30 112 份（户），部分未签订的合同 1631 份（户）。

6 月 21 日，天全县委、县政府制定《关于大开放促大发展的若干补充意见》。

9 月 1 日，天全县启动天然林资源保护工程，停止采伐，实施封山育林。天全县被国家列为首批天然林保护工程实施县。

1999 年

10 月，天全县被国家列为全国退耕还林试点示范县，全县启动退耕还林试点工程。

2000 年

2 月，天全县二郎山风景名胜区被列为省级风景名胜区。

11 月 10 日，天全县委、县政府做出《关于改善投资软环境的决定》。

12 月 20 日，天全县委下发《关于在全县农村开展“三个代表”重要思想学习教育活动的实施意见》，并成立天全县农村“三个代表”重要思想学习教育活动领导小组。

2001 年

2 月 26 日，天全县成立企业改革指导组，指导企业改制工作。

5 月，天全县体制改革办公室批复 20 个企业实行改制。

6 月 9 日，中共中央政治局常委、国务院总理朱镕基到天全县考察退耕还林工程。

10 月 11 日，天全县扶贫到村开发规划工作正式启动。

是年，始建天全县中医院，2003 年 7 月建成并投入使用。

2002 年

3 月 13 日，天全县政府成立天全县统一建设办公室，负责组织实施城建工程及组织协调城建招商引资项目和实施旧城改造等相关工作。

6月，国家环保总局批准天全县为“国家级生态示范建设试点县”。

6月26日，天全县委、县政府联合发出《关于加快水电发展的意见》，提出天全县水电发展的指导思想和发展目标。

7月19日，四川、广西、贵州等六省（区）、市七方经济协调会第17次会议第3次联络工作会议在天全召开。

2003年

2月17日，天全县被省政府评为“四川省天然林资源保护和退耕还林工程建设”先进集体。

3月，四川省政府批准设立天全河珍稀鱼类省级自然保护区。

是年，天全县被国家列为生态建设示范县。

2004年

1月5日，天全县启动“新村扶贫”“移民扶贫”“卫生扶贫”三大工程，投入扶贫资金300余万元。

5月8日，天全县委下发《关于加快农业产业化经营，繁荣农村经济的实施意见》。

6月24日，天全县委下发《关于加强文化工作，实施文化强县、文化兴县战略的意见》。

8月9日，天全县委下发《关于走新型工业化道路，加快工业发展的实施方案》。

10月，天全县启动天全中学新校区建设，投入资金1.2亿元。2007年9月，学校建成并投入使用。

2005年

1月1日，天全县全面停止征收农业税及其附加。

3 月 28 日，中国电信在鱼泉乡开通程控电话。至此，全县乡镇全部开通程控电话。

4 月 13 日，天全县与四川省峨眉山市金顶集团在二郎山宾馆举行“天全县商业中心（旧城改造）”项目框架协议签约仪式。

4 月底，天全成都三联化工有限公司芒硝产品出口印度尼西亚，累计出口创汇 17 万美元，实现天全外贸出口“零”的突破，填补了雅安市化工产品出口的空白。

2006 年

4 月 4 日，天全县实施“绿色优质”“牧业富民”“劳务订单”“旅游富民”四大增收工程。

7 月—9 月，天全县乡镇由 22 个合并为 15 个。

8 月 31 日，天全县完成瀑电外迁移民接收安置任务。共安置瀑电移民 657 户、2453 人，超额完成市上下达瀑电移民安置任务数的 111.05%。

9 月 27 日，天全县委、县政府通过《关于实施工业强县战略，推进天全发展新跨越的意见》。

11 月 21 日，天全县委、县政府下发《关于加快旧城改造工作的意见》。

2007 年

4 月 11 日，天全县委、县政府下发《关于积极发展现代农业扎实推进社会主义新农村建设的实施意见》。

5 月 10 日，天全县委、县政府做出《关于创建国家级生态县的决定》，并成立县创建国家级生态县工作领导小组。

2008 年

5 月 12 日 14 时 28 分，汶川发生 8.0 级特大地震。地震发生后，天全县启动抗震救灾紧急预案，成立天全县抗震减灾指挥部，迅速开展抢险救灾工作。

2009 年

5 月 27 日，天全县在天全中学广场开展“重建家园，治理环境，爱我长江”启动仪式。

8 月 6 日，天全县建立目标考核、群众管理、督查督办、长效保洁“四大机制”，深入推进城乡环境综合治理。

12 月，天全县被列入省级新农村建设示范片。

是年，天全县被省林业厅确定为首批 10 个林业产业发展重点县之一。

2010 年

3 月 2 日，天全县召开城乡环境综合治理及城市建设工作动员大会。

3 月 9 日，天全县召开农村工作及新农村示范片建设工作推进会。

5 月 10 日，天全县成立二郎山旅游区管理委员会。

2011 年

5 月 30 日，天全县公布红军总司令部遗址和总政治部遗址等 34 个革命遗址。

12 月 25 日，雅康高速公路标志性工程——二郎山隧道开工仪式在甘孜藏族自治州泸定县举行。

2012 年

4 月 27 日，《天全县工业集中发展区控制性详细规划》通过专家评审。

4 月 28 日，天全县举行项目集中签约仪式，签约项目 5 个，总投资 7.4 亿元。

2013 年

1—2 月，天全县执行招商引资项目 29 个（其中续建项目 18 个、新建项目 11 个），实现招商引资到位资金 8.1 亿元。

4 月 20 日 8 时 02 分，芦山县发生里氏 7.0 级强烈地震。天全县 15 个乡镇受灾，受灾总人口 166 424 人（含外来人口），6 人死亡、1 人失踪、1781 人受伤（其中重伤 85 人），境内住房、交通、电力、通信、供水等设施损毁严重。

2014 年

2 月 18 日，天全县召开党的群众路线教育实践活动动员大会。

4 月 20 日，雅安至康定高速公路开工仪式在天全县乐英乡举行。2017 年 12 月 31 日，雅康高速雅安至泸定段并入四川高速公路网试通车运行。2018 年 12 月 31 日，雅安高速公路全线提前建成试通车运行。

6 月，天全县被列为国家主体生态功能区。

8 月，天全县脱贫工作全面展开。

9 月 9 日，天全县落实灾后重建总规项目 366 个，预计总投资 90.5 亿元。

2015 年

6 月 8 日，天全县确定多功乡仁义村，始阳镇新民村、乐坝村，城厢镇梅子村、白石村，大坪乡大坪村，思经乡大河村、团结村，新华乡永安村，仁义乡永兴村，鱼泉乡青元村，小河乡沙坪村等9个乡镇、12个村为全市第二批幸福美丽新村建设项目村。

7月13日，天全县被省委、省政府表彰为“2014年县域经济发展先进县（市、区）”。

8月，芦天宝飞地园区天全园中园入住雅安市经济开发区。

12月17日，天全县召开全县精准扶贫工作会，对全县精准脱贫工作进行全面安排部署。

2016年

1月25日，天全县城市公交车正式运行。

4月24日，中共中央政治局常委、国务院总理李克强考察南天新镇建设成果。

2017年

4月，天全县被列入大熊猫国家公园建设范围。

6月5日，天全县委、县政府印发《关于以“绿色发展、特色发展、转型发展”为引领，深入推进农业供给侧结构性改革加快农民增收步伐的意见》。

7月，天全县被四川省林业厅评为全省生态旅游示范县、四川省生态康养旅游区、四川省生态体验教育基地。

8月15日，天全县委、县政府联合下发《关于坚定不移走生态优先绿色发展道路全面提升生态环境保护水平的意见》。

11月9日，由中共天全县委、天全县人民政府承办的“2017四川红叶生态旅游节暨天全二郎山红叶节”开幕式在天全县体育馆举行。

12月，天全县第十四次党代会确立绿色发展、特色发展、转型发展思路。

同月，天全县358个芦山地震灾后重建项目全部竣工验收，灾后重建圆满收官。

是年，天全县城成功创建为国家卫生县城。

是年，天全县15个贫困村全部达到“一低五有”退出标准，266户720名贫困人口达到脱贫标准，贫困发生率降至0.73%，顺利通过省、市检查验收。

2018年

1月9日，天全县因在2014—2016年连续三年被评为县域经济发展先进县，成为全省8个荣获县域经济发展模范县（区）之一。

3月，天全县正式获评国家卫生城市。

3月30日，天全县与四川省、雅安市同步举行2018年第一季度重大项目集中开工仪式。天全县集中开工8个重点项目，总投资达14.1亿元。

4月，天全县经济开发区被四川省政府评为省级经济开发区。

5月，天全县被四川省林业厅列为全省3个国家森林城市创建县之一。

同月，天全县被四川省农业和农村体制改革专项小组列为全省城乡融合发展综合改革试点县。

5月21日，天全县与四川承晟集团有限公司成功签约计划投资3亿元、年产9000吨玄武岩纤维加工制造项目。

6月13日，天全县人民政府与四川承晟集团有限公司举行中医康养综合体项目签约仪式。该项目计划投资5亿元，建设集中医医疗、康养为一体的中医康养综合体，项目建成后将完善天全县城市功能，弘扬中医康养文化，提升天全服务业水平。

8月1日，天全县举行新希望30万头生猪养殖项目签约仪式。该项目的成功签约，标志着天全县农业产业化项目取得新突破。

9月30日，天全县在烈士陵园开展公祭活动，缅怀先烈，告慰先烈英灵。

10月18日，天全县与湖北商会四川省绿色大有实业有限公司成功签订全域打造“锦绣天全”国家级猕猴桃森林农业公园建设项目战略合作框架协议。

10月25日晚上，“2018四川红叶生态旅游节分会场暨天全县第二届二郎山红叶节”开幕式在天全县体育馆举行。

11月1日，以“我运动、我快乐、我健康”为主题的天全县首届全民运动会在县体育馆开幕。此次全运会有14个代表团约3000人参加，是天全县历年来规模最大的一次运动盛会。

11月21日—22日，四川省文化旅游厅旅游度假区检查验收组到天全县，对二郎山旅游度假区创建省级旅游度假区工作进行检查验收。

12月，天全县被雅安市委、市政府评为全市民营经济发展先进县。

人物传记

席懋昭（1912—1949）

席懋昭，又名席哲明、席克定，1912年出生，四川仪陇县人。1933年加入中国共产党。同年8月，受组织派遣，到邛崃、荥经等地从事革命活动。

1935年初，来天全担任灵关村小学副校长，与地下党员、观音寺小学校长魏守端取得联系，共同组建了一支游击队，并经常在农民中宣传革命道理。当年5月下旬，中央红军强渡大渡河后，他和魏守端带领游击队到天全迎接红军，为红军守护桥梁，并在灵关参加红军。

当时，党中央选定席懋昭担负护送陈云出川回上海工作的任务。陈云化装成小学教员，在席的护送下，由灵关村出发，经天全绕荥经，过雅安、成都抵重庆，行期 10 余天，行程 700 余公里，多次避开敌人的盘查与追击，最终安全登上重庆至上海的轮船。席懋昭从重庆返灵关行至雅安，得知国民党当局正在通缉他，即折回成都，同年 8 月在阆中被捕，“西安事变”后被营救出狱。

1937 年席懋昭到达延安，入中央党校学习。1938 年 4 月，受中央组织部派遣，回四川做地下工作，先后在仪陇、泸定等地建立党的组织，开展革命活动。1944 年再度来天全担任县政府民政科长兼天全中学历史课教师，在天全开展革命宣传，团结师生，组织“粉笔工会”，后被县政府勒令停职，驱逐出境。席懋昭离开天全后，到懋功、泸定、雅安、芦山一带进行活动。1949 年 3 月 18 日，在雅安城内被捕，秘密押送重庆中美合作所，同年 11 月 27 日被害。

1984 年 5 月 28 日，四川省人民政府决定追认席懋昭同志为革命烈士。

高世文（1921—2002）

高世文，1921 年出生，天全县前阳乡人，1935 年在天全县参加中国工农红军。长征期间，先在红四方面军第四军供给部自动连任战士，后调到红一方面军第三后方医院做护理员。1936 年到达陕北延安。1937 年在八路军第 115 师留守处政治处任警卫员。在延安中央警卫团工作期间，与张思德同一个班，分别担任副班长和班长。1938 年加入中国共产党。同年在延安荣誉军人学校一大队任青年干事。1939 年调八路军兰州办事处，在谢觉哉身边工作，任机要秘书。1940 年调中共中央党校任青年队队长。1941 年回到谢觉哉身边工作，任陕甘宁边区政府机要秘书。1948 年任华北人民政府司法部警卫队长。中华人民共和国成立后，高世文仍担任谢觉哉的秘书。1953 年任中央内务部机要科长。1955 年后一直担任谢觉哉办公室主任。“文化大革命”期间，高世文忠实地执行周恩来的指示，照顾和保护谢觉哉直到其 1971 年逝世。“文化大革命”结束后，高世文在国务院机关事务管理局工作，协助处理国家名誉主席宋庆龄等国家领导人的服务与接待。1982 年 12 月，高世文在国务院机关事务管理局离休（局级干部）。离休后高世文在天全县捐资设立“世文教育奖励基金”。2002 年 7 月 25 日逝世，终年 81 岁。

山朝正（1912—1991）

山朝正，四川省天全县人，1912 年 12 月出生于两路乡。1935 年 11 月在荥经县参加红军，任三十二军战士、副班长、教导团学员、事务长、军事科员、东北军区机要处第五通信团管理股长、团后勤处主任等职，随军转战江苏和东北，并在四野司令部搞过总务工作。1954 年转业到地方后，历任雅安专署办公室总务、天全县副县长、县委副书记、县监委书记、县革委组织组副组长、县贫下中农协会主任和县委顾问等职，系县委第二、第三届委员、常委和第四届委员。1991 年 4 月 2 日因病逝世，终年 79 岁。

杨克和（1912—1987）

杨克和，四川省天全县人，1912 年 4 月出生于仁义乡。1933 年参加革命。随红军长征到达延安后，进入抗日军政大学学习，分配到三五九旅工作。1949 年，随王震部队解放新疆，1950 年，获西北军政委员会颁发的解放西北纪念章和人民功臣勋章。1951 年，为充实地方干部，调至新疆外贸公司任党委书记，后任新疆哈密石油公司党委书记。1966 年离休回天全。1987 年 4 月 18 日逝世，享年 75 岁。

杨国平（1914—2015）

杨国平，1914年出生，四川天全县人。1933年12月参加红军，1934年在四川参加了支山战斗，英勇负伤。1936年于甘肃参加了天水战斗，随红四方面军完成长征并西征甘肃。1937年5月到达延安后一直在中央警卫营四连担任副班长、上士、事务长。1938年在延安中央警卫营生产班被选为劳动模范。历任红四方面军十一团二营一连、特务团一营四连战士，延安中央警卫营四连副班长、合作社宣传队司务长，北京中央总队二师四团一营、公安二师司令部管理员，公安警卫师司令部管理员、一团后勤部股长，中央美术学院后勤总务科副科长等职务。1958年退休回天全。1983年3月离职休养。2008年汶川大地震时，为灾区捐款3000元。2015年6月6日逝世，享年101岁。

韩沛凡（1914—2016）

韩沛凡，1914年出生，四川天全县人，1935年11月参加红军，先后参加过抗日战争、解放战争，征战大半个中国，历经大小战斗百余次，身上多处负伤，立下8次战功。1952年，韩沛凡从湖南转业回到故乡天全，先后在新场公社担任支部书记，村主任、副主任，后来到粮站工作，于1977年离职休养。2013年“4·20”芦山地震后，韩沛凡将他准备过生日的5000元现金捐给灾区。2016年10月4日逝世，享年102岁。

李慷(1917—1991)

李慷，原名李克容。1917年出生于天全县鱼泉乡。1935年10月加入中国工农红军，在红四军十一师政治部任宣传员，参加过长征。1936年2月，任红四军十二师政治部宣传队长，同年11月加入中国共产党，12 月任红四军司令部文印员、书记。抗日战争时期，先后在八路军三八五旅政治部任秘书、统计干事、总务股长，司令部一科参谋、代理科长，五团政治处联络股长等职，参加过保卫陕甘宁边区的斗争和生产自救运动。解放战争时期，任军委教导团二团一营教导员，冀东十五军分区丰玉遵支队、宝坻支队副政委，冀东军区警备二团参谋长，十三兵团副政委等职，参加和指挥了保卫大口屯战斗，攻打宝坻城战斗和蓟、三、平战役。1949 年 7 月到 1950 年 5 月，先后任湖南常德军分区、永顺军分区政治部副主任。1950 年 6 月后，任四十七军政治部秘书处长、秘书长，参加抗美援朝。1952 年 12 月，参加筹建第五政治干部学校，任学校校务部长。1955 年被授予上校军衔和三级“八一”勋章、三级独立自由勋章、二级解放勋章。1956 年 5 月任牡丹江军分区副政委。1958 年任广西化工设计院院长。1964 年 6 月任广西壮族自治区人民委员会办公厅副主任，1972 年任广西轻工业局副局长，1979 年调任黑龙江省环保局副局长，1980 年任广西壮族自治区人民政府副秘书长。1983 年离休。1991 年 11 月病逝。

刘华甫（1917—1996）

刘华甫，1917 年 3 月生于天全县鱼泉乡干河村。1935 年 11 月加入中国工农红军，后参加长征。1936 年 11 月编入红三十二军二八〇团二连当战士。1937 年 12 月加入中国共产党。1939 年 6 月任七一八团通信队班长、副排长，后因病离开作战部队。1945 年 2 月任热辽军区供给部司务长和管理员。1945 年 11 月任冀热辽军区供给部管理员。1948 年 2 月任冀察热辽军区警卫团供给处主任。1949 年 1 月任天津军管会警卫团供给处主任，后调任北京公安总队供给处副处长，参加开国大典。1949 年 8 月任北京公安总队后勤处副处长。1949 年 12 月任广州公安总队供给处副处长、后勤处长，1952 年 6 月 10 日任穗公安总队部管理科长，以后分别任过中南军区公安司令部管理科长、武汉市公安总队后勤处长、湖北省军区后勤部财务处副处长、湖北省军区后勤部财务科长、湖北省军区后勤部财务处长。1957 年 6 月获三级“八一”勋章、三级独立自由勋章、三级解放勋章，1988 年 8 月获中国人民解放军二级红星功勋荣誉章。1963 年 10 月被授予上校军衔。1965 年 5 月离职休养。1996 年 2 月病逝。

高敬文（1919—2002）

高敬文，1919 年 6 月出生于天全县思经乡。1934 年参加天全县苏维埃政府组织的宣传队，1935 年参加中国工农红军。1938 年 4 月加入中国共产党。参加过长征，历任红军第三十一师战士、班长、排长。抗日战争时期，在八路军一二九师供给部财经学校学习，1939 年至 1941 年先后在八路军冀南银行总行任科员、出纳、科长。1941 年至 1942 年在冀南银行太行印刷厂任厂长。1942—1946 年在太行七分区银行任支行行长。1947 年在中共华北局社会调查部任业务科长，1948 年在石家庄华北银行学习入城接管工作，1949 年在天津人民银行军管会任出纳科长，后任重庆人民银行军管会人事科长。1950 年至 1953 年在西康省人民银行任副行长和西康省保险公司经理。1953 年至 1959 年任四川省科学委员会情报研究所所长。1971 年至 1983 年任四川计算站（中国科学院成都计算机应用研究所前身）副站长、党委书记。1983 年离休，2002 年 9 月 16 日逝世。

高明顺（1921—2015）

高明顺，1921 年 4 月出生于天全县兴业乡。1935 年 10 月参加中国工农红军。1938 年 4 月加入中国共产党。任红四方面军第四军十一师三十六团战士、通信员，参加红四方面军长征。抗日战争时期，任八路军第一二九师三八六旅十七团班长、排长。解放战争时期，任第四纵队十旅三十一团连长、营长。参加了淮海战役。中华人民共和国成立后，任第十三军三十七师团长，第三十九军一一五师副团长，思茅军分区参谋长、副司令员，昆明军区后勤部第二十二分部副部长、部长，昆明军区后勤部顾问。曾荣立特等功 1 次、大功 3 次。1955 年被授予大校军衔，荣获三级“八一”勋章、三级独立自由勋章、三级解放勋章。1988 年获二级红星功勋荣誉章。副军职离休干部。2015 年 9 月 20 日因病在昆明逝世，享年 94 岁。

黄朝兴（1913—1999）

黄朝兴，1913 年 5 月生于天全县乐英乡爱国村。1935 年 10 月投身革命，1937 年加入中国共产党。历任红四方面军十师二十八团三营九连战士、班长，一二九师东进纵队副政治指导员，一二九师兵站特派员，晋冀鲁豫军区供给部保卫科长等职。参加了长征。曾参加陕西山城堡、山西阳明堡和反扫荡战斗。解放战争时期，历任晋冀鲁豫军区山东办事处政治委员、河北武安华北后勤辎重团政委等职。中华人民共和国成立后，历任驻越南后勤运输部军事顾问、西南军区车管部副部长、总后重庆办事处车管处长、总后青藏办事处第一副主任兼参谋长、总后车管部修理处长、总后东北物资局政治委员、总后后勤工程学院副政治委员。1978 年 1 月，出任总后后勤工程学院副政委（正军职）。1955 年被授予上校军衔，1964 年晋升为大校军衔，1955 年荣获三级“八一”勋章、三级独立自由勋章、二级解放勋章。1988 年 7 月，授予二级红星功勋荣誉章。1999 年 1 月 22 日，因病在天津逝世，享年 86 岁。

姚光早(1915—2010)

姚光早，1915 年 11 出生于天全县多功乡。土地革命时期参加红军和长征，参加了抗日战争、解放战争，先后立大小战功 10 余次，5 次负伤，被定为三等乙级残废军人。中华人民共和国成立后，分别任本溪钢铁总厂医院副院长、院长、总支书记、革委会副主任、顾问等职。1982 年离休，享受副省级医疗待遇。2010 年，因病逝世，享年 95 岁。

后　记

为贯彻落实习近平总书记关于“发扬红色资源优势，深入进行党史、军史、老区革命史优良传统教育，把红色基因代代传下去”的指示和中央提出的“积极支持老区精神挖掘整理工作，扶持创作一批反映老区优良传统，展现老区精神风貌的优秀文艺作品和文化产品”的要求，根据中国老促会组织全国 1599 个革命老区县（市、区、旗）编纂全国革命老区发展史的部署，天全县从 2017 年 9 月启动《天全县革命老区发展史》编纂工作。

《天全县革命老区发展史》以党史、军史、中国革命史和县志资料等为依据，抓住历史发展的主线，以天全革命老区人民在党领导下的革命斗争史、艰苦奋斗的创业史、建设发展的成就史为重点，充分肯定和阐述老区的光荣历史、老区人民的伟大贡献、老区发展的巨大成就，突出革命老区精神和光荣传统的弘扬和宣传，促进天全红色文化资源的挖掘和整理。全书内容贴近天全实际，做到历史的真实性、事件的准确性与内容的可读性相统一。

《天全县革命老区发展史》采用编年体与纪事本末体相结合的体例，按历史分期编排。全书设县情概览、革命历程、建设探索、改革开放、复兴之路、展望新时代等 6 篇 28 章，26 万余字；采用现代汉语语体文记述体，以第三人称记述，力求观点正确、体例严谨、资料翔实、内容全面、特色鲜明、记述准确、文字规范；使用公元纪年，涉及历史纪年的括注公元纪年。行文涉及政区、地名等，均以当时称谓记述；人物称谓一般直书其名，重要者冠以当时职衔；具有时代特征和地域特点的专用语、缩略语，首次出现括注说明。

中共天全县委、县人民政府和县级相关部门十分重视和支持《天全县革命老区发展史》的编纂工作，由相关领导组成编纂委员会，落实工作责任、保障工作经费。党史、方志及相关部门积极配合提供资料。编纂委员会多次开会研究审定纲目，对书稿进行了认真的审读和修改。编辑人员本着高度的政治责任感尊重历史，秉笔直书，不辞辛劳，数易其稿。编辑过程中，市老促会多次检查督导，市党史方志办提出了宝贵的指导意见。在本书告竣付梓之际，对关心支持该书编辑出版的各级领导、各有关部门和相关人员表示诚挚的谢意。

由于《天全县革命老区发展史》历史跨度长以及编纂者水平所限，在史料的选择、表述等方面不足、谬误之处在所难免，诚恳地祈盼各级各界领导、专家及读者批评指正。

天全县老区建设促进会

2019年6月26日

图书在版编目（CIP）数据

天全县革命老区发展史 / 天全县老区建设促进会编.
—成都：电子科技大学出版社，2019.8
ISBN 978-7-5647-6959-8

Ⅰ. ①天… Ⅱ. ①天… Ⅲ. ①天全县—地方史 Ⅳ.
①K297.14

中国版本图书馆 CIP 数据核字（2019）第 089323 号

天全县革命老区发展史
TIANQUANXIAN GEMING LAOQU FAZHANSHI
天全县老区建设促进会　编

策划编辑　杜　倩
责任编辑　杨仪玮

出版发行　电子科技大学出版社
　　　　　成都市一环路东一段 159 号电子信息产业大厦九楼　邮编　610051
主　　页　www.uestcp.com.cn
服务电话　028-83203399
邮购电话　028-83201495

印　　刷　四川煤田地质制图印刷厂
成品尺寸　170 mm×240 mm
印　　张　19.75　　彩页 12 页
字　　数　262 千字
版　　次　2019 年 8 月第一版
印　　次　2019 年 8 月第一次印刷
书　　号　ISBN 978-7-5647-6959-8
定　　价　96.00 元